Werner Wiater

Prüfungswissen – Basiswissen
Schulpädagogik

Theorie
der Schule

 Auer Verlag GmbH

Gedruckt auf umweltbewusst gefertigtem, chlorfrei gebleichtem
und alterungsbeständigem Papier.

3. überarbeitete Auflage 2009
Nach den seit 2006 amtlich gültigen Regelungen der Rechtschreibung
© by Auer Verlag GmbH, Donauwörth
Satz: Ludwig Auer GmbH, Donauwörth
Druck und Bindung: Aubele Druck GmbH, Bobingen
ISBN 978-3-403-03860-3

www.auer-verlag.de

Inhalt

4. Teil: Die Mikroebene
Die Einzelschule als Ort der Erfahrung

Eine umfassende Schultheorie ...

... dient der Analyse von Schule!

... macht Schule erörterbar!

... soll möglichst genau die Bedingungen des Handelns in der Schule klären!

... braucht keine überhistorischen Wesensaussagen über die Schule!

... ist neben Didaktik und Lehrplantheorie überflüssig!

... ? ...

... hat einen Aufklärungseffekt für Lehrer, Eltern und Schüler!

... ist nicht möglich! Es gibt höchstens mehrere Schultheorien!

... kann nur interdisziplinär formuliert werden!

... ist ein Ordnungszusammenhang für alles, was mit Schule zu tun hat!

... befasst sich mit dem Verhältnis von Schule und Gesellschaft!

... analysiert Schule unter allen möglichen Gesichtspunkten!

... muss nach der Beziehung zwischen Bildung, Erziehung und Institution fragen!

... hat eine kritische Funktion gegenüber der Schulpraxis!

... ist reine Spekulation, besser wären empirische Untersuchungen!

... braucht ein pädagogisches Menschenbild, eine Vorstellung von der Kulturtradition und rational geprüfte Ziele!

... soll Lehrer skeptisch machen gegenüber überzogenen gesellschaftlichen Erwartungen, aber auch selbstkritisch und selbstsicher!

Einleitung

Was Schule ist, lernt jeder in dem Moment kennen, wenn er im Alter von fünf oder sechs Jahren erstmals das so bezeichnete Gebäude betritt. Von nun an wird er über Jahre hinweg mit etwa Gleichaltrigen zusammen von Lehrerinnen oder Lehrern unterrichtet und zum Lernen angehalten, wird mit Lerninhalten befasst und zu bestimmten Verhaltensweisen und Einstellungen angeleitet. Am Anfang steht also das Erleben von Schule, ein angenehmes oder beklemmendes, ermunterndes oder behinderndes Gefühl, das sich nach und nach durch Erfahrungen mit dieser Institution und den Personen in ihr präzisiert, korrigiert und zu einem Urteil verfestigt. Erlebte Schule – das sind die Räumlichkeiten ebenso wie der Lehrkörper, die Mitschüler und das Schulpersonal, die favorisierten oder die ungeliebten Unterrichtsfächer bzw. Unterrichtsinhalte gleichermaßen wie die Aktivitäten des Schullebens und die als langweilig oder interessant empfundene Unterrichtsgestaltung. Doch ist die Schule mehr und anderes als die subjektive Erfahrung und das Bild des einzelnen Schülers oder der einzelnen Schülerin von ihr. Wechselt man die Betrachtungsperspektive, so erscheint sie als eine organisierte Institution der Gesellschaft mit einer anthropologischen und gesellschaftstheoretischen Grundlagenkonzeption, die aller subjektiven Erfahrung von Lehrern und Schülern vorgängig ist. Die Gliederung des Schulsystems und die Regelungen für einen möglichst störungsfreien Schulbetrieb zeigen Aspekte der Schule, die nur auf dem Hintergrund geschichtlich-gesellschaftlicher und sozialwissenschaftlicher Überlegungen verständlich werden. Und dann ist Schule schließlich das, was Lehrerinnen und Lehrer tagtäglich „halten" und was Schülerinnen und Schüler tagtäglich „haben". Schule wird von den in ihr interagierenden Personen „gemacht", sie ist nicht einfach vorgegeben, sondern entsteht gewissermaßen aus dem gestalteten Miteinanderhandeln von professionellen Erwachsenen und Kindern, Jugendlichen oder jungen Erwachsenen.

Soll die Betrachtung der Schule sich nicht in der Beschreibung ihres wirklichen und/oder erlebten Zustands erschöpfen, bedarf es einer theoretischen Reflexion über diese Institution. Denn nur mit Hilfe einer Theorie der Schule lässt sich sagen, was die Schule eigentlich ist, welche Aufgaben sie hat, woraus sich ihre Organisationsform erklärt, was ihre Besonderheiten als Arbeitsplatz, Lernort und Lebensraum ausmacht, wie sie sich weiterentwickelt und vieles mehr. Die Schultheorie stellt die Frage nach Zweck und Sinn von Schule für die Gesellschaft und den einzelnen Heranwachsenden in ihr.

Die vorliegende *Theorie der Schule* greift solche Aspekte der Schule auf und präsentiert sie als informativer Überblick für alle, die sich in die gegenwärtige Theoriediskussion einarbeiten wollen. Dabei verfolgt sie einen systematischen, mehrebenen-analytischen Ansatz, der von der Makrostruktur der Institution

Schule über die Mesostruktur von Gestaltungselementen aller Einzelschulen bis hin zur Mikrostruktur der konkreten Schule vor Ort als Tätigkeitsfeld von Lehrern, Schülern und anderen Personengruppen führt. So betrachtet legt das Buch zugleich die Schultheorie seines Verfassers offen. Diese basiert auf einem Wissenschaftsverständnis, das deskriptiv und phänomenologisch bestimmt ist, ohne aber auf normative Folgerungen zu verzichten. Dabei wird zunächst die Schulwirklichkeit, wie sie ist und war, erforscht, um aus deren zeit- und gesellschaftsbedingter Form auf zugrunde liegende allgemeine Strukturmerkmale von Schule überhaupt zurückzuschließen (=deskriptiv-phänomenologischer Aspekt); sodann wird darüber reflektiert, ob und wie die Schule als pädagogische Institution ihrem Auftrag und Ziel gerecht wird, Kindern und Jugendlichen zur Mündigkeit/Emanzipation zu verhelfen (= normativer Aspekt). Dem Anspruch nach handelt es sich um eine „Theorie 3. Grades".

Was im Folgenden zur Schule und über sie gesagt wird, gilt zentral für die allgemeinbildenden Schulformen Grundschule, Hauptschule, Realschule (oder: Mittelschule, Sekundarschule o. Ä.), Gymnasium und Gesamtschule. Die systematischen Aussagen und Argumentationen lassen sich allerdings auch auf andere Schulformen und Schularten übertragen.

Werner Wiater

1. Teil: Grundlagen

1. Theoretisch über die Schule nachdenken

Wer sich theoretisch zur Schule äußert, sieht sich schnell dem Vorwurf ausgesetzt, die tatsächliche Schulwirklichkeit zu verkennen oder mit seinem Denken und Reden nicht zu treffen. Das Verhältnis zwischen Theoretikern und Praktikern, zwischen Theorie und Praxis, ist belastet, zumindest kompliziert. Und das nicht erst in jüngerer Zeit, was umgangssprachliche Aussagen ebenso belegen wie wissenschaftstheoretische.

> „Grau, teurer Freund, ist alle Theorie. Und grün des Lebens goldner Baum"
> (J. W. v. Goethe, Faust I).
>
> „Der Theoretiker denkt, der Praktiker handelt."
>
> „Theorie ist, wenn man alles weiß, aber nichts klappt. Praxis ist, wenn alles klappt, aber keiner weiß, warum."
>
> „In der Theorie mag das ja stimmen, aber in Wirklichkeit ..."
>
> „Ein Gramm Erfahrung ist besser als eine Tonne Theorie" (J. Dewey).
>
> „Die Dignität der Praxis ist unabhängig von der Theorie, die Praxis wird nur mit der Theorie eine bewusstere" (F. D. E. Schleiermacher).
>
> „Es gibt nichts Praktischeres als eine gute Theorie" (F. W. Dörpfeld).
>
> „Die Theorie setzt Augen ein."
>
> „Die Theorie hat nur im Prinzip Recht" (W. Ritzel).
>
> „Wozu nützen alle Theorien, wenn die Leute fehlen, die sie ausführen können" (Ch. G. Salzmann).
>
> „Man nennt einen Inbegriff selbst von praktischen Regeln alsdann *Theorie*, wenn diese Regeln als Principien in einer gewissen Allgemeinheit gedacht werden und dabei von einer Menge Bedingungen abstrahiert wird, die doch auf ihre Ausübung notwendig Einfluss haben. Umgekehrt heißt nicht jede Hantierung, sondern nur diejenige Bewirkung eines Zwecks *Praxis*, welche als Befolgung gewisser im Allgemeinen vorgestellten Principien des Verfahrens gedacht wird (I. Kant in seinem Aufsatz „Über den Gemeinspruch: Das mag in der Theorie richtig sein, taugt aber nicht für die Praxis" von 1793).
>
> „Die Theorie ist wie ein Netz, das wir auswerfen, um ‚die Welt' einzufangen"
> (K. Popper).
>
> „Die Theorie ist wie eine Brille, die den Blick verändert" (J. F. Herbart).
>
> „Theorien sind wie Wegweiser" (H. Meyer).
>
> „Eine Theorie ist vergleichbar dem Blick von einem hohen Berg auf die darunter liegende Landschaft, ist wie ein weiter, umfassender, distanzierender und durch keine Nebensächlichkeiten gestörter Blick auf sie" (nach H. v. Hentig).

Angesichts solcher Voreinstellungen zur Theorie besteht Klärungsbedarf über das, was eine Theorie und speziell eine Theorie der Schule ist und leisten kann.

1.1 Theorie

Der Begriff Theorie ist vom griechisch-lateinischen Wort „theoria" abgeleitet und bedeutet so viel wie das Anschauen, die Gesamtschau, das Über- und Durchschauen einer Sache, die „Betrachtung der Wahrheit durch reines Denken ohne Rücksicht auf deren Nutzbarmachung". Theorien werden gebildet auf Grund von Erfahrungen (Beobachtungen, Experimente, Betrachtungen, Vorinformationen) und Annahmen über Wirkungszusammenhänge (Hypothesen), die unter Verwendung wissenschaftlicher Methoden zu möglichst gesicherten, widerspruchsfreien und nachprüfbaren Erkenntnissen und prognostischen Aussagen geführt werden. Die Geltung von Theorien kann logisch (d. h. auf innere Widersprüche hin) oder empirisch (z. B. durch Experimente oder Beobachtungen) überprüft werden.

Theorien sind das Ergebnis einer wissenschaftlichen Erkenntnisbemühung. Dabei ist von vornherein zu bedenken, dass durch die Wissenschaft eine „methodische Idealisierung der natürlichen Lebenswelt" erfolgt (E. Husserl) und dass Wissenschaft, um das bestgesicherte Wissen einer Zeit bereit stellen zu können, komplexe Probleme reduzieren muss. Am Beginn einer wissenschaftlichen Erkenntnisbemühung dieser Art stehen (zufällige oder auch absichtsvoll herbeigeführte) Beobachtungen und Erfahrungen über Tatsachen und Phänomene der Natur, der Technik, der Gesellschaft oder des menschlichen Verhaltens. Diese Beobachtungen oder Erfahrungen werden dann

- „auf den Begriff" gebracht, d. h. eindeutig und präzise definiert *(1. Merkmal: klare Begriffe)*, sodann werden
- zentrale Faktoren, Elemente oder Bestimmungsstücke des Sachzusammenhangs identifiziert *(2. Merkmal: Identifizierung zentraler Faktoren)*, mit ihrer Hilfe wird
- eine Hypothese darüber ausformuliert, in welchem Abhängigkeitszusammenhang oder Verhältnis die beobachteten Faktoren zueinander oder zu anderen außerhalb liegenden Faktoren stehen *(3. Merkmal: Strukturierung des Sachzusammenhangs durch Inbezugsetzung der Faktoren zueinander)*.

Manchmal werden solche Hypothesen bereits als Theorie bezeichnet. Bei technisch-naturwissenschaftlich-instrumentell bestimmten Sachverhalten kommt es dann zur Annahme von gesetzmäßigen oder regelhaften Kausal- und Finalzusammenhängen, bei geisteswissenschaftlichen, humanwissenschaflichen, sozialwissenschaftlichen Sachverhalten wird man eher mit Wenn-Dann-Beziehungen, individuellen Zwecksetzungen, persönlichen Kausalvorstellungen und subjektiven Kausalplänen rechnen, für die meist nur Probabilität oder Plausibilität behauptet werden kann. Die Hypothese wird durch Induktion auf der Grundlage der beobachteten Tatsachen gebildet, ist also eine logische Modellvorstellung der angenommenen Zusammenhänge oder Beziehungen. Sie muss durch Deduktion unter Anwendung erprobter und akzeptierter Forschungsmethoden als richtig bestätigt (verifiziert) oder als unzutreffend erwiesen werden (falsifiziert). Dabei ist die gewählte Prüfmethode dem zu untersuchenden Sachverhalt anzupassen. Lässt sich der Untersuchungsgegenstand empirisch überprüfen, sind objektivierende Methoden wie Labor- und Feldexperimente, Längsschnittuntersuchungen oder Multitrait-Multimethod-Untersuchungen angebracht, bei denen Beobachtungen, Befragungen und Tests durchgeführt werden (quantitative Forschungsmethoden). Erfordert der Untersuchungsgegenstand eine interpretative, hermeneutische Vorgehensweise, kommen Interview, Gruppendiskussion, Analyse von Autobiographien/Biographien oder Handlungsprodukten, diskursive Verständigung und teilnehmende Beobachtungen zur Anwendung (qualitative Forschungsmethoden). Erweist sich die Hypothese als zutreffend, in sich widerspruchslos und als derzeit einzig geeignete Erklärung für den beobachteten Tatbestand, erhält sie den Rang einer Theorie. Eine solche Theorie dient der Deskription, der Explikation, der Prognose und der Kritik von elementaren Zusammenhängen in einem ausgewählten Wirklichkeitsbereich; sie regt dazu an, aus diesen Erkenntnissen praktische Konsequenzen zu ziehen bzw. sie für Anwendungen und weitere Forschungen zu nutzen.

> In sprachlicher Hinsicht ist jede Theorie ein mit anerkannten wissenschaftlichen Methoden ermitteltes System von Aussagen über einen Sachzusammenhang/Wirklichkeitsbereich, die widerspruchsfrei und generalisierbar sind.
>
> In formaler Hinsicht ist jede Theorie ein Modell, das zentrale Aspekte und Beziehungen eines komplexen/komplizierten Zusammenhangs der Wirklichkeit aufklärt und für weitere Forschungen oder für praktische Nutzanwendungen aufbereitet.

Es ist durchaus möglich, dass zu einem Wirklichkeitsbereich unterschiedliche Theorien aufgestellt werden *(Theorienpluralismus)*, weil man von Wahrgenommenem zurückschließt auf Gesetzmäßigkeiten, Regelmäßigkeiten oder Zusammenhänge, die selbst nicht beobachtet werden können. Das ist beispielsweise der Fall, wenn ein Phänomen mit verschiedenen Methoden bearbeitet wurde, wenn eine Theorie sich auf weniger Aspekte konzentriert als eine andere, also einen geringeren Geltungsbereich hat, oder wenn sie komplizierter ist als eine andere. Theorien entwickeln sich auch weiter, wenn neue Erfahrungen aufgrund von Veränderungen im Wirklichkeitsbereich gemacht werden oder – auf Grund eines wissenschaftstheoretischen Paradigmenwechsels – neue Sichtweisen entstehen *(Theoriendynamik)*.

Kann ein Aussagensystem über einen Sachzusammenhang nicht den hohen Ansprüchen einer Theorie genügen, nämlich aus wenigen Prinzipien ein hohes Maß an Erscheinungen dieses Sachzusammenhangs (vgl. „Gesamtschau") zu erklären, so spricht man von einem Modell, manchmal auch von einem *theoretischen Modell*. Letzteres kann sich sowohl auf beobachtbare Elemente des Objektbereiches beziehen als auch eine (spekulative) Konstruktion sein. Eine Besonderheit der Theorien im human- und sozialwissenschaftlichen Bereich ist ihr *Bedarf an Referenztheorien* aus anderen Wissenschaften, die sich mit dem Menschen, seinem Leben und Zusammenleben in gesellschaftlichen Kontexten befassen (vgl. Psychologie, Soziologie, Philosophie, Politologie, Medizin, Jura, Ökonomie).

Bei Theorien der Human- und Sozialwissenschaften hat es sich seit E. Weniger eingebürgert, drei Reflexionsebenen zu unterscheiden, die nach Abstraktheit und Theoriegrad verschieden sind (vgl. Weniger 1929, 38 ff.; Meyer 1997, 215 ff.):

● *Theorien 1. Grades*

Damit sind Vermutungstheorien, implizite Theorien, subjektive Theorien oder Alltagstheorien gemeint, die allerdings in der Praxis handlungsleitend sind; sie konstituieren gewissermaßen eine „urwüchsige Praxis", deren Grundlage die gemachten Erfahrungen des Einzelnen sind.

● *Theorien 2. Grades*

Das sind reflektierte und explizit gemachte persönliche Theorien, Leitbilder oder ausgearbeitete Handlungsorientierungen, die die Praxis rational strukturieren und daraus begründete Empfehlungen ableiten.

● *Theorien 3. Grades*

Als solche gelten wissenschaftlich gesicherte, systematische und generalisierbare Gesamtaussagen über einen Wirklichkeitsbereich, deren Bedeutung darin liegt, genaue Kenntnisse und Erkenntnisse zu liefern und prinzipielle Aussagen zu machen, die als grundlegende „regulative Ideen" das praktische Handeln legitimieren.

1.2 Schule

Da jeder zur Schule gegangen ist, hat sich auch jeder ein persönliches Bild von der Schule gemacht; so individuell die Schulerfahrungen sind, so individuell sind auch die Definitionsversuche und die subjektiven Theorien darüber. Diese zeigen gleichzeitig, dass und wie Schule aus unterschiedlichen Perspektiven betrachtet und definiert werden kann.

Schule ist	
– ein Lernort	– ein Lebensraum
– eine Zwangsanstalt	– ein Ort, an dem man Wichtiges und Nützliches lernt
– eine Begegnungsstätte	
– eine Lernfabrik	– ein Arbeitsplatz für Lehrer und Schüler
– eine notwendige Institution der Gesellschaft	– ein bürokratischer Apparat
	– ein Spiegel der Gesellschaft
– eine Vorbereitung auf die Leistungsgesellschaft	– ein Erfahrungsraum
	– ein Weg des Kindes zum Erwachsensein
– ein Schonraum	
– ein psychosozialer Pannendienst	– eine Stätte geistiger Auseinandersetzungen
– ein Albtraum	
– eine Bewahranstalt	– ein Orientierungs- und Erprobungsfeld
– eine Institution, die mit dem tatsächlichen Leben nicht viel zu tun hat	– ein Ort sozialen Lernens
	– eine haltgebende Lebenswelt
– ein notwendiges Übel	– ...

Der wissenschaftliche Sprachgebrauch unterscheidet bei der Schule:

verbaldefinitorisch: Schule, abgeleitet vom Griechischen schole = Muße, Freisein von Geschäften, um über den Ursprung und Sinn der Welt nachzudenken

realdefinitorisch: Schule als Gebäude, als bestimmte einzelne Bildungsinstitution vor Ort, als Schulart oder Schulform, als Gesamtheit des Schulwesens aller organisierten Lehr-Lern-Institutionen, als Bezeichnung für Richtungen in Wissenschaft und Kunst mit Repräsentanten und Anhängern

nominaldefinitorisch: alles, was sich Schule nennt, wobei zentral die allgemeinbildenden und berufsbildenden Schulen gemeint sind.

makroperspektivisch: eine organisierte gesellschaftliche Erziehungs- und Bildungsinstitution mit Verpflichtungscharakter und bestimmten Strukturen, Prozessen und Ergebnissen (Außensicht)

mesoperspektivisch: eine Handlungseinheit aus Schulleitung, Lehrern, Schülern, Eltern und Schulaufsicht, die „von oben" vorgegebene Gestaltungs- und Entwicklungsaufgaben „vor Ort" realisiert (Sicht der Einzelschule)

mikroperspektivisch: ein Ort, der durch die von der Schule Betroffenen und an ihr Beteiligten bestimmt wird (Innensicht)

Seit ihrem Entstehen vor etwa 5000 Jahren ist die Schule eng mit der gesellschaftlichen Entwicklung einerseits und der allgemeinen Kulturentwicklung andererseits verknüpft. So richtig es ist, dass jede Gesellschaft sich ihre Schule entwirft, so zutreffend ist auch, dass die Schule ein eigenständiger Katalysator in der kulturellen Entwicklung und damit auch wieder der Gesellschaft ist. So wie Schule jeweils ist, ist sie historisch geworden, selten in kontinuierlicher Höherentwicklung, öfter als Resultat gesellschaftlicher Interventionen oder Umbrüche. Das heutige Verständnis von Schule – gemeint ist die Pflichtschule – lässt sich daher wie folgt zusammenfassen:

Die Schule ist ein historisch-gesellschaftlich eingerichteter Lernort für die heranwachsende Generation.

Um ihre äußere und innere Struktur zu verstehen, muss man ihren jeweiligen historischen und geografischen Kontext, ihre gesellschaftlichen Funktionen, ihre Eingliederung in das gesamte Erziehungs- und Bildungssystem, die in ihr umgesetzten Vorstellungen von pädagogischen Institutionen, von Lehrern und von Schülern sowie von den durch die Schule zu vermittelnden Kompetenzen berücksichtigen.

Die obige Definition macht auf folgende wesentliche Bestimmungsstücke von „Schule" heute aufmerksam:

- Die Schule, so wie sie heute ist, hat eine Entwicklungsgeschichte. Ihre Organisationsform, ihr Zweck und ihre Ziele sind kulturell, geschichtlich und geografisch bedingt.

- Die Schule ist eine Einrichtung der Gesellschaft, ein Sub- oder Teilsystem in ihr. Sie weist Merkmale organisierter Institutionen auf und steht in ihren Zielsetzungen, Strukturen und Interaktionen in Relation und Funktion zur (jeweiligen) Gesellschaft.
- Die Schule – hier konzentriert auf die allgemeinbildende und verpflichtende Regelschule – ist für die nachwachsende Generation da. Sie betrifft die Kindheit, das Jugendalter und z. T. noch das junge Erwachsenenalter von Mitgliedern der Gesellschaft, nimmt die Lebenszeit von Menschen in Anspruch, die der Erziehung und Orientierung bedürfen, da sie sich auf dem Weg von der Unmündigkeit zur Mündigkeit befinden. Als solche ist sie eine pädagogische Einrichtung und ein offenes, dynamisches, soziales System.
- Die Schule als Lernort wirft die Frage auf, was, wie und wozu in ihr gelernt wird und welches Bild vom Menschen ihr zugrunde liegt.
- Die Schule ist als Lernort zugleich zeitweiliger Lebensraum für die Kinder und Jugendlichen, in dem sie 12 und mehr Lebensjahre verbringen und was die Frage aufwirft, welche Lebenserfahrungen sie dort machen und wie die Lernerfahrungen in der Schule mit dem Leben außerhalb der Schule zusammenhängen.
- Die Schule ist als Lebensraum zugleich auch Arbeitsplatz für die in ihr tätigen Personen: Lehrerinnen/Lehrer, Schülerinnen/Schüler, pädagogisches und außerpädagogisches Personal, Administration und Aufsichtsinstanzen.

Was die Schule ist, lässt sich sowohl ihrer geschichtlichen Entwicklung entnehmen als auch an ihrer gegenwärtigen Position in der Gesellschaft bestimmen. Denn die Schule ist ein historisch und gesellschaftlich bedingtes soziales System, das durch Unterricht und Schulleben den jungen Gesellschaftsmitgliedern über Lernvorgänge zu Bildung und Erziehung verhelfen soll, letztlich zur Mündigkeit/Emanzipation. Im Sozialsystem Gesellschaft ist die Schule ein *Subsystem*, das einerseits selbstständig neben den anderen gesellschaftlichen Subsystemen (Politisches System, Rechtssystem, Wirtschafts- und Beschäftigungssystem, Freizeitsystem, Wissenschafts- und Forschungssystem, kulturell-ästhetisches System, weltanschauliches System) besteht, andererseits aber mit diesen anderen Subsystemen in Beziehung steht. Am engsten sind die Beziehungen mit dem Politischen und dem Rechtssystem (auf Grund der Sozialisationsfunktion) sowie zum Wirtschafts- und Beschäftigungssystem (aufgrund der Qualifikationsfunktion der Schule). Im Kontext dieser Beziehungen klärt sich die Identität und Typik des Subsystems Schule, dessen Besonderheit (seit der Aufklärung) in seinem *pädagogischen Anspruch* (Mündigkeit, Bildung) zu sehen ist. Im Auftrag der Gesellschaft nimmt die Schule folglich Einfluss auf die Entwicklung der Sach-, Selbst- und Sozialkompetenz von Kindern, Jugendlichen und jungen Erwachsenen. Bei der Wahrnehmung dieser ihrer pädagogischen Aufgabe ist die Schule einer *zweifachen Verpflichtung* unterworfen, der Verpflichtung gegenüber den Kindern und Jugendlichen mit ihren anthropologisch-psychologischen Vorgaben beim Lernen und ihrem Recht auf individuelle Förderung sowie der Verpflichtung gegenüber den *Inhalten der Kultur*, die es um der Identität der Mitglieder einer Gesellschaft willen zu tradieren und weiterzuentwickeln gilt. Diese doppelte Verpflichtung macht eine „Filterung" der Erwartungen und Ansprüche nötig, die von den anderen Subsystemen der Gesellschaft an die Schule herangetragen werden und begründet die relative Autonomie der Schule.

Wie alle Systeme ist die Schule – und das heißt auch jede Einzelschule – eine Institution mit Selbstorganisation und Eigenlogik. Sie wird nämlich von den Beteiligten und Betroffenen mitgestaltet und veränderten Bedingungen angepasst. Als Institution mit langer Tradition hat die Schule aber auch eine Beharrungstendenz, eine Tendenz zur Konstanz. Weiter ist sie ein offenes System (offen zu anderen Teilsystemen), ein statisches (hinsichtlich der Organisationsstruktur) und zugleich dynamisches System (auf Grund der wechselnden Personen und der Beziehungen zwischen den Personen), ein reproduktives System (das den gesellschaftlichen Bedürfnissen nachkommt) und ein soziales System, das sich aus dem Miteinander individueller Personen (Lehrer und Schüler) konstituiert.

1.3 Schultheorie

Die schulpädagogische Fachliteratur weist eine beachtliche Zahl von Buch- und Zeitschriftenpublikationen auf, die im Titel „Schultheorie" oder „Theorie der Schule" führen. Ein Blick darauf macht deutlich, dass deren Theorieanspruch sehr unterschiedlich ist. Er geht von der Darstellung einzelner theoretischer Aspekte von Schule, Unterricht, Schulerziehung, Schulleben und Schulentwicklung über das Nachzeichnen der Genese und Entfaltung schultheoretischer Aussagen, über die zusammenfassende Präsentation vorliegender Schultheorien bis hin zu eigenständigen Theorieentwürfen aus unterschiedlichen wissenschaftstheoretischen und wissenschaftsdisziplinären Perspektiven. Dabei zeigen sich auch die drei verschiedenen Theoriegrade, von Alltagstheorien über Leitbilder bis hin zu Gesamtentwürfen.

Stellt man sich eine *Schultheorie im engen Sinne des Wortes* vor, so muss sie als Versuch gesehen werden, die Gesamtwirklichkeit von Schule zu erfassen. Diesen Anspruch erfüllen allenfalls „Theorien 3. Grades", wobei auch diese in der Regel auf bestimmte Aspekte der Schule vertiefter eingehen. Sie sind geeignete Versuche, *die* Schule allgemein durch widerspruchsfreie Deskription, Analyse, Kritik und Prognose intersubjektiv verstehbar zu machen. Ziele einer jeden Theorie der Schule müssen nämlich außer der Erklärung auch die mögliche Voraussage des schulischen Geschehens und daraus folgernd die Empfehlung für eine bessere Gestaltung (Organisation) von Schule sein. Denn es wird von einer Schultheorie erwartet, dass sie nicht nur deskriptiv ist, sondern auch prognostische, kritische und reformorientierte Aussagen erlaubt.

Schultheorien sollen daher:

– systemorientiert (Schule als pädagogisches Subsystem der Gesellschaft)
– problem- und praxisorientiert (Schule als erlebte und gedeutete Realität)
– entscheidungsorientiert (Schule als revisionsbedürftige Institution) sein.

Die Grundfragen einer jeden Schultheorie sind: „Was ist die Schule?", „Welche zentralen Faktoren weist der Wirklichkeitsbereich Schule auf?" „Wie ist die Schule geworden, was und wie sie heute ist?" und „Wie sollte die Schule pädagogisch und didaktisch gestaltet und organisiert sein?". Diese Fragen sind komplex und lassen sich unter verschiedenen Perspektiven und mit unterschiedlichen Methoden erforschen und beantworten. Das ist der Grund dafür, dass es schwer fällt, nur *eine* Theorie der Schule auszuformulieren (vgl. Tillmann 1993).

Im Einzelnen ergeben sich die folgenden Hauptprobleme:

1. *das Problem der Generalisierung von Aussagen über die Schule*
   „Die Schule" gibt es nicht. Sie ist in unterschiedliche Schulformen und Schularten gegliedert, und darüber hinaus stellt jede Einzelschule eine Handlungseinheit für sich dar, deren Besonderheit sich von historischen, soziokulturellen, regionalen und personalen Faktoren erklärt.

2. *das Problem der Integration von Forschungsergebnissen unterschiedlicher Wissenschaften*
   Die Schule wird von vielen Wissenschaften unter ihrer je eigenen Fragestellung erforscht (vgl. Pädagogik, Psychologie, Soziologie, Politologie, Geschichtswissenschaft, Ökonomie, Medizin usw.). Ein Gesamtbild der Schule benötigt deren Forschungsergebnisse wie Bausteine, die integriert werden müssen.

3. *das Problem der zwei Seiten von Schule*
   Schule, das ist nicht nur die „Außensicht" des Schulsystems, der Schulorganisationsformen, der Funktionen von Schule und der Schule als Institution der Kulturvermittlung. Schule hat auch eine „Innensicht", nämlich die der von ihr Betroffenen, in ihr Arbeitenden und an ihr Beteiligten. Die eine wie die andere Sicht deckt jedoch ein unterschiedliches Bild von Schule auf.

4. *das Problem der Tauglichkeit für die Schulpraxis*
   Die pädagogische Praxis (Unterricht, Schulleben) in den Schulen ist das Forschungsfeld der Schultheorie, sie setzt ihr die Ziele und bestimmt ihren Zweck. Deshalb geht die Erwartung an die Theorie, für die Probleme, Reformen und Innovationen der Schule vermittelbar zu sein. Dabei ist allerdings zu bedenken, dass jede Schultheorie erstens von unterschiedlichen Adressaten (Lehrern, Eltern, Schulverwaltung, Schulforschung, Schulpolitik usw.) unter unterschiedlichen Perspektiven rezipiert wird und zweitens auch noch aus unterschiedlichen Wissensformen besteht (Orientierungswissen, Diagnosewissen, Handlungswissen, Wissenschaftswissen usw.).

Die Konsequenz daraus kann der Verzicht auf eine Schultheorie sein (vgl. z. B. Dauber, Adl-Amini). Diese Konsequenz soll hier nicht gezogen werden. Ist im Folgenden von der Theorie der Schule die Rede, dann im Sinne einer „Sammelbezeichnung" für schulrelevante Teiltheorien. *Unter „Schultheorie" subsummieren sich unterschiedliche Theorien über die Schule, die zur Struktur der organisierten Institution Schule und zu den Interaktionen in ihr wissenschaftlich gesicherte Aussagen machen.* Schule wird dabei zum Inbegriff für das, was dieser

Institution wesentlich ist und was sie von anderen Institutionen, in denen unterrichtet und erzogen wird, unterscheidet, nämlich die Persönlichkeitsbildung von Schülern/Schülerinnen durch gemeinschaftliche Unterrichts- und Schullebensgestaltung.[1]

Diese Kernaussage veranlasst Fragen und Forschungen in unterschiedlichen Humanwissenschaften, führt zu Hypothesen über Art, Form und Wirkung der schulischen Beeinflussung in historischer, systematischer und vergleichender Hinsicht. Sie bringt daher eine Vielzahl verschiedener Teiltheorien zur Schule hervor. Mit ihrer Hilfe werden vergangene und gegenwärtige Aufgaben- und Problemstellungen der Schule diskutierbar.

1.4 Systematisierung von Schultheorien

Schule lässt sich – wie angesprochen – unter verschiedenen Gesichtspunkten, von unterschiedlichen wissenschaftstheoretischen und wissenschaftsdisziplinären Positionen und unter Zuhilfenahme unterschiedlicher Forschungsmethoden untersuchen.

Man kann die Schule betrachten:

- unter pädagogischem Gesichtspunkt, wenn nach ihren Möglichkeiten und Grenzen bei der Erziehung von Kindern und Jugendlichen zur Mündigkeit gefragt wird
- unter didaktischem Gesichtspunkt, wenn nach dem Initiieren, Unterstützen und Überprüfen von Unterrichts- und Lernprozessen in ihr gefragt wird und die Frage nach der in ihr zu erwerbenden Bildung gestellt wird
- unter soziologischem Gesichtspunkt, wenn die schulischen Strukturen und Interaktionen auf ihre sozialisatorischen und ihre sozialen Auswirkungen befragt werden

---

1 Diesem Verständnis von Schultheorie steht ein grundsätzlicher Einwand entgegen, den W. Kramp bereits 1973 vorgebracht hat. In seinem Buch „Theorie der Schule" unterwirft er die damaligen Schultheorien einer Prüfung, ob und wie sie dem *naturwissenschaftlichen* Theorieverständnis entsprechen können. Er unterscheidet dabei 4 Klassen von Aussagensystemen:
- *Klassische Theorien*, die von Hypothesen ausgehen, sie überprüfen und dann logisch widerspruchsfreie und empirisch gesicherte Theorien mit unbegrenzter Gültigkeit seien
- *„Quasitheorien"* mit einem begrenzten Geltungsanspruch; da soziale Phänomene historisch variabel und sozio-kulturell bedingt seien, sei es hier schwierig, empirisch gehaltvolle Theorien zu formulieren, wenngleich auf empirische Absicherung nicht verzichtet werden könne
- *Pseudotheorien*, also in Wirklichkeit ideologische und metaphysische Aussagen, die nicht empirisch überprüft werden können und lediglich Rechtfertigungslehren für weltanschauliche oder politische Ordnungen/Maßnahmen sind
- *Konzepte und Programme*, die Wünsche/Vorschriften/Erwartungen/Entscheidungen ausdrücken und pragmatisch bzw. an subjektiven Werturteilen orientiert sind.
W. Kramp kommt zu dem Schluss: „Eine Theorie der Schule ist unter dem strengen Anspruch einer empirisch-/analytischen Wissenschaftskonzeption, aus der ein ebenso strenger Theoriebegriff folgt, nicht zu verfassen. Zusammenhänge im sozialen Bereich erweisen sich zumeist als nicht dem Kausalnexus unterworfen. Sie lassen lediglich auf statistische Wahrscheinlichkeit schließen" (S. 80 f.).

- unter psychologischem/psychoanalytischem Gesichtspunkt, wenn nach den Effekten gefragt wird, die die Schule auf die leiblich-geistig-seelische Entwicklung der in ihr und mit ihr Tätigen hat
- unter medizinischem Gesichtspunkt, wenn nach den gesundheitlichen Aspekten und Auswirkungen des Schulehaltens und Beschultwerdens gefragt wird
- unter ökonomischem Gesichtspunkt, wenn der Wirtschaftsfaktor Schule betrachtet wird
- unter juristischem Gesichtspunkt, wenn nach dem Verfassungs- und Verwaltungsrecht, dem Schulrecht und Lehrerdienstrecht, den Schulgesetzen und Schulordnungen usw. gefragt wird
- unter politikwissenschaftlichem Gesichtspunkt, wenn nach politischen Einflussnahmen und den Vorstellungen politischer Bildung gefragt wird
- unter historischem Gesichtspunkt, wenn nach der Entwicklungsgeschichte der Schule gefragt wird
- unter organisationswissenschaftlichem Gesichtspunkt, wenn nach den leitenden Vorstellungen der Institutionalisierung der Schule gefragt wird
- unter dem Gesichtspunkt nahezu aller anderen Wissenschaftsdisziplinen, wenn danach gefragt wird, wie diese im Lehrplan und Unterricht der Schule repräsentiert sind.

Jeder der genannten Gesichtspunkte veranlasst zu Hypothesen, Forschungen und Theorieaussagen über die Schule. Infolgedessen existiert eine Fülle theoretischer Aussagen über die Schule, entstanden aus pädagogischen und außerpädagogischen Reflexionen über diese Institution. Sie thematisieren spezifische Aspekte des Wirklichkeitsbereiches Schule unter Verwendung unterschiedlicher Forschungsmethoden und mit Ergebnissen, deren Geltungsbereich unterschiedlich ist. Der pädagogische Theoretiker braucht sie ebenso wie er pädagogische Praktiker, um den Objektbereich Schule theoretisch angemessen darstellen und praktisch legitimiert bewältigen zu können. Als Kriterien für die Klassifikation dieser zahlreichen und vielfältigen Schul-(teil-)theorien bieten sich an:

1. die Unterscheidung von
   - *Makrotheorien*, die die äußere Organisationsstruktur des Systems Schule in den Blick nehmen: Organisationstheorie der Schule, Systemtheorie der Schule, Strukturfunktionale Schultheorie, Kulturtheorie usw.
   - *Mesotheorien*, die sich mit dem Bereich der schulischen Realität befassen, der zwischen der Organisationsstruktur und den konkreten Interaktionen liegt: Theorien zur Schulkultur, zum Schulleben, zur Schulentwicklung usw.
   - *Mikrotheorien*, die sich mit den internen Interaktionsprozessen der Schule befassen: schulische Interaktionstheorie, Handlungstheorie, Instruktions- und Lerntheorie, Psychoanalytische Schultheorie usw.

2. die Unterscheidung nach *wissenschaftstheoretischen Grundpositionen* (und deren forschungsmethodischen Zugängen) in der Pädagogik: Geisteswissenschaftlich-bildungstheoretische Pädagogik, Empirisch-analytische Pädagogik,

(Ideologie-)Kritische Pädagogik, Systemisch-konstruktivistische Pädagogik, Vergleichende Pädagogik usw.[2]

3. die Unterscheidung nach *wissenschaftsdisziplinären Forschungsanfragen* an die Schule aus der Pädagogik, der Psychologie, der Soziologie, der Ökonomie, der Rechtswissenschaft, der Geisteswissenschaft, der Medizin usw.

4. die Unterscheidung nach *Theoriegraden,* die es erlauben, den Geltungsbereich und die Berechtigung von Aussagen über die Schule genauer zu bestimmen.

Die hier vorgelegte Theorie der Schule orientiert sich an der ersten und der letztgenannten Unterscheidung.

1.5 Nutzen einer Schultheorie

Schule heute wird unter den Bedingungen der seit den 70er Jahren des letzten Jahrhunderts sogenannten verwissenschaftlichen Gesellschaft organisiert. Sie muss sich hinsichtlich ihrer Struktur und hinsichtlich der Interaktionen in ihr legitimieren können. Das Medium, in dem sie das tun kann, ist die Wissenschaft, die Form, in der das von ihr erwartet wird, ist die theoretische Reflexion ihrer Praxis.

Umfassende Theorien zur Schule vermitteln dem Lehrer „ein angemessenes Gesamtverständnis seines Tuns". Sie sind insofern die Grundlage für die Professionalisierung des Lehrerberufs und geben Lehrerinnen und Lehrern Orientierungshilfen zur Bewältigung ihrer Berufspraxis. Im Einzelnen sind das

● Hilfen bei der Erkenntnis der institutionellen Bedingungen, unter denen sie arbeiten
● Hilfen bei der Strukturierung ihres pädagogischen und didaktischen Handlungsfeldes
● Hilfen beim Verstehen ihrer Aufgabe und Rolle als Lehrerin/Lehrer
● Hilfen bei der Analyse und beim Lösen von Problemen des Schulalltags
● Hilfen bei der verantwortungsvollen Durchführung ihrer Tätigkeiten im Unterricht und in der Erziehung.

Denn die Theoriebildung zur Schule deckt implizite Theorien auf und bewahrt so Lehrer, Schüler, Eltern, Schulaufsicht und Schulpolitiker vor falschen Einstellungen, Erwartungen und Entscheidungen. Sie formuliert Sinn und Idee von Schule aus und identifiziert deren gesellschaftlich-institutionelle Determinanten. Ferner legitimiert sie die Einflussnahme der Schule auf das Verhalten von Kindern und Jugendlichen und gibt Anstoß zur Reflexion über die Berufsethik der Lehrerinnen/Lehrer und über ihre pädagogische Tätigkeit. Sie stützt argumenta-

---

2 K. J. Tillmann (Schultheorien. Hamburg 1993) gliedert das „Dickicht" der Schultheorien nach diesem Gesichtspunkt und differenziert nach geisteswissenschaftlichen Schultheorien, strukturell-funktionalen Schultheorien, historisch-materialistischen Schultheorien, Schultheorien aus psychoanalytischer Sicht, interaktionistischen Schultheorien und der radikalen Schulkritik als Schultheorie.

tiv Schulreformen, Schulinnovationen und Schulentwicklungen und sichert die hochschulpolitischen und hochschuldidaktischen Anforderungen an eine gute Lehrerbildung ab.

Zusammenfassend lässt sich sagen:

Die Schultheorie

- *ist ein Ordnungszusammenhang für alles, was mit Schule zu tun hat*
- *dient der Analyse von Schule unter allen möglichen Gesichtspunkten*
- *klärt und strukturiert die Bedingungen des Handelns in der Schule gegenüber Lehrern, Schülern, Eltern, Schulaufsicht usw.*
- *hat eine kritische Funktion gegenüber der Schulpraxis und der Bildungspolitik*
- *macht Lehrer kritisch, selbstkritisch und selbstsicher*
- *begründet das Berufsethos des Lehrers/der Lehrerin*
- *bildet die Grundlage für die quantitative und qualitative Schulforschung.*

1.6 Schulforschung

Unter Schulforschung versteht man die mit anerkannten quantitativen und qualitativen Methoden durchgeführte Analyse des Objektbereichs „Schule" in historischer, systematischer und vergleichender Hinsicht. Sie kann als deskriptive, wertneutrale Grundlagenforschung oder als präskriptive, praxisorientierte Anwendungsforschung erfolgen, auf die Vergangenheit der Schule oder auf ihre Gegenwart gerichtet sein, regional, national oder international fokussiert sein. Ausgangspunkt aller Schulforschung ist zum einen eine vorgängige Schultheorie (d. h. eine Vorstellung davon, was die Schule ist, welche zentralen Aspekte sie konstituieren und wie Schule sein sollte) und zum anderen eine Grundentscheidung darüber, was eine „gute Schule" ist bzw. sein könnte. Forschungsmethoden der Schulpädagogik sind:

1. Historisches Forschen

Bei der historischen Schulforschung stand am Anfang die hermeneutische, qualitativ-inhaltsanalytische Quellenauswertung im Sinne der Geisteswissenschaftlichen Pädagogik (H. Nohl, E. Spranger, Th. Litt, E. Weniger, W. Flitner) im Vordergrund. Seit den 70er Jahren des letzten Jahrhunderts kamen mit der so genannten „realistischen Wende" (H. Roth) in Verbindung mit der Pädagogik des Kritischen Rationalismus, der Pädagogik der Kritischen Theorie und der Kommunikativen Pädagogik verstärkt sozialwissenschaftliche, sprachanalytische, empirische und ideologiekritische Verfahren hinzu. Die Schule in ihrer historischen Entwicklung wird seitdem nicht nur quellenkritisch und textanalytisch erforscht oder allein als Ideen- und Problemgeschichte konzipiert, sondern zugleich real- und sozialwissenschaftlich aus dem Bedingungsgefüge der jeweiligen historisch-gesellschaftlichen Situation erklärt. Ihre Ideen und Probleme werden stets unter den datenmäßig erfassbaren und (wenn möglich) quantitativ ermittelbaren konkreten Umständen ihrer Zeit und ihres Entstehungsraumes betrachtet. Ist das Forschungsinteresse (als selektiver Standpunkt) festgelegt, müssen daher alle absichtlich und unabsichtlich überlieferten Quellen erfasst und dann mit Hilfe hermeneutischer und sozialwissenschaftlicher Methoden ausgewertet werden.

2. Systematisches Forschen

Die historische Schulforschung verbindet sich nicht selten mit einem systematischen Anliegen. Dem systematischen Forschen geht es um grundlegende Fragestellungen zum Verständnis von Schule, zur quantitativen und qualitativen Erfassung spezieller Aspekte der Schule, zur theoretischen Reflexion aller Zusammenhänge und Probleme in der Schule und in ihren Bezugsfeldern, zu ihren Funktionen und Aufgaben, zu ihrer Strukturierung und Organisation, zu den an ihr beteiligten Personengruppen und Professionen, zu ihrer Wirkung und ihren Effekten sowie zu ihrer Qualität und Entwicklung. Das systematische Forschen beginnt mit einer Deskription des zu untersuchenden Sachverhalts, bei der eine Begriffspräzision geleistet wird. Sodann werden die zentralen Faktoren des Sachverhalts ermittelt, und ihr Zusammenwirken wird analysiert. Schließlich wird der Ertrag der Untersuchungen dargestellt und es werden dessen Konsequenzen für die Schultheorie und die Schulpraxis benannt.

3. Vergleichendes Forschen

Vergleichen lässt sich in der Schulforschung vieles: die Schule früher und heute, verschiedene Schulformen untereinander, Schule im In- und Ausland – und innerhalb der Schule spezielle Schulformen und Schularten oder einzelne Aspekte. Die methodische Vorgehensweise kombiniert hermeneutisch-qualitative und empirisch-quantitative Methoden und durchläuft die Phasen: Deskription, Interpretation auf Grund der Analyse historisch-ökonomisch-gesellschaftlich-kultureller Bedingungsfaktoren, Juxtaposition nach der Auswahl eines Vergleichsaspekts und Komparation als Auswertung der Ergebnisse des Vergleichens.
In den letzten Jahren hat die vergleichende Forschung durch die internationalen Schulleistungsuntersuchungen TIMSS, PISA, IGLU zentrale Bedeutung bekommen. Auf breiter Datenbasis werden seitdem die Effekte (outputs) schulischen Lehrens und Lernens sowie schulischer Sozialisation quantitativ-empirisch erfasst, analysiert und in ein internationales Ranking gebracht. Dabei wird von einem einheitlichen Grundbildungskonzept mit überprüfbaren, hierarchisierbaren Leistungsstandards für messbare Kompetenzen (Literacy-Konzept) ausgegangen, d. h. von einem funktionalistischen (statt dem klassischen) Bildungsbegriff.

2. Neuere Schultheorien im Überblick

Die Beiträge zur Theoriediskussion der Schule sind – wie erwähnt – vielfältiger Art, angefangen bei Aufsätzen, die Einzelaspekte der Schule theoretisch reflektieren, über zusammenfassende Darstellungen bis hin zu systematisch ausgearbeiteten Gesamtdarstellungen (wie die hier vorliegende). Publikationen, die „schultheoretisch" oder „Schultheorie" in ihrem Titel führen, weisen daher hinsichtlich der Reflexionstiefe und des Geltungsbereichs der Aussagen ein unterschiedliches Anspruchsniveau auf. Im Folgenden soll deshalb auf die Unterscheidung von Theorien 1., 2. und 3. Grades zurückgegriffen werden.

2.1 Subjektive Theorien zur Schule (Theorien 1. Grades)

Schule wird tagtäglich erfahren, erlebt, erlitten. In den an der Schule Beteiligten und von ihr Betroffenen entwickeln sich daraus Bilder, Erklärungs- und Deutungsmuster, persönliche, eigene Theorien darüber, was die Schule ist, wie sie wirkt, wie man sich in ihr verhält und welche Reformen sie nötig hätte. Da solche subjektiven Theorien, gewonnen aus den Alltagserfahrungen jedes Einzelnen (Schülerinnen/Schüler, Lehrer/Lehrerinnen, Eltern, Schulaufsichtspersonen, Schulpsychologen, Schulpolitiker usw.), in hohem Maße handlungsleitend sind, werden sie nicht nur für die Schulpraxis bedeutsam, sondern müssen auch schultheoretisch reflektiert werden. Um dies tun zu können, muss man sich vergegenwärtigen, wie subjektive Theorien zustande kommen, ob und wann Lehrer, Schüler, Eltern und andere Personen mit Bezug zur Schule als Experten betrachtet werden können sowie welche Bedeutung die kognitive Dissonanz bei ihren Bildern von Schule hat.

Schule aus der Sicht Betroffener

Wie begründet die Meinungen und Einstellungen derer sind, die sich als Betroffene zur Schule äußern, muss im Einzelfall überprüft werden. Dessen ungeachtet behalten subjektive Theorien ihren je eigenen Wert als Spiegelung der erlebten, subjektiv empfundenen und gedeuteten Schulrealität. Im Folgenden soll exemplarisch auf das „Bild" von Schule und Unterricht eingegangen werden, das Schülerinnen und Schüler äußern. Aus sozialwissenschaftlichen Untersuchungen ergibt sich dazu (Czerwenka 1990; Bach u. a. 1992; Fichten 1993; Nölle 1995; Kanders u. a. 1996; vgl. Ulich 2001, u. a.):

- der Leistungs- und Konkurrenzdruck der Schule belastet nahezu alle Schülerinnen/Schüler
- die Erwartungen der Eltern an den Schulabschluss ihrer Kinder (derzeit: 45 % das Abitur, 10 % den Hauptschulabschluss) sind höher als die Abschlussziele der Kinder selbst, was zu Schwierigkeiten führt
- die Freude an der Schule nimmt von Schuljahr zu Schuljahr mehr und mehr ab
- der Eindruck, dass die Schule wenig Bedeutung für das wirkliche Leben hat, herrscht vor
- die Beziehungen zu den Lehrern spielen eine große Rolle
- die Zahl der engagierten Schülerinnen/Schüler ist gegenüber denen, die das Lernen an sich gering achten und die Schule als „lästige Nebensache" betrachten, eher gering; viele Schüler (bereits der Mittelstufe) gehen während der Schulzeit bezahlten Tätigkeiten nach;
- Schüler/Schülerinnen der weiterführenden Schulen sehen in der Schule vor al-

lem einen Ort sozialer Kontakte mit den Mitschülern und eine Gelegenheit, die eigene Identität auszuhandeln

- monotoner Unterricht und das Fehlen von Mitbestimmungsmöglichkeiten hat sowohl Anpassungsverhalten als auch innere Distanzierung zur Folge
- Schulangst, Schulstress (bei 75 % der Schüler), Schulunlust, Unsicherheit und Selbstzweifel sind dominante Emotionen, wenn Schüler/Schülerinnen an die Schule oder den Unterricht denken.

Dazu muss man wissen:

- 70 000 Schülerinnen und Schüler müssen jährlich die Jahrgangsstufe wiederholen oder werden zurückgestuft, 22 % der Schülerinnen/Schüler wiederholen in ihrer Schullaufbahn mindestens eine Klasse; etwa 10 % der Schüler verlassen die Schule ohne Abschluss (bei ausländischen Schülern ist die Zahl etwa doppelt so hoch)
- 65 % der Schülerinnen/Schüler halten Noten für ungerecht
- weniger als jeder 2. Grundschüler geht nach 4 Jahren noch gerne in die Schule
- 43 % der Jungen und Mädchen in Deutschland bewerten ihre Lehrer negativ
- 20 % der deutschen Schüler/-innen erhalten Nachhilfeunterricht, besonders in den Klassen 7–9, insgesamt ca. 800 000 Schüler der Sekundarstufe I
- 4 Mill. der 81 Mill. Menschen der Bundesrepublik Deutschland sind Analphabeten
- 22,5 % der Hauptschüler mögen ihre Schule und ihre Lehrer
  18,8 % der Gymnasiasten gehen gerne zur Schule
  12,7 % der Realschüler gehen gerne zur Schule.

Lehrerinnen und Lehrer sehen sowohl das Klassenklima als auch ihre Beziehung zu den Schülern/Schülerinnen wie auch ihren eigenen Unterricht viel positiver als ihre Schüler (Ulich, 2001, S. 22).

Schüler der Oberstufe haben bei einer Umfrage ihre subjektiven Theorien zur Schule in folgenden Vergleichen und Farben ausgedrückt:

Schule ist wie ...		Schule ist ...
• ein Stück Zuhause • Himmel und Hölle • ein ausländischer Film ohne Untertitel • ein Käfig voller Narren • ein fensterloser Raum • das Kaninchen unter Schlangen • ein Fluss • eine Achterbahn (mehrfach) • eine Tür fürs Leben • Essen ohne Salz • Wetter mit Hochs und Tiefs • ein Aprilwetter (mehrfach) • ...	• Berg und Tal • spannend wie eine Erzählung • ein Bienenstock, organisiert und durcheinander • ein Schneckenhaus • ein Kartenhaus • eine Wäschesortiermaschine • Schubladen, in die man gesteckt wird • ein Schaukelpferd • ein Baum (mehrfach) • ein Punkterennen • ein Spinnennetz • ein saurer Apfel mit süßen Stellen • ...	• hellblau (mehrfach) • rot (am meisten) • gelb (öfters) • helle Farben • blau (sehr oft) • lila (mehrfach) • bunt (sehr oft) • dunkelgrün (sehr oft) • schwarz (öfters) • rosarot (mehrfach) • grau (sehr oft) • farblos (mehrfach) • orange (öfters) • braun (mehrfach) • ...

Besonderheiten subjektiver Theorien

Im Zuge seines Handelns strukturiert jeder Mensch seinen Handlungsraum aktiv-kognitiv. Dabei greift er auf Wissensbestände zurück, die er in der formalen Ausbildung (wie z. B. in den Sozialisationsinstanzen oder in Ausbildungen) erworben hat oder aus der Handlungspraxis (in Schule, Unterricht und Schulleben) bewusst oder unbewusst aufgebaut hat. Er bildet sich eine subjektive Theorie. Solche subjektiven Theorien sind relativ stabile mentale Repräsentationen, teilweise implizit (nicht-bewusstseinsfähig, unreflektiert als Selbstverständlichkeiten oder Überzeugungen), teilweise dem Bewusstsein des Handelnden zugänglich, aktivierbar und explizierbar vorhanden. Sie haben die Argumentationsstruktur von Wenn-Dann-Beziehungen und sind in ihrer Funktion wissenschaftlichen Theorien vergleichbar: Sie definieren Situationen, sie erklären und rechtfertigen Ereignisse, sie machen Voraussagen über Folgen und künftige Entwicklungen und bringen Handlungen hervor, die Ereignisse herbeiführen oder vermeiden. Der Einzelne verändert seine subjektiven Theorien nur, wenn er mit ihrer Hilfe ein Problem nicht (mehr) bewältigen kann und mit dem Ausprobieren neuer Verhaltensmuster mehrfach erfolgreich war (Dann 1983; Hierdeis/Hug 1992).

Kritik an subjektiven Theorien kommt aus der Dissonanztheorie und aus der Expertentheorie. Als Experte – im Unterschied zum „gut informierten Bürger" oder zum „Mann auf der Straße" – gilt jemand, der über ein Sonderwissen und -können in einem abgegrenzten Aufgabenbereich und in einer spezifischen Berufsrolle verfügt. Dieses Sonderwissen umfasst erstens alle, für sein Handeln und Denken in diesem Bereich relevanten Aspekte, beruht zweitens auf sicheren Behauptungen und verbindlichen Annahmen und verleiht drittens dem Experten eine relative Autonomie. Allerdings dürfen bei einem Experten persönliche oder biographische Motive nicht zur Geltung gebracht werden; sein Expertenstatus lässt das nicht zu (Meuser/Nagel 1997, S. 483–486).

Die Dissonanztheorie (vgl. Festinger 1978) greift das Problem auf, dass jemand bei einer seiner Entscheidungen, Einstellungen oder Handlungen auf Grund von zusätzlichen Informationen oder neuen Erkenntnissen in einen inneren Konflikt gerät. Den dabei entstehenden Zustand des inneren Unbehagens und bewussten Widerspruchs, kognitive Dissonanz genannt, sucht der Mensch üblicherweise in Richtung auf Konsonanz und zu seinen Gunsten aufzulösen. Er rückt sich sein Urteil entsprechend zurecht, um seine Identität nicht zu gefährden und sich selbst treu zu bleiben.

2.2 Leitbilder von Schule (Theorien 2. Grades)

Im Anspruch allgemeinverbindlicher sind die Leitvorstellungen, die in der schulpädagogischen Literatur zur Schule von heute elaboriert worden sind. Sie gehen in der Regel von Beobachtungen zur derzeitigen Schulwirklichkeit und Schulpraxis aus, diagnostizieren dabei Defizite, folgern daraus mehr oder weniger grundsätzlich die Notwendigkeit einer anderen Sicht von Schule und leiten davon konkrete Reformforderungen ab. Die verlangte Reform der Schule richtet sich dabei nicht an eine konkrete Schule hier oder dort, sie betrifft vielmehr die Schule insgesamt, sowohl hinsichtlich ihrer Struktur als auch hinsichtlich der in ihr ablaufenden Interaktionsprozesse. Auf diese Weise nehmen sie die Schule insgesamt in den Blick, tun dies jedoch unter einer spezifischen leitenden Perspektive. Einige dieser Leitbilder können deshalb als Theorien 2. Grades betrachtet werden.

Die Schule als familienergänzende Einrichtung

Ein Leitbild von Schule, das seit einigen Jahren verstärkt diskutiert wird, ist die sozialpädagogische Schule. Exponent dieses Leitbildes ist der Hamburger Pädagogikprofessor Peter Struck, der darin die Anforderungen an eine neue zeitgemäße Schule realisiert sieht (vgl. bes. Struck 1996 ff.). Ausgangspunkt seiner Überlegungen ist zum einen eine Realanalyse der Erziehungsdefizite in der Gesellschaft und zum anderen ein Rückbezug auf die – wie er meint – traditionell der Schule gestellte Aufgabe, nämlich zu ergänzen, was Eltern nicht leisten können. Musste die Schule in den vorangehenden Jahrhunderten für die Elternhäuser Bildungsergänzungen anbieten, so müsse sie heute Erziehungsergänzung leisten. Warum das tatsächlich nötig ist, belegt P. Struck an vielen Stellen seiner zahlreichen Publikationen mit statistischen Zahlen:

> 2,3 Mill. (von insgesamt 17 Mill., davon 11,6 Mill. Schülerinnen/Schüler) Kinder und Jugendliche sind Scheidungswaisen; mehr als ein Drittel aller Kinder aus Ein-Eltern-Familien leiden unter schweren psychischen Störungen; bei Kindern aus vollständigen Familien ist dies viel seltener der Fall.
>
> 2,2 Mill. Kinder leben an der Armutsgrenze.
>
> 4 Mill. Kinder wachsen in sehr kleinen Wohnungen auf; 500 000 davon in Notunterkünften, 50 000 auf der Straße.
>
> 1,4 Mill. Kinder werden jährlich mit Gegenständen misshandelt, 80 000 sexuell missbraucht, 100 Kinder werden jährlich totgeschlagen, über 80 % aller Kinder werden geohrfeigt und geprügelt.
>
> Jeder dritte Schüler ist in Deutschland verhaltensgestört, etwa doppelt so viele haben Beschwerden wie Migräne, Bauchschmerzen, Asthma, Tablettenabhängigkeit, Hyperaktivität, Ängste, Nervosität, Neurodermitis, Allergien usw.
>
> Etwa 15 % der Jugendlichen konsumieren Rauschmittel, 66 % der Neuntklässler trinken Alkohol, 50 % rauchen, 15 % haschen, 2 % nehmen Kokain oder Heroin, jeder dritte Jugendliche nimmt regelmäßig Medikamente.
>
> 60 % der Mädchen und Jungen haben Haltungsschäden, 30 % haben Übergewicht, ebenso viele Herz- und Kreislaufprobleme.
>
> Bis zu 15 % der Mädchen/Frauen zwischen 15 und 35 Jahren leiden an einer Essstörung (Magersucht, Bulimie).
>
> Über 5000 Schüler versuchen jährlich, sich das Leben zu nehmen, 80 000 laufen für längere Zeit von zu Hause weg.
>
> 83 % aller Großstadtlehrer/-innen an Haupt- und Realschulen klagen über wachsende Verrohung und Gewaltbereitschaft bei Schülern/Schülerinnen.
>
> Aber: Von Schülern/Schülerinnen werden jährlich etwa 4 Mill. Straftaten begangen.

Viele Kinder sind ihren Eltern lästig, erleben sich als abgelehnt, als Enttäuschung und Belastung, andere werden von ihren bildungs- und aufstiegsorientierten Eltern unter Leistungsdruck gesetzt und zu immer neuen Prestige-Aktivitäten gezwungen, individualisiert und „verinselt"; wieder andere bleiben sich völlig allein überlassen. Angesichts gravierender Veränderungen in der privaten Lebensführung der Eltern und in der gesamtgesellschaftlichen Entwicklung, die auf ein übersteigertes Pluralismus- und Liberalismusdenken zurückzuführen seien, sieht P. Struck die Schule in der Pflicht. Sie muss in diesen Fällen Familienergänzung, teilweise auch Familienersatz bieten. Ihre zentrale Aufgabe sieht er infolge dessen in der Erziehung der Kinder und Jugendlichen, die er der Bildungsaufgabe klar vorordnet: Erziehung ist ihm wichtiger als Bildung, und noch wichtiger als Erziehung ist ihm die Beziehung zwischen Lehrer und Schüler. Die heutige Schule erliegt seiner Meinung nach einem Bildungswahn, sie verhindert und blockiert das Lernen mehr als sie es fördert, sie ist unzeitgemäß, und 60 % ihres Unterrichts ist überflüssig. Struck meint: „Der Begriff Schule wird schon bald mit ganz anderen Inhalten gefüllt werden müssen als bisher; sie wird eine Einrichtung erziehenden Zusammenlebens werden, durch die Bildung und Leistungen begünstigt werden, weil nur sie als einzige Klammer der Gesellschaft für einen minimalen Wertekonsens übrigbleiben wird" (1996, S. 38). Diese Schule ist als „Zwei-Wege-Modell" von ihm gedacht, bestehend aus einer Sekundarschule mit dem Schwerpunkt Erziehung verbunden mit Unterricht, und dem Gymnasium mit dem Schwerpunkt Unterricht verbunden mit Erziehung, wobei an beiden der Schulabschluss Abitur erlangt werden kann. Wird die Schule, zumindest die Sekundarschule, auf diese Weise zu einer eher sozialpädagogischen Einrichtung, so muss sich das Selbstverständnis des Lehrers/der Lehrerin entsprechend verändern. Als Mutter- und Elternersatz sollen sie zu Freunden der Schüler/-innen werden, sollen für sie so etwas wie ein Coach sein, und wenn es um die Vermittlung von Kenntnissen und Fertigkeiten geht, Lernberater statt „Pauker". Denn: „Ob Lehrer es wollen oder nicht, sie sind für viele Schüler die einzig verbleibende Hoffnung" (a. a. O., S. 212). Dazu passt die Forderung nach einer offenen Ganztagsschule, mit vielen Freiräumen (vgl. Autonomie der Schule), in der der Unterricht mit gut geplanter Medien- und Computerunterstützung auf zwei bis drei Wochentage konzentriert werden kann, damit die anderen Tage für sozialisierende Lernerfahrungen zur Verfügung stehen könnten.

Die Schule als Ort des Unterrichts

Ein zweites, in Deutschland ebenso aktuelles Leitbild von Schule vertritt – ebenso streitbar wie Peter Struck das seinige – der emeritierte Göttinger Universitätspädagoge Hermann Giesecke (1996). Gieseckes Ausgangspunkt ist nicht eigentlich die Krise der Gesellschaft (und mit ihr die der Schule), sondern die Krise der Pädagogik. Dass es zu ihr gekommen ist, führt Giesecke auf Fehlentwicklungen in den 60er und 70er Jahren des letzten Jahrhunderts zurück, an deren Folgen der Schul- und Unterrichtsalltag heute immer mehr zu leiden habe. Er setzt sich zum Ziel, einen Ausweg aus dem Dilemma der heutigen Schule, mit der keiner mehr zufrieden ist, zu zeigen. Deshalb stellt Giesecke die einfache, aber grundlegende Frage: „Wozu ist die Schule da?" und beantwortet sie ebenso einfach mit der lapidaren Bemerkung: „für den Unterricht". Seine Argumentation beginnt er mit dem Hinweis auf die pluralistische Gegenwartsgesellschaft, die vor lauter Mit-Erziehern, widersprüchlichen Werten und Orientierungen sowie disparaten elterlichen Erziehungsmustern keiner Instanz oder Institution mehr das Recht gibt oder die Aufgabe zuweisen kann, pädagogisch eine Gesamtverantwortung für das Kind und den Jugendlichen zu übernehmen – auch nicht, schon gar nicht die Schule! Dass es soweit überhaupt gekommen ist, schreibt Giesecke der „politischen und kulturellen Totalkritik der 68er-Bewegung" zu, der eine politische, später pädagogisch-therapeutisch motivierte „Wendung aufs Subjekt" folgte – zusammengefasst als „Zeitgeist" apostrophiert (a. a. O., S. 121 ff.). Infolge mittlerweile inflationärer Erziehungsansprüche an die Schulen verlangt er eine klare Trennung der Funktionen von Unterricht und Erziehung: Die Schule ist ein Ort des Unterrichts, für die Erziehung – verstanden als partikulare Intervention und nicht als ganzheitliche Einwirkung – ist das Elternhaus zuständig und, wenn dieses nicht erziehen kann oder will, sind die sozialpädagogischen und Jugendhilfe-Institutionen gefordert. Dass Schulen sein sollen, daran zweifelt er nicht. Ohne sie würden dem Nachwuchs nämlich drei Dinge fehlen: erstens die Qualifizierung, die für die wirtschaftliche und kulturelle Reproduktion und Weiterentwicklung der Gesellschaft nötig sei; zweitens die Anregung zur optimalen Entfaltung der individuellen Fähigkeiten der Kinder, damit sie sich in der „gesellschaftlichen Umwelt zufriedenstellend bewegen und an ihren Chancen teilnehmen" können; und drittens die systematisch betriebene Aufklärung und Verständlichmachung der Welt, die Bildung, die von keinem Sozialisationsfeld sonst in der Gesellschaft geleistet werde (a. a. O., S. 195). Die Schule, als öffentliche pädagogische Veranstaltung, legitimiert sich also aus der demokratischen Gesellschaft und ihrem Anliegen der Qualifizierung, Chancengleichheit und Bildung. Giesecke schreibt: „Alles Nachdenken über Schule muss also bei ihrer gesellschaftlichen Funktion ansetzen und darf nicht von den individuellen Bestrebungen der Schüler ausgehen" (a. a. O., S. 200). Diese Position bringt ihn dazu, vernachlässigte traditionelle Praktiken der Schule neu zu fordern wie Sanktionen, eine Ästhetik der Lehrer-Schüler- und Schüler-Schüler-Kommunikation, Ernstnehmen der Selektionsaufgabe der Schule, Chancengerechtigkeit durch Zuweisung innerhalb eines gegliederten Schulsystems, einen verbindlichen Lehrplan, Wissensvermittlung und Lernen auf Vorrat für zukünftige Verwendungssituationen. Was er als Verirrungen des Zeitgeistes ablehnt, sind so ziemlich alle didaktischen und pädagogischen Innovationsversuche der letzten zwei Jahrzehnte: Handlungsorientierung, Fächerintegration, soziales Lernen als eigene pädagogische Inszenierungen, Schülerorientierung (die „Subjektivierung der Schule"), Sozialpädagogisierung von Schule und Unterricht sowie Offener Unterricht. In ihnen allen sieht Giesecke Fehlentwicklungen, die den Normalfall des schulischen Unterrichts außer Kraft setzen, nämlich dass Schülern mit hoher Fachkompetenz und methodischem Geschick etwas „beigebracht" wird. Sie alle lassen die Schule zu einer Veranstaltung werden, die Spaß machen soll, zeigen einen antikognitiven und anti-aufklärerischen Affekt, fordern keine Konzentration und diskreditieren den vom Lehrer geführten Unterricht. Die Folge davon, „der Niedergang des Lehrerberufs" korrespondiere mit „dem Aufstieg der Elternmacht" (a. a. O., S. 281). Die Schule, so Giesecke, habe sich von solchem Ballast zu befreien, um wieder zu ihrer eigentlichen Aufgabe, dem qualifizierenden, sozialisierenden und selektierenden Unterricht, zu finden. Unabdingbar notwendig sei dafür, die Familie als Ort des sozialen Lernens und der Erziehung in ihre Verantwortung zu weisen. Wo dies nicht gelinge, müsse die Jugendhilfe als Ergänzung und Korrektur einsetzen.

Die Schule als „polis"

Nicht unbedingt neu, wohl aber in den letzten Jahren neu ins Gespräch gebracht, ist Hartmut von Hentigs Leitvorstellung von Schule. v. Hentig, Begründer der Bielefelder Laborschule und des Oberstufenkollegs, jetzt emeritierter Bielefelder Pädagogikprofessor, forderte in seinen jüngsten Büchern, dass die Schule „neu gedacht" werden müsse, und empfahl sich in diesem Zusammenhang (erneut) mit seinem Schulkonzept, das er seit längerem propagiert (v. Hentig 1993).

Als heute vorherrschende fünf Grundvorstellungen von Schule identifiziert er zunächst:

- die Schule als Einrichtung, an der man besondere Kenntnisse und Fertigkeiten erwirbt
- die Schule als Schutz- und Schonraum von Kindern und Jugendlichen vor dem schädlichen Einfluss der Gesellschaft
- die Schule als Ort, an dem Menschen nach einem bestimmten ideologischen oder bildungstheoretischen Konzept ausgerichtet werden
- die Schule als Einrichtung, an der durch Unterricht Bildung vermittelt wird
- die Schule als verwaltete Institution mit Berechtigungszertifikaten (a. a. O., 1993, S. 186 ff.) und an den Erfordernissen der Gesellschaft orientiert.

Diese Leitvorstellungen befriedigen ihn nicht. Er stellt über sie eine sechste: „Die Schule als Lebens- und Erfahrungsraum oder auch: Die Schule als polis" (a. a. O., S. 189). Drei Gründe sind für ihn maßgebend: Die Schule muss es mit den Lebensproblemen der Kinder aufnehmen, was nur in einer Schule als Lebens- und Erfahrungsraum möglich sei; da sie heute – zweitens – schon lange zum wichtigsten Aufenthaltsort für viele Kinder/Jugendliche geworden ist, muss sie vor allem ihr Lebensort werden, d. h. sie müssen dort auch die wichtigsten Lebenserfahrungen machen können; und – drittens –: „Wir brauchen eine ‚Erziehung' zur Politik. Die Politik der Bürger ... ist in unserer Welt so schwierig, dass sie einer besonderen, einer kunstvollen Anlage bedarf. Ich nenne es die Schul-*polis*. Nur wenn wir im kleineren, überschaubaren Gemeinwesen dessen Grundgesetze erlebt und verstanden haben – das Gesetz der *res publica*, das des *logon didonai* (der Rechenschaftspflicht), das der Demokratie, das der Pflicht zur Gemeinverständlichkeit in öffentlichen Angelegenheiten, also der Aufklärung, das des Vertrauens, der Verlässlichkeit, der Vernünftigkeit unter den Bürgern und nicht zuletzt das der Freundlichkeit und Solidarität unter den Menschen überhaupt –, werden wir sie in der großen *polis* wahrnehmen und zuversichtlich befolgen" (a. a. O., S. 191). „Die Schule als Erfahrungsraum ist zugleich auch ein Ort, an dem der Einzelne die Notwendigkeit, die Vorteile und den Preis des Lebens in der Gemeinschaft erfährt. Die Schule ist eine *polis*. Man lernt am Modell dieser Gemeinschaft die Grundbedingungen des friedlichen, gerechten, geregelten und verantworteten Zusammenlebens und alle Schwierigkeiten, die dies bereitet. Gemeinschaft fordert Ordnungen, Selbstdisziplin, Einigung auf die Zwecke und die Grenzen des Zusammenseins. Gemeinschaft bedeutet auch stärker sein, sich geborgen fühlen, Spaß miteinander haben" (a. a. O., S. 212).

Da alle Bildung politische Bildung sei, müsse die Schule eine „polis" sein bzw. zur Polis (gemacht) werden, eine „civitas", in der die „Civilitas", das Bürgersein, erlernt werde. Statt der Behauptung des Einzelnen auf dem Markt müsse die Schule dem Gemeinwohl und der Person zugleich dienen, bei den Kindern und Jugendlichen Verantwortung, Verständigung und Vertrauen in sich und andere wachsen lassen. Dazu bedarf es seiner Meinung nach einer Schule, die Zeit und Raum für die Lebensprobleme der Schülerinnen und Schüler hat, die Anlässe für Lebenserfahrungen arrangiert und sowohl auf ein Bildungsideal als auch auf ein starres Curriculum verzichtet. In ihr soll das Leben zugelassen sein, soll man lernen, mit Unterschieden zu leben und Gemeinschaft zu erleben, soll man als ganzer Mensch da sein können und eine Brücke zwischen der kleinen und der großen Welt bauen können. Diese Schule überwindet seiner Meinung nach die Schwächen der Unterrichtsschule, wirkt erzieherisch, ohne an die Stelle der Familie zu treten, und bleibt doch immer „Schule", d. h. ein Ort, an dem wichtige Kenntnisse erworben, Fähigkeiten entwickelt und geübt sowie Vorstellungen geordnet werden. Deshalb ist v. Hentig auch kein Freund von soft learning wie Edu-Kinästhetik, die Ganzheitsmethode oder das Freie Lernen (a. a. O., S. 162, 231).

Die Schule als Ort der Kulturaneignung

Neuerdings besinnt sich die deutsche Schulpädagogik wieder auf die Gedanken der Kulturpädagogik und Kulturphilosophie am Beginn des letzten Jahrhunderts. Dass die Schule immer schon mit der Kultur einer nationalen oder geografischen Gemeinschaft zu tun hat, ist unbestritten. In ihr erlernen Kinder und Jugendliche die Kulturtechniken Lesen, Rechnen, Schreiben und den Umgang mit dem Computer, werden in Fächern wie Musik, Kunst, Deutsch, Sport mit Ästhetik bekannt gemacht, lernen in allen Unterrichtsfächern ihre Traditionskultur kennen und werden in die kulturellen Lebensformen ihrer Zeit und Umgebung eingeführt. Schulen, die Institutionen wie auch die Gebäude, werden als Kulturerscheinung, als Kulturgut oder kulturelles Erbe bezeichnet. Auch ereignet sich in der Schule Kultur, immer dann nämlich, wenn Schülern und/oder Lehrern geistige und künstlerische Produktionen und Aktivitäten gelingen, die vom Betrachter oder Adressaten als besondere Gestaltungs- und Aussageformen von Mensch und Welt bewertet werden. Gleichzeitig hat die Schule von der Gesellschaft einen Unterrichts- und Erziehungsauftrag erteilt bekommen, der auch als Enkulturationshilfe (s. T. 2, Kap. 3.2) bezeichnet werden kann. Das Kulturgut, von dem Kulturphilosophie und Kulturpädagogik sprechen, ist demnach in der Schule in zweifacher Hinsicht von Bedeutung, zum einen auf Grund seines ihm innewohnenden traditionskulturellen Wertes und zum anderen als Impuls für die Persönlichkeitsentwicklung des jungen Menschen.

Der Schule kommt bei diesem Theorieansatz (vgl. Duncker, 1994) sowohl die Aufgabe zu, Kindern und Jugendlichen zu helfen, in die Kultur ihres Lebenskreises hineinzufinden, dessen kulturelle Werte aufzunehmen und an deren fortschreitender Humanisierung gestaltend mitzuwirken (Enkulturation), als auch diese selbst kulturell Schaffende sein und werden zu lassen. Der Weg zu diesen Zielen ist vielfältig. Erstens geht er über das Aufnehmen zentraler „Fremderfahrungen" aus der eigenen Traditionskultur, wie sie in den Schulfächern thematisiert werden. Zweitens erlernt man Kultur über kulturelle Tätigkeiten wie Sammeln (Sammlungen anlegen), Anschauen und Wahrnehmen der eigenen Lebensumwelt, Lesen und Schreiben, Spielen und Bewegen, Musizieren usw., d. h. Tätigkeiten, die allesamt zu allen Zeiten elementare Formen der Kulturaneignung waren. Drittens bietet ein vielfältig gestaltetes Schulleben (s. T. 3, Kap. 3) dazu Gelegenheit, das sowohl unterrichtliche und schulische als auch außerunterrichtliche und außerschulische Aktivitäten umfasst (Spiele und offene Unterrichtsformen, Erkundungen, Klasszimmer- und Schulhaus-/Schulhofgestaltung, fächerübergreifender Unterricht, Feste und Feiern, Projekte, Theateraufführungen usw.). Kultur ist hier sehr weit gefasst und meint alle eigenmotivierten, originellen oder altersspezifischen Ausdrucks- und Gestaltungsformen (vgl. Kinderkultur, Jugendkultur), aber auch Musik, Kunst, Tanz oder die Gastronomie fremder Völker und Nationalitäten usw., gemeinschaftsfördernde Aktionen und Aktivitäten interkultureller und sozialer Art an der Schule und im Umfeld der Schule (Stadtteil, Kommune) ebenso wie Präsentationen künstlerischen Schaffens von Kindern, Jugendlichen und Erwachsenen der Schulgemeinde.

Die autonome Schule

Anfang der 90er Jahre des letzten Jahrhunderts wurde die schulpädagogische Diskussion in Deutschland um ein weiteres Leitbild bereichert, das seitdem aus der Schulreformdebatte nicht wegzudenken ist, die „Schulautonomie". Binnen kurzer Zeit entwickelte es sich zum Hoffnungsträger angesichts der vielfältigen Friktionen· und Frustrationen im deutschen Schulalltag. Doch ist die Schulautonomiediskussion in Deutschland gar nicht so neu, wie sie vorgibt oder scheint. Denn die wichtigsten Vertreter der so genannten Reformpädagogischen Bewegung (1880/90–1933) hatten bereits vor 8 Jahrzehnten mehr Freiräume für ihre Schulen reklamiert und demokratische Strukturen in ihnen etabliert. Auch in der großen Reformphase zwischen 1965 und 1975 wurde vom Deutschen Bildungsrat, dem damaligen Beratungsgremium für Bund und Länder, curriculare, personelle und finanzielle Selbstständigkeit der Schule gefordert.

Die heutige Schulautonomiediskussion bringt im Wesentlichen fünf Argumente vor:

1. *Das demokratietheoretische Argument:* Die Demokratie bedarf der Selbstbestimmung, der Mitbestimmung, der Solidarität, des Engagements und der freiwilligen Verantwortungsübernahme seitens ihrer Bürger, und infolgedessen muss die Schule als wichtiger gesellschaftlicher Teilbereich demokratische Strukturen haben und Übungsfeld für demokratisches Verhalten sein.

2. *Das pädagogische Argument:* Das schulische Erziehungsziel Mündigsein, verstanden als Freisein von Fremdbestimmung, kann nur erlangen, wer in Strukturen und Interaktionsformen heranwächst, die Freiheit zumindest als Wahlfreiheit zulassen, Eigenerfahrungen und Eigenverantwortlichkeiten ermöglichen.

3. *Das organisationstheoretische Argument:* Lern- und Bildungsprozesse der Schule widersetzen sich einem bürokratischen Reglement; deshalb brauchen Lehrerinnen und Lehrer im Umgang mit den Kindern und Jugendlichen Handlungsspielräume und keine zentrale Regelung aller Fragen von oben nach unten.

4. *Das Argument aus der Schulqualitätsforschung:* Hier fand man heraus, dass die Qualität einer Schule im Urteil der Betroffenen und der Schulaufsicht nicht so sehr von deren großer Organisationsstruktur abhängt, sondern mehr noch von anderen Merkmalen wie die pädagogische Führung durch die Schulleitung und die innerschulischen Interaktionsprozesse (s. dazu Schlusskap.).

5. *Das betriebswirtschaftliche Argument:* Erfahrungen der Wirtschaft mit corporate identity, mit TQM (Total Quality Management), mit lean management, mit organization development und organizational learning sollten für die pädagogische Institution Schule adaptiert werden. Die Schule wird als ein öffentliches Unternehmen betrachtet, das nach den Grundsätzen und im Sinne des new public management mit einer neuen Form von Steuerung und einem stark ausgeweiteten Maß an Eigenverantwortung und Autonomie zu organisieren ist.

Konkret bedeutet das:

Jede Schule ist eine selbstverantwortliche Handlungseinheit, ein autonomes System, das über Profil, Programm, Personal, Sachausgaben, Investitionen und Haushalt selbst bestimmt, das seine eigene Philosophie erarbeitet, seine Systemfehler von sich aus analysiert und aus eigener Kraft und mit eigenen Ideen korrigiert, das auf seine Selbstregulierungs- und Selbsterneuerungskräfte setzt und eigenständig Visionen für seine Weiterentwicklung entwirft, durchführt und (auf interne und externe Weise) evaluiert.

Die positiven Erwartungen, an eine solcherart innovative Schulentwicklung (s. T. 3, Kap. 2) sind groß. Durch die Schulautonomie soll in der Schule vieles besser, schneller, flexibler und kooperativer werden. Organisatorisch stellt man sich in Expertenkreisen die Schulautonomie unterschiedlich vor. Am weitestgehendsten ist der Vorschlag einer *autonomen öffentlichen Schule* (vgl. Hensel, 1995). Hier wird gefordert, der Staat solle sich aus der Regelschule zurückziehen und die Schule in pädagogischer und administrativer Hinsicht selbst bestimmen lassen. An die Stelle der staatlichen Schulaufsicht müsste ein System von gewählten Schulkammern mit beratenden, organisierenden, weiterbildenden, evaluierenden und kontrollierenden Aufgaben treten. Die Aufgaben des Staates beschränken sich damit auf die Bereitstellung eines Sockelfinanzierungsbetrags, der von der einzelnen Schule durch Sponsoring vermehrt wird, und auf die Sicherung der Grundgesetzlichkeit der Erziehungsziele und -werte sowie der curricularen Mindeststandards und Abschlussniveaus. Sie zeigt sich ferner in der Finanzhoheit und bei der Selbstbewirtschaftung der Schule, für die es eigene Gremien geben soll. Der Ansatz der *(teil-)autonomen Schule*, ausgearbeitet von der Bildungskommission des Bundeslandes Nordrhein-Westfalen (1995), empfiehlt ebenfalls mehr Autonomie für die Einzelschule. Durch Delegation von Verantwortung, Dezentralisierung, Partizipation und erweiterte Selbstgestaltungsrechte soll die Schule als Handlungseinheit, die sich selbst steuert, in den Mittelpunkt gerückt werden. Die staatliche Gesamtverantwortung wird hingegen auf die Bestimmung der grundlegenden Ziele und Strukturen des Schulwesens, auf die Vorgabe der materiellen und rechtlichen Rahmenbedingungen für die Selbstgestaltung der Einzelschulen sowie auf die Gewährleistung der Qualität der Ergebnisse schulischer Arbeit durch den Aufbau eines Evaluationssystems reduziert. Die Personal- und Mittelbewirtschaftung liegt bei der Schulleitung, die dabei durch einen neu zu schaffenden Schulbeirat aus Vertretern der Schule, der Bürgerschaft und des Schulträgers unterstützt wird. Anders der Ansatz der *inneren Schulreform*: Dieses Konzept hat eine große Nähe zu den Reformvorschlägen der beiden vorgenannten Konzepte, wo es um größere Freiräume zur Selbstgestaltung der einzelnen Schule vor Ort geht; es stellt aber die Verwaltungsstruktur des Schulsystems mit geteilten Verantwortlichkeiten und Zuständigkeiten nicht grundsätzlich in Frage. Die Vertreter dieses Ansatzes widmen der pädagogischen Ausgestaltung der Strukturen und Interaktionen an der Einzelschule besondere Aufmerksamkeit. Auch sie fordern curriculare Freiräume (meist im Umfang von ca. 30 % des ansonsten verbindlichen Lehrplans) zur Nutzung für regionale und situative Lernanlässe und zur Profilierung der jeweiligen Schule. Sie sprechen sich für die stärkere Nutzung neuer Lehr- und Lernformen im Unterricht aus (vgl. offene Unterrichtsformen, projektorientierte Verfahren, Lernen des Lernens mit Hilfe von Lerntagebüchern usw.), für mehr Schülerselbst- und -mittätigkeit beim Lernen und für ein pädagogisches Verständnis von Schulleitung. Die Verwaltungshierarchie soll vereinfacht, als solche jedoch beibehalten werden.

Trotz gravierender Unterschiede im Einzelnen sehen die drei Konzeptionen Möglichkeiten zu

- *pädagogischer Autonomie* gegenüber den bisherigen staatlichen Lehrplänen und bei der Wahl der Inhalte, Ziele, Methoden und Medien des unterrichtlichen Lernens

- *Organisationsautonomie*, die die Einzelschule betreffenden Probleme, Anliegen und Programme selbst zu entscheiden und umzusetzen
- *personelle Autonomie,* bei der die Rekrutierung und der Einsatz der Lehr- und Hilfskräfte durch Gremien bzw. das Kollegium der Schule erfolgen kann
- *Finanz- und Verwaltungsautonomie*, die der Einzelschule Freiheit in der Mittelverwendung des staatlich zugewiesenen Budgets lässt, ihr die Möglichkeit zur Einwerbung von Sponsorengeldern eröffnet und alle Verwaltungsakte an der Einzelschule zu vollziehen erlaubt
- *Evaluationsautonomie*, durch die die staatliche Kontrolle des Schul- und Unterrichtsvollzugs zugunsten schulinterner Gremien reduziert wird.

Die Schule als lernende Organisation

Die gegenwärtige Analyse der Schule rezipiert organisationssoziologisches und allgemein betriebswirtschaftliches Wissen, speziell deren Theorie der Organisationsentwicklung als Lernprozess für Menschen und Systeme (Senge, 1995). Probleme und Innovationsbedarf geben dieser Theorie zufolge den Anlass, eine Organisation zu verbessern. Darauf folgt ein längerfristig angelegter Entwicklungs- und Veränderungsprozess der Organisation (als Gesamtsystem) und der in ihr tätigen Menschen durch individuelle und kollektive Lernerfahrungen. Zentraler Aspekt dieses Lernens ist die direkte Mitwirkung aller Mitglieder der Organisation und die Aktivierung ihrer praktischen Erfahrung. Dadurch sollen grundsätzlich zwei Ziele erreicht werden, die Verbesserung der Leistungsfähigkeit der Organisation (Effizienzsteigerung) und gleichzeitig die Verbesserung der Qualität des Arbeitslebens (Humanitätssteigerung). Damit diese Ziele überhaupt erreicht werden können, müssen die Beteiligten ihre Skepsis gegenüber dem eigenen Lernen, Mitlernen und Umlernen abbauen. Das gelingt nur, so P. Senge, wenn folgende fünf Regeln eingehalten werden:

1. Jeder Beteiligte muss lernen, seine persönlichen Fähigkeiten zu verbessern, um bessere/erwünschte Ergebnisse zu erzielen.
2. Jeder Beteiligte muss seine inneren Bilder, seine subjektiven Theorien über seine Tätigkeit, seine Kollegen, sein Umfeld usw. kritisch und kontinuierlich hinterfragen.
3. Mit allen anderen soll jeder Beteiligte Visionen entwickeln (und sich dann damit identifizieren), wie die Organisation in Zukunft besser arbeiten und welche Ziele sie sich für die Zukunft setzen soll.
4. Gemeinsames Arbeiten und einigendes Kommunikationsverhalten, also Lernen im Team, müssen in der Organisation aufgebaut werden.
5. Systemisch zu denken und zu handeln ist bei der Qualitätsverbesserung der Organisation unerlässlich.

Die Schule wird zur Zeit sowohl durch allgemeine gesellschaftliche Trends (Pluralismus der Lebensformen, Multikulturalität, Kommunikations- und Informationstechniken usw.) als auch durch Veränderungen im privaten Umfeld der Schülerinnen und Schüler (vgl. gestiegene psychosoziale Belastungen der Kinder und Jugendlichen), wie auch durch eine neue Positionierung angesichts allgemein- und nationalgesellschaftlicher Entwicklungen (Globalisierung, Informations- und Wissensgesellschaft, Lerngesellschaft, Mediengesellschaft usw.) belastet und herausgefordert. Auf diese Veränderungen muss die Schule als Organisation mit Veränderungen reagieren. Sie kann das am besten, wenn sie selbst zu einem lernenden Organismus wird. In vielen Schulen werden Innovationen und das Erproben neuer Konzepte durch leerlaufende Routine, explosive Beziehungen im Lehrerkollegium, Mobbing, routiniertes Unterlaufen von Problemlösungen und Entscheidungsfindungen, erfolgreich praktizierte Abwehrmechanismen gegen Ideen anderer unmöglich gemacht. Hier ist ein Umdenken nötig, ein Wechsel im Selbstverständnis des Lehrers und der Lehrerin. Es müssen Schulentwicklungsprozesse an den Schulen selbst angeregt werden, die Schule als Organisationseinheit muss lernen, ihre eigenen Systemfehler zu entdecken und kooperativ zu korrigieren. Die Selbsterneuerungskräfte der Schulleitung und der einzelnen Lehrerinnen und Lehrer sind dabei herauszufordern und zu fördern. In ihrem Bewusstsein müssen Lehrer aus der alleinigen Rolle des Belehrenden herauskommen und in die des Lernenden und Mitlernenden wechseln. Um die erforderliche permanente Verbesserung der Schule (Einzelschule) in Gang zu bringen und zu halten, ist ein pädagogisches Qualitätsmanagement erforderlich, bei dem der Schulleitung entscheidende Initiativ- und Führungsaufgaben (pädagogisches Qualitätsmanagement – s. T. 4, Kap. 3.3) zufallen und bei dem Teamkooperation und Verantwortungsdelegation besondere Notwendigkeiten sind (Fullan 1999; Senge 1995; Gairing 1996; Bloch u. a. 1997).

Aus dem Gesagten geht bereits die Bedeutung von Kommunikation und Kooperation im Kollegium hervor. Ihnen muss besondere Aufmerksamkeit und besondere Pflege zukommen. Zentral ist nämlich die mitentscheidende und mitverantwortliche Mitarbeiterpersönlichkeit, die im Team lernt und arbeitet.

Solches Teamlernen stellt an alle Beteiligten hohe Anforderungen, verlangt Taktgefühl und Respekt vor der Meinung anderer, zwingt zur Selbstkritik und zum konstruktiven Kritisieren. Des weiteren enthält dieses Leitbild die Forderung, dass die Schule sich nach innen und nach außen öffnet, durch Erproben neuer Lehr- und Lernformen einerseits und durch Einbeziehen außerschulischer Lernorte und schulortnaher pädagogischer, sozialer und kultureller Institutionen andererseits. Als lernende Organisation wird die Schule auf den Weg einer permanenten Schulentwicklung gebracht.

2.3 Gesamtdarstellungen von Schule (Theorien 3. Grades)

Schultheorien auf dieser „dritten Reflexionsebene" haben den Anspruch, ein Gesamtverständnis von Schule zu vermitteln, aus unterschiedlichen Perspektiven den Inbegriff von Schule zu fassen, ihn wissenschaftstheoretisch zu fundieren und wissenschaftsmethodisch abzusichern. Auch dafür einige Beispiele, die jeweils in drei Schritten dargestellt werden: Zunächst wird das theoretische Vorverständnis des Autors ermittelt, sodann seine Definition von Schule und schließlich wird seine Schultheorie nach zentralen Aspekten analysiert.

Schultheorien 3. Grades wurden in der Schulpädagogik verstärkt seit den 70er Jahren des letzten Jahrhunderts ausgearbeitet (vgl. Wilhelm 1967; Kramp 1973; Adl-Amini 1976; Oblinger 1976; Schulze 1980; Fend 1980; Sauer 1981; Ballauff 1984; Geißler 1984), wenngleich sich Traditonslinien dafür bis ins 19. Jahrhundert zurückverfolgen lassen.

H. Fend ist einer der Autoren die das Thema „Theorie der Schule" früh aufge-griffen und bis in die Gegenwart behandelt haben („Theorie der Schule", München 1980, „Neue Theorie der Schule", Wiesbaden 2006): Er betrachtet Schule als ein soziokulturelles Phänomen und versteht Schulsysteme als Institutionen gesellschaftlich kontrollierter und veranstalteter Sozialisation. In seiner Schul-theorie ermittelt er interdisziplinär und methodenpluralistisch deren Erschei-nungsformen, Entstehensbedingungen und Folgen, um dann den Kernpunkt ei-ner erziehungswissenschaftlichen Theorie der Schule bestimmen zu können, nämlich die Antwort auf die Frage, wie schulische Wirklichkeit gestaltet sein soll und zu welchen inner- und außerschulischen Zielen sie führen soll. Dazu re-konstruiert er hermeneutisch die kulturelle Schöpfung „Schule" (im Sinne der vergleichenden Sozialanthropologie), stellt sie in den Kontext soziologischer strukturfunktionalistischer Denkmodelle (vgl. T. Parsons) und deckt dann bei den faktischen Verhältnissen im Bildungswesen kausale Zusammenhänge auf.

Als eine Institution der gesellschaftlich kontrollierten Sozialisation trägt die Schule intentional und funktional einesteils zur Persönlichkeitskonstitution der Heranwachsenden zwecks glückender Lebensbewältigung bei und andernteils zur Reproduktion der gesellschaftlichen Verhältnisse.

Im Einzelnen nennt Fend die folgenden Funktionen der Schule:

- die Reproduktion kultureller Systeme (Qualifikationsfunktion des Schul-systems)
- die Reproduktion der Sozialstruktur der Gesellschaft (Selektionsfunktion des Schulsystems)
- die Reproduktion von Normen, Werten und Interpretationsmustern, die zur Sicherung der Herrschaftsverhältnisse in der Gesellschaft dienen (Legitima-tionsfunktion, Funktion der gesellschaftlichen Integration)

Grundsätzlich gilt im Sinne H. Fends: Funktionen sichern die Handlungsfähigkeit eines sozialen Systems. Von den Beteiligten werden sie als Aufgaben und Ziele wahrgenommen bzw. im Nachhinein als Effekte bemerkt. Als wichtigste Kontroll-instanz der Schule, die die vorhandenen Normierungen durchsetzt, erweist sich die Verwaltung, hinter der legislativ, exekutiv und justizial die Regierung und die sie tragenden Personen stehen. Doch spielen neben diesen normativen Rahmen-bedingungen und dem subjektiven Faktor Persönlichkeitskonstitution vor allem die ökonomischen, sozialen und kulturell-technologischen Randbedingungen bei der gesellschaftlichen Kontrolle des Schulsystems mit.

H. Fend untersucht unter dem Gesichtspunkt „Schule als Instanz sozialer Beeinflussung" detailliert deren innere Gestalt und wie durch Strukturen und Interaktionen das soziale System Bildungsinstitution mit dem personalen System Schüler durch das Informationsmonopol und die Sanktionspotenziale der Schule verknüpft wird und wie es beim Schüler Abhängigkeiten hervorbringt, die sich als Sozialisationseffekte feststellen lassen. Die Wirkungen der Schule, die sich quantitativ ermitteln lassen, ergeben sich aus den verschiedenen schulischen Erfahrungsfeldern: Schule als kulturelles Lernfeld, Schule als interpersonaler Interaktionskontext mit sozialer Beeinflussung sowie Schule als institutionelles und ökologisches Erfahrungsfeld.

Die „Theorie der Schule" von 1980 befasst sich H. Fend makrotheoretisch mit dem Verhältnis von Schule und Gesellschaft, fragt nach der soziologischen Bedeutung der Schule als Erfahrungsraum für Heranwachsende (kulturelle Reproduktion, Formen von Autorität/Herrschaft in den sozialen Beziehungen, Bewertung und Verteilung der Schüler nach Leistung) sowie nach ihren fachlichen und überfachlichen Wirkungen. Die folgende Grafik (2006, S. 54) veranschaulicht das:

Struktur der gesellschaftstheoretischen Analyse von Bildungssystemen

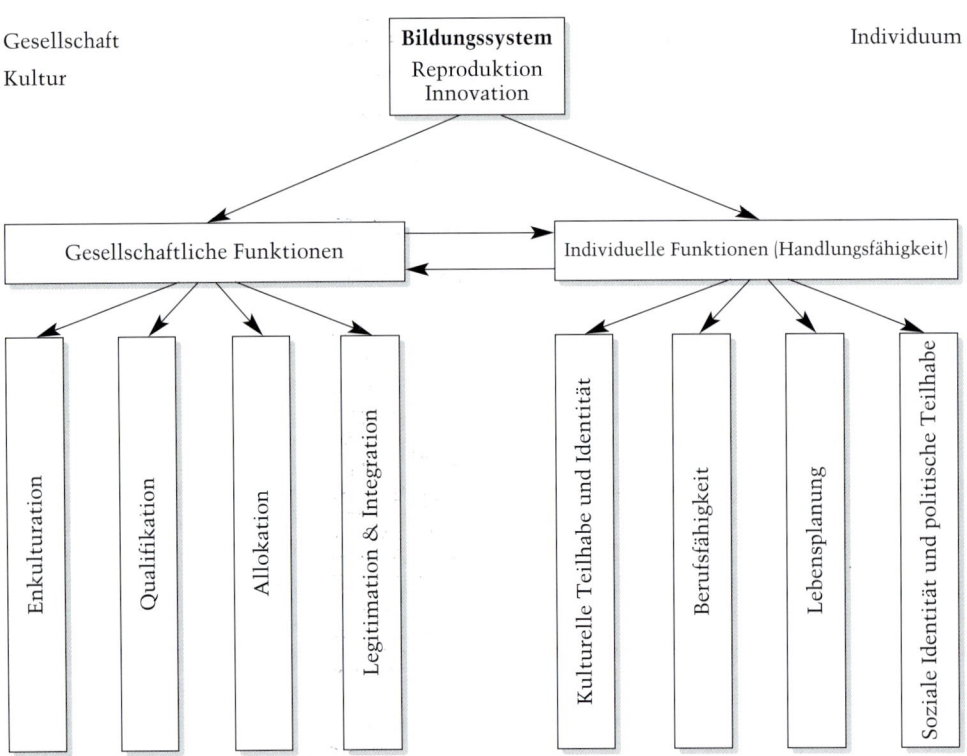

In dem Buch „Neue Theorie der Schule" von 2006 geht es H. Fend nicht mehr darum, das Bildungssystem in einen funktionalen gesellschaftlichen Gesamtzusammenhang einzuordnen; vielmehr interessiert ihn jetzt das „Verstehen von

Bildungssystemen", die nämlich keine geschlossene, kausal funktionierende Realität sind, sondern im Wechselspiel von institutionellen Regelungen/Handlungen und den Bildungssystem-Akteuren gestaltet werden. Um die Verantwortung für die Gestaltung des Bildungswesens und die konkreten Wege dieser Gestaltung offen zu legen, also das gestaltungsorientierte Potenzial der Schule zu eruieren, untersucht Fend die Dynamik der Prozesse, die zwischen den Akteuren auf der Makroebene der Politik, der Mesoebene der lokalen Schulwirklichkeiten und der Mikroebene des tatsächlichen Lehrerhandelns vor Ort ablaufen. Daraus erwartet er sich normative Zielorientierungen für ein besseres Organisationsmodell für die schulischen Bildungsprozesse.

Seine neue Schultheorie sieht das Bildungswesen "als institutioneller Akteur der Menschenbildung". Hierfür zieht H. Fend neue theoretische Konzepte heran. Das sind die Systemtheorie, die verstehende Soziologie, die Theorie makro- und mikrostruktureller sozialer Systeme und die Wissenssoziologie – unter Bevorzugung der verstehenden Soziologie Max Webers. Den akteurzentrierten Institutionalismus verdeutlicht er wie folgt: Wenn individuelle Akteure im Rahmen und im Auftrag sozialer Systeme handeln, tun sie das weder völlig frei, noch im Sinne eines Auftragshandelns, sondern einerseits bewertend und kalkulierend mit ihren individuellen Ressourcen (Fähigkeiten, Persönlichkeitspotenziale, pädagogische Visionen, Kreativität) und andererseits in Form eines normativ regulierten Zusammenhandelns. Das trifft auch für Bildungssysteme zu; sie sind "institutionelle Akteure, die im Auftrag externer Akteure handeln und über Lehren und Lernen als wünschenswert definierte psychische Dispositionen in der nachwachsenden Generation ,erzeugen'. Sie leisten über die Kulturvermittlung gleichzeitig ,Humangestaltung', ,Seelenarbeit' und ,Menschenbildung' im Sinne der Förderung von Wissen, Kompetenzen, psychischen Ressourcen und Werten" (S. 169). Dabei müssen die Lehrer die ihnen vorgegebenen Bildungsaufträge der schulexternen Akteure "übersetzen"; es bedarf einer dynamischen Rekontextualisierung, einer an den realen Verhältnissen orientierten Reinterpretation. Deshalb ist es nicht möglich, die Realität des Lehrerhandelns und des Schülerhandelns aus den rechtlichen Festlegungen und den institutionellen Strukturen einfach abzuleiten. Das Konzept der Rekontextualisierung präzisiert den Mehrebenenansatz, insofern auf jeder Ebene eigenständige Adaptationsprozesse ablaufen. Empirisch ist deshalb zu erforschen, wie die individuellen Handlungen der Akteure und die Institutionen, die durch Regelungen Entscheidungsräume, Chancen und Grenzen deren Handeln vorstrukturieren, interagieren. Das führt H. Fend zu dem Ziel seiner verstehens- und handlungsorientierten Schultheorie: "Wenn die Bildungswirklichkeit eine von Menschen gestaltete Wirklichkeit ist, dann gilt es zu untersuchen, was handlungsmächtige Gestaltungsfaktoren sind und diese dann als Instrumente vorzuschlagen, die für die weitere Gestaltung des Bildungswesens wichtig sein können" (S. 189).

In den letzten zehn Jahren sind von Schulpädagogen einige neue Schultheorien veröffentlicht worden, von denen im Folgenden drei dargestellt werden:

Die Schultheorie von H. Meyer

In seinem zweibändigen Werk „Schulpädagogik" (Berlin 1997, Erstauflage) bestimmt H. Meyer die theoretische Reflexion der Schule, genauer: der Schulwirklichkeit, zur Grundlage der gesamten Schulpädagogik. Diese basiert seiner Meinung nach auf einer systematischen Analyse der Schule, ihrer Geschichte, ihres gesellschaftlichen Auftrages und ihrer Entwicklungsperspektiven.

1. Das Theorieverständnis von H. Meyer

Für H. Meyer sind Theorien gedankliche Konstrukte, erarbeitet von Forschern, die auf der Grundlage eines theoretischen Vorverständnisses mit wissenschaftlichen Methoden einen Ausschnitt der Gesamtwirklichkeit in den Blick genommen und auf den Begriff gebracht haben. Theoriewissen findet sich auf unterschiedlichen Niveaus, wobei in der schulpädagogischen Reflexion auf einer

- 1. Ebene: subjektive Theorien der praktisch Handelnden
- 2. Ebene: die Schulpädagogik als Handlungswissenschaft bzw. schulpädagogische Handlungsorientierungen (wie z. B. Ratgeberliteratur)
- 3. Ebene: Leitbilder von Schule
- 4. Ebene: Schultheorien als Gesamtdarstellungen

anzutreffen sind. Die beiden ersten Ebenen heißen bei Meyer „Subjektebene", da sie „Produkte" der unmittelbar handelnden Personen sind, die beiden weiteren sind als „Systemebene" bezeichnet, bei der die personzentrierte Denkweise überwunden ist.

Die Schultheorien, die die Schule als Ganzes begreifen wollen, können historisch-systematische Gesamtdarstellungen sein oder Theorien schulischer Sozialisation oder Theorien schulischen Handelns. Schultheorien sollen auf diese Weise zu einem aufgeklärten Selbstverständnis der Schule beitragen.

Alles Theoriewissen hat nun aber seinen eigentlichen Sinn im Handeln des Lehrers/Pädagogen/Bildungspolitikers. Dieses wiederum findet in unterschiedlichen Praxisfeldern auf unterschiedliche Weise statt, wie H. Meyer mit der Nennung von vier verschiedenen Ebenen klar macht: angefangen mit der direkten Lehrer-Schüler-Interaktion, über schulinterne Handlungsverbände (z. B. Lehrerteams, Schulklassen, …), über die Einzelschule als Handlungseinheit, über die Schule als Bestandteil des Bildungssystems bis hin zur Ebene des Bildungssystems als gesellschaftlichem Subsystem. Jede dieser Ebenen ist ein Teil des schulischen Gesamthandelns, der theoretisch und praktisch für sich allein betrachtet werden kann. Wie Theorie und Praxishandeln zusammenhängen, erklärt Meyer mit Herbarts pädagogischem Taktbegriff und erinnert an den (traditionellen) Zusammenhang von theoria – ars (Kunst, Können) – praxis (als Bewährung des Theoretischen in der Schulpraxis).

H. Meyer verortet seinen Schultheorie-Entwurf einerseits im Denken der Geisteswissenschaftlichen Pädagogik, wenn er sich für ein hermeneutisches Vorgehen ausspricht; näherhin versteht er sich als kritisch-konstruktiv orientierter Bildungstheoretiker. Andererseits kombiniert er die hermeneutische Vorgehensweise mit empirischer Forschungsmethodik und interdisziplinären Bezugnahmen (S. 204–244 u. ö.). Insgesamt ist es sein Ziel, mit Hilfe schultheoretischer Reflexion eine Orientierungshilfe für schulpraktisches Handeln, eine handlungsorientierte Anleitung zur Gestaltung von Schule und Unterricht zu leisten, ohne den Praktiker zu gängeln; dieser muss vielmehr aus der Kenntnis der Theorie seinen eigenen didaktischen und pädagogischen Weg in der Praxis finden.

2. H. Meyers Bild von der Schule

H. Meyer definiert Schule als

- Institution zur gemeinsamen und planmäßigen Erziehung und Unterrichtung der heranwachsenden Generation (S. 22 u. ö.)
- pädagogische Gemeinschaft mit einem geordneten Rahmen, schützenden Regeln und bewusst gesetzten Freiräumen für das Leben, Lernen und Arbeiten aller in und mit ihr (S. 43. u. ö.).

Schulen sind Institutionen, die auf Dauer eingerichtet sind, sie sind als solche eine ökonomisch und organisatorisch (nicht pädagogisch) begründete Größe; sie benötigen einen Bildungsplan und haben Erziehung und Unterricht zu ihrem Zweck (Persönlichkeitsbildung zu Selbstständigkeit und Mündigkeit; Aufklärung und Vermittlung von Handlungskompetenz).

Neben anderen wichtigen Aspekten von Schule, auf die H. Meyer breiter eingeht (öffentliche Anstalt, Institution, Organisation, Handlungseinheit, pädagogisch gestaltete Lernumwelt, soziales System), favorisiert er die Bezeichnung: Schule als Lebens- und Lernort. Des weiteren legt er Wert darauf, dass Schulen viele Rechte zur Selbstorganisation mit demokratischer Leitung haben und dass sie zwar das wirkliche Leben „draußen" lassen müssen, dafür aber selbst zu einem geschützten Lebens- und Erfahrungsraum werden sollen.

Da die derzeitige Schulorganisation die Aufgabenerfüllung der Schule erschwere, schlägt H. Meyer ein eigenes Reformmodell vor. Seine Schule heißt „TEAM"-SCHULE:

> T. eilautonome
> E. ntwicklungsorientierte
> A. lternative
> M. arktplatz-
> SCHULE

Diese Schule sollte Gestaltungsfreiheit haben, aber nicht völlig autonom sein. Sie orientiert sich an der Persönlichkeitsentwicklung der Schüler und ist bemüht, gesunde Persönlichkeiten hervorzubringen. Die Schule ist alternativ aber nicht irreal oder utopisch, weil nichts in ihr nicht heute schon realisierbar wäre. Die TEAM-Schule ist eine Gesamtschule, eine Ganztagsschule mit sechs Jahrgängen (5–10). Sie ist in Lehr-Lern-Teams (7 Schüler – 1 Lehrer) organisiert, die ihre Entwicklungsaufgaben für einen bestimmten Zeitraum festlegen und ein Schulprogramm vereinbaren; jeweils 4 Teams bilden einen festen Lernverband im gemeinsamen Unterricht mit fachunterrichtlichen Lehrgängen. Im Lehrgangsunterricht werden die fünf Erfahrungsfelder des TEAM-Schulcurriculums thematisiert:

1. Umgang mit Menschen
2. Umgang mit Sachen
3. Inszenierung des Lebens
4. Umgang mit Sprachen und Mathematik
5. Umgang mit dem eigenen Körper/Umgang mit den anderen

In diesem Unterricht sollen vor allem Sach- und Fachkompetenzen vermittelt werden. Wochenplanarbeit, Freiarbeit und Projektarbeit dienen dagegen vor allem der Förderung von Ichstärke, Solidarität, Kreativität und Methodenkompetenz. Die Ergebnisse werden auf dem Markt, in Ausstellungen und bei Elternabenden vorgestellt. Der „Marktplatz" der Schule ist – wie ein richtiger Marktplatz oder ein Forum – ein Ort, an dem die „Waren" der Schule öffentlich gemacht werden. Für alle Schulfragen gibt es dann noch ein gemischt zusammengesetztes Beratungsgremium aus schulinternen und schulexternen interessierten Personen. Im Stundenplan dieser Schule gibt es offene Eingangsphasen, Fachunterricht, Freiarbeit, einen Projekttag und regelmäßige Schulfeiern. Außer den selbstgestalteten Räumen für jedes Team gibt es das Schülerbüro, Lehrerstationen und Lehrerzimmer, Werkstätten und Labors.

3. Grundgedanken der Schultheorie von H. Meyer

Bei jeder (pädagogischen) Schultheorie muss es nach H. Meyer um die Frage gehen, ob die Schule als Institution pädagogisch legitimiert werden kann, wie es um die Bedingungen und den Sinn von Schule bestellt ist. Zu deren Beantwortung müssen theoretisch analysiert werden:

- die gesellschaftlichen Funktionen von Schule (die Außen- oder Makrosicht der Schule)
- die pädagogische Qualität der Lehrpläne (die Mezzosicht der Schule)
- die (gegebenen oder fehlenden) Handlungsspielräume für ein Leben, Lernen und Arbeiten in Menschenwürde (die Innen- oder Mikrosicht der Schule, die eine Theorie schulischen Handelns bedingt).

Unter der Leitfrage, wie Schule als Institution pädagogisch legitimiert werden kann, betrachtet und beurteilt H. Meyer auch andere Aspekte der Schule wie die Schulorganisation (Präferenz für eine „Zwei-Wege-Schule"), die einzelnen Schulformen, die Schule in freier Trägerschaft, die Schulentwicklung (Lernende Schule mit Profil und Programm), die Geschichte der Schule, den Schulunterricht, die Lehrerfortbildung – kurz alle ihre Organisations- und Handlungsfelder sowie die von ihr betroffenen Personen und Personengruppen (vom Lehrer bis zum Hausmeister). Bei den Personengruppen identifiziert er sieben wichtige Handlungsfelder der Schule: Beziehungsregeln, Zeiten, Räume, Ressourcen (Sachen, Fantasie der Beteiligten), Programme, Inszenierungen, Rückmeldungen. Bei all diesen Handlungsfeldern steht das pädagogische Ethos des Lehrers im Zentrum.

H. Meyers Theorie der Schule hat analytischen Charakter, will durch Klärung, Strukturierung, Orientierung und Legitimation des schulischen Handelns und des Objektbereichs die Schule kritikfähig machen. Seiner Meinung nach muss die Schultheorie durch eine Mikropolitik der Schule ergänzt werden, die eine Antwort auf die Frage nach dem Sinn der Schule zu geben hätte.

4. Die Funktionen der Schule nach H. Meyer

H. Meyer sieht drei Grundfunktionen der Schule:

1. die Reproduktionsfunktion: Schule soll der Reproduktion und Weiterentwicklung der Gesellschaft durch die schulische Sozialisation des Einzelnen dienen, und zwar in den Dimensionen Qualifizierung (durch Vermittlung von Sach-

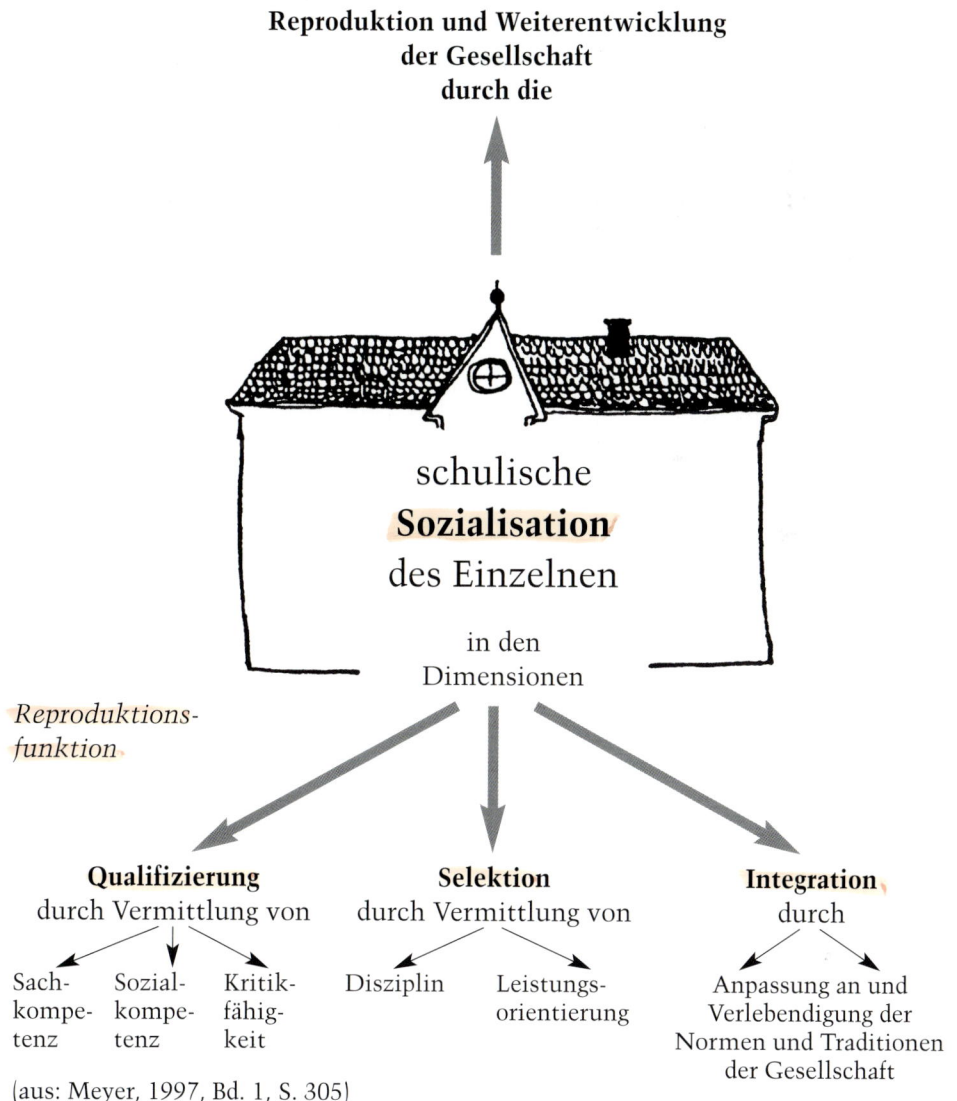

Reproduktion und Weiterentwicklung der Gesellschaft durch die

schulische **Sozialisation** des Einzelnen

in den Dimensionen

Reproduktions-funktion

Qualifizierung durch Vermittlung von	**Selektion** durch Vermittlung von	**Integration** durch
Sach-kompe-tenz Sozial-kompe-tenz Kritik-fähig-keit	Disziplin Leistungs-orientierung	Anpassung an und Verlebendigung der Normen und Traditionen der Gesellschaft

(aus: Meyer, 1997, Bd. 1, S. 305)

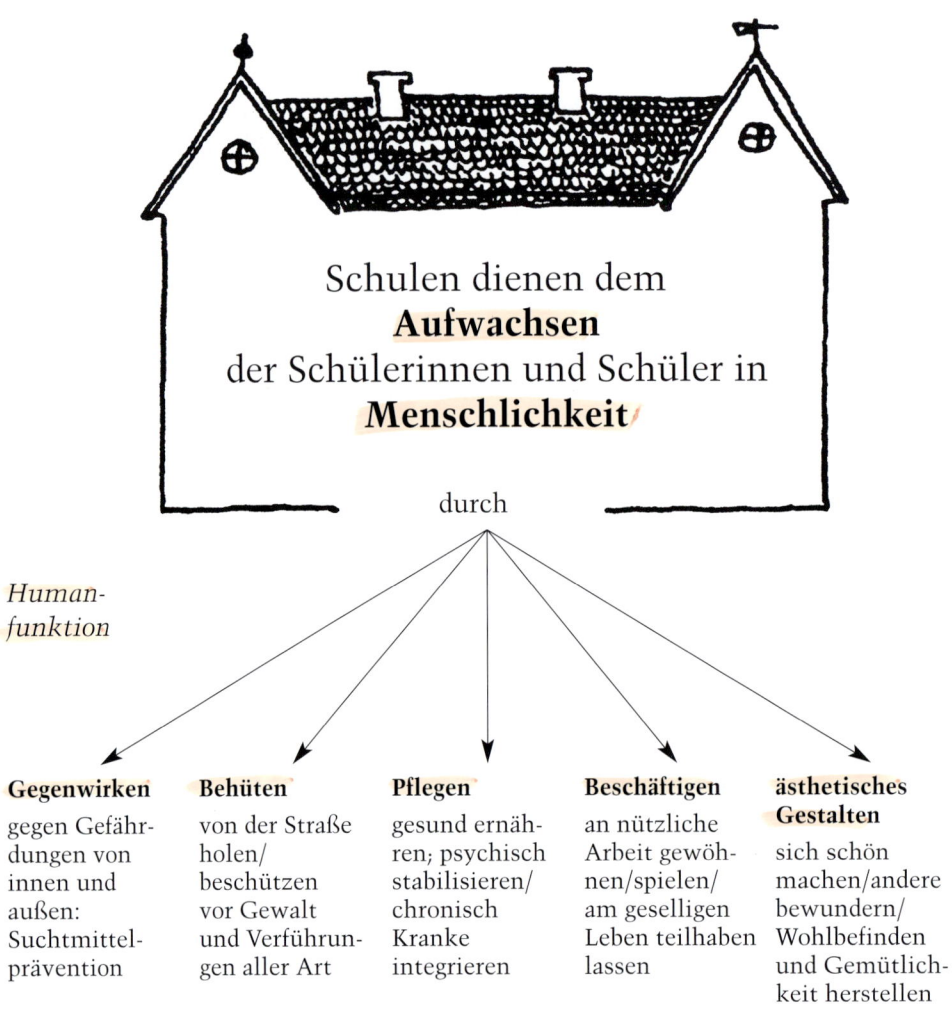

Schulen dienen dem
Aufwachsen
der Schülerinnen und Schüler in
Menschlichkeit

durch

*Human-
funktion*

Gegenwirken	**Behüten**	**Pflegen**	**Beschäftigen**	**ästhetisches Gestalten**
gegen Gefährdungen von innen und außen: Suchtmittelprävention	von der Straße holen/ beschützen vor Gewalt und Verführungen aller Art	gesund ernähren; psychisch stabilisieren/ chronisch Kranke integrieren	an nützliche Arbeit gewöhnen/spielen/ am geselligen Leben teilhaben lassen	sich schön machen/andere bewundern/ Wohlbefinden und Gemütlichkeit herstellen

(aus: Meyer, 1997, Bd. 1, S. 309)

kompetenz, Sozialkompetenz und Kritikfähigkeit), Selektion (durch Vermittlung von Disziplin und Leistungsorientierung) und Integration (durch Anpassung an die und Verständigung über die Normen und Traditionen der Gesellschaft).

2. die Humanfunktion: Schule soll das Aufwachsen von Schülerinnen und Schülern in Menschlichkeit ermöglichen, und zwar durch Gegenwirken gegen Gefährdungen von innen und außen, Behüten, Pflegen, Beschäftigung und nützliche Arbeiten, Spiel und Geselligkeit sowie durch ästhetisches Gestalten.

3. die Bildungsfunktion: Schule soll der „Freisetzung des Menschen zu sich selbst" dienen, und zwar durch Aufklärung, durch Ermutigung zur Kritik, durch Weckung von Selbstvertrauen sowie durch Befähigung zum solidarischen Handeln.

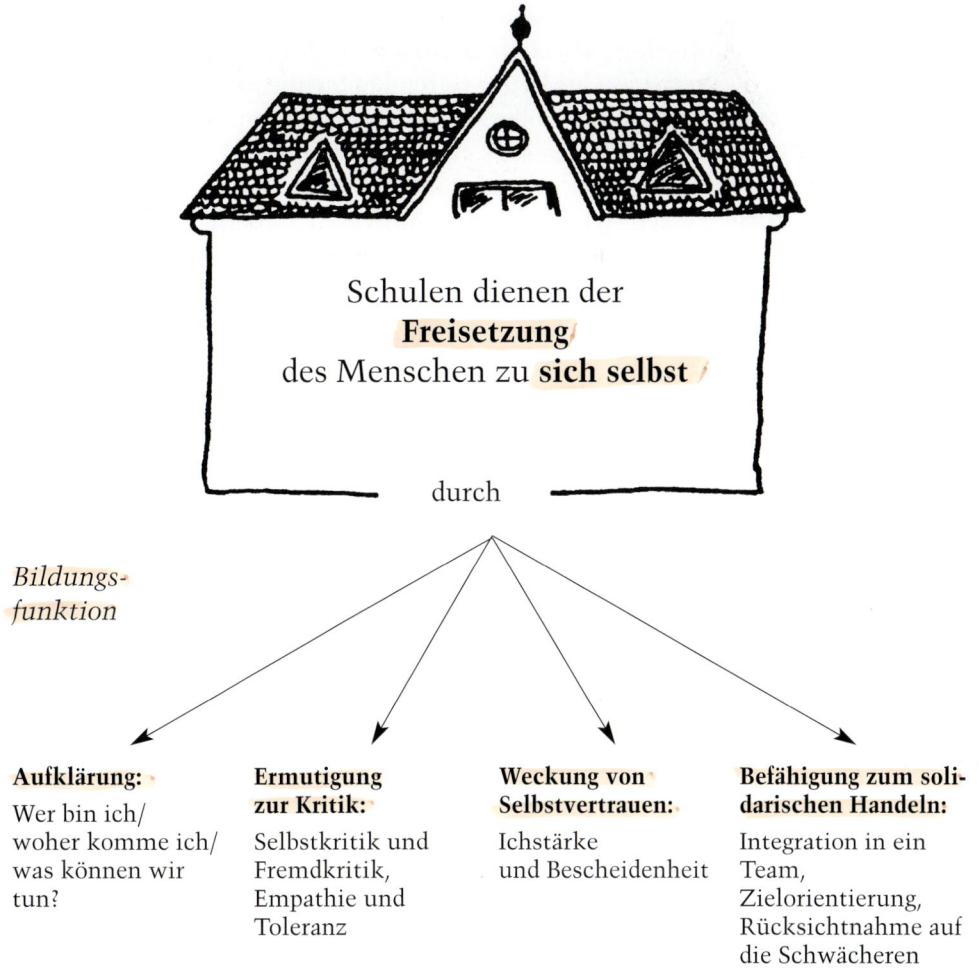

Schulen dienen der
Freisetzung
des Menschen zu **sich selbst**

durch

*Bildungs-
funktion*

Aufklärung:
Wer bin ich/
woher komme ich/
was können wir
tun?

**Ermutigung
zur Kritik:**
Selbstkritik und
Fremdkritik,
Empathie und
Toleranz

**Weckung von
Selbstvertrauen:**
Ichstärke
und Bescheidenheit

**Befähigung zum soli-
darischen Handeln:**
Integration in ein
Team,
Zielorientierung,
Rücksichtnahme auf
die Schwächeren

(aus: Meyer, 1997, Bd. 1, S. 323)

Darüber hinaus spricht H. Meyer noch von vier „Sekundär- oder Huckepack-
funktionen", die aber in Wirklichkeit gar keine Funktionen sind, nämlich: die
Schule als Wirtschaftsfaktor, die ökologische Bedeutsamkeit des Schulgeländes,
die Rolle der Schule als Kulturträger der Region sowie die Bedeutung der Lehrerbildung und des Lehrerberufs als Möglichkeit zum persönlichen sozialen Aufstieg.

Die Schultheorie von J. Diederich und H. E. Tenorth

Ganz anders ist die Argumentationsstruktur bei J. Diederich und H. E. Tenorth in
ihrem Buch „Theorie der Schule. Ein Studienbuch zu Geschichte, Funktionen
und Gestaltung." (Berlin 1997). Ihre Gedanken entwickeln sie in 3 Schritten:

Im 1. Teil stellen sie sich die Frage, wie das moderne Schulwesen entstanden ist, ermitteln dessen historisch-gesellschaftspolitische Bedingtheit und reflektieren die Entstehung seiner teilweise bis heute geltenden Strukturtypen.

Im 2. Teil wenden sie sich den für moderne Gesellschaften typischen Funktionen und dem Funktionieren des Schulwesens zu und suchen nach Erklärungen dafür, warum die Schule so funktioniert, wie sie funktioniert.

Im 3. Teil fragen sie danach, wie sich das Schulwesen steuern lässt und heben hervor, dass die schulische Wirklichkeit durch die Beteiligten gestaltet wird, dass sie nur begrenzt regierbar, aber erstaunlich anpassungsfähig ist – in jedem Falle aber immer auch anders möglich wäre.

Daran schließt sich noch ein wegweisendes, die Theorie transparenter machendes systemmodifizierendes Nachwort an.

1. Das Theorieverständnis von J. Diederich und H. E. Tenorth

Unter einer Theorie verstehen die Autoren eine „methodisch reflektierte Anstrengung um einen Gegenstandsbereich", thematisch auf ein Problem konzentriert und mit Hilfe von Gütekriterien betrieben (S. 30). Die theoretische Grundsatzfrage lautet: Wie ist möglich, was geschieht? Sie zu beantworten, hat einen eigenen Sinn und ebenso auch praktische Bedeutung, da sie über die Umstände aufklärt, nach denen das, was geschieht, möglich ist und was alles auch anders möglich wäre (S. 183). Zu beachten ist, dass jede Theorie mehrere verschiedene Referenzen hat (bei der Schultheorie: Lehrer, Eltern, Schüler, Verwaltungsbeamte, Schulforscher, Politiker) und unterschiedliche Wissensformen enthalten kann (z. B. Orientierungswissen, Handlungswissen, Diagnosewissen, Alltagswissen usw.). Daraus ergibt sich der Nutzen jeder Theorie von der Praxis für die Praxis: Sie ist eine aufklärende und kritisch-konstruktive Instanz, die zur réflexion engagée und zur Selbstkritik veranlasst sowie ein savoir pour prévoir bewirken kann (soll).

Wenn Diederich und Tenorth sich auch nicht breit und explizit dazu äußern, so spricht aus ihrer Abhandlung aber ein eher systemisch-konstruktivistisch fundiertes Theorieverständnis, das historisch-hermeneutisches Denken einschließt. Schule als ein Faktor im Gefüge von Interaktionen, der Schüler als subjektiver Akteur und das Schulwesen als historisch-gesellschaftlich-politisches Gebilde sprechen dafür.

2. J. Diederichs und H. E. Tenorths Bild von der Schule

In dieser Schultheorie wird die Schule als ein soziales Gebilde betrachtet, das den Rahmen für das Aufwachsen von Kindern und Jugendlichen darstellt (S. 180 ff.). Dieser Rahmen ist nach und nach entstanden, er bedingt dieses Aufwachsen auf unterschiedliche Weise, beeinflusst es und versucht, es zu normieren. Die Schule steht dabei im Dienste der Gesellschaft und im Dienste der Heranwachsenden. Die Kinder und Jugendlichen (Schüler) sollen sich an diesen Rahmen anpassen – sie können nur innerhalb des Rahmens wählen –, sich aber zusätzlich mit dessen

Bedingungen auseinandersetzen. Der Rahmen hat eine klare Struktur; als Bedingungsgefüge lässt er sich mit 6 Grundbegriffen beschreiben: Institution, Interaktion, Organisation, Reaktivität, Selektivität und Programmatik.

Der Mensch als Wesen, das sich selbsttätig zu seinen Möglichkeiten entfalten kann, muss, um sich bilden zu können, auf eine Welt treffen, die den Prozess der Bildung anregt. Nach Diederich/Tenorth ist die Schule eine solche Institution bzw. kann es sein. Schule nimmt teil am Prozess der Evolution der Gattung Mensch, an der Kulturevolution. Ihr spezifisch erziehungswissenschaftliches Interesse gilt der Bildung der Kinder und Jugendlichen als produktive Aneignung von Kultur. Diederich und Tenorth sprechen sich dagegen aus, Schule und Leben zu vermischen. Sie meinen: Schule ist nicht das Leben! Und die Schule soll nicht den ganzen Menschen verändern wollen (S. 174 ff.)! Vielmehr repräsentiere die Schule eine funktional spezifizierte Lebensform, in der Abhängigkeit und Selbstständigkeit eine eigenständige, manchmal problematische, aber doch auch sinnvolle Mischung ergeben. Das gilt z. B. für die Symbiose von rechtlicher Autonomie und ökonomischer Abhängigkeit, sozialer Selbstständigkeit und kognitiver Unmündigkeit, in der Antizipation von Kompetenzen und der gleichzeitigen Entlastung vor Ernstsituationen. Die Schule könne nur etwas leisten, wenn sie Schule bleibe, „auf das Lernen konzentriert, einem Curriculum verpflichtet, fern der Verführung, den ganzen Menschen gezielt verändern zu wollen" (S. 174). Die Autoren sprechen sich deutlich gegen die Überforderung der Schule mit Therapie und für deren Konzentration auf ein curricular bestimmtes Lernen aus.

3. Grundgedanken der Schultheorie von J. Diederich und H. E. Tenorth

Zunächst machen Diederich/Tenorth darauf aufmerksam, dass „Theorie der Schule" eine „ehrgeizige Sammelbezeichnung für eine ziemlich heterogene Menge von Literatur" ist (S. 7) – und dazu zählen sie: theoretisch oder methodologisch ambitionierte Analysen, praktisch gemeinte Handreichungen, Übersichtswerke mit historischem Anspruch sowie systematische Versuche der Konstruktion neuer Schulwelten. Ziel ihrer eigenen Schultheorie, die der letzten Kategorie zuzuordnen wäre, ist es, Schule als System in einer distanzierten Perspektive zu behandeln, und zwar nicht ohne nach dem Wesen des Menschen, den Besonderheiten seiner Existenzbedingungen und dem Sinn seines Daseins (= anthropologische Perspektiven) zu fragen. Zentrales Thema der Schultheorie ist ihrer Meinung nach die Bildung der Individualität und die Vergesellschaftung der Heranwachsenden im Kontext einer Schulorganisation, die historisch und systematisch reflektiert werden muss. Die Theorie der Schule ist demnach keine Theorie des Lernens und Lehrens, keine Theorie der (rechtlichen) Bildungsverfassung und auch keine Theorie des Bildungswesens für die Bildungspolitik. Vielmehr befasst sie sich damit,

- wie das moderne Schulwesen entstanden ist, geht also deren historisch-gesellschaftlich-politischer Bedingtheit nach, reflektiert sie als Regulativ und sucht dabei nach Strukturen, die bis heute gelten

- **wie das Schulwesen funktionieren soll**, also welche Funktionen der Schule in modernen Gesellschaften typischerweise zukommen und wie Schulen „funktionieren"
- **wie das Schulwesen sich steuern lässt**, insofern die Schule von den Beteiligten gestaltet wird, nur begrenzt regierbar, aber erstaunlich anpassungsfähig ist – und immer auch anders möglich ist.

Auf diese Weise kann die Schultheorie konstruktiv wirken. Es ist nämlich nach Diederich/Tenorth die Aufgabe der Theorie der Schule, „immer auch das Andere, Denkbare, Mögliche, vielleicht andernorts Realisierte zu zeigen, zu zeigen, dass in der Schule das Paradoxe das Normale ist, zu zeigen, dass es zwischen Intention und Wirkung eine Differenz gibt, zu zeigen, dass Schulen Wirkungen haben, die weder vom Schulsystem noch vom Unterricht allein ausgehen, zu zeigen, dass Schule Eigenlogik und Autonomie (autonome Beteiligte) hat (S. 126 ff. u. ö.). Schultheorie ist mit der Frage befasst, wie die konkreten Schulen mit den Ermessensspielräumen umgehen, die ihnen schulpolitisch zugestanden werden (vgl. Schulautonomie, Schulprogramm, Schulprofil), wenn es um die Gestaltung von Schule heute geht. Die Theorie der Schule ist in diesem Sinne eine „Theorie der Intervention", der Gestaltung der Schule als Rahmen für Interaktionen.

4. Die Funktionen der Schule nach J. Diederich und H. E. Tenorth

Betrachtet man Schule systematisch von außen und analysiert die Schule hinsichtlich ihrer Beziehung zu ihren Umwelten, dann ergeben sich deren Funktionen und Strukturtypen. Der Frage nach den Funktionen liegt der Gedanke zugrunde, dass die Schule ihr Verhältnis zu ihren Umwelten durch wechselseitige Erwartungen reguliert, dass es spezifische Leistungen der Schule für andere gesellschaftliche Subsysteme gibt bzw. Leistungen für die Gesellschaft als Ganzes (S. 69). Die Institutionalisierung bestimmter Erwartungen und Bedingungen seitens der Gesellschaft führt dann zu Strukturtypen von Schule.

Als Funktionen der Schule nennen Diederich und Tenorth:

- die **Qualifikation** als Beitrag der Schule für das **Berufs- und Beschäftigungssystem**
- die **Selektion** als Beitrag der Schule für das **Politische System**
- die **Integration** als Beitrag der Schule für die bestehende **Gesellschaft** insgesamt

Die Autoren schließen sich im wesentlichen H. Fend an, der als Aufgaben der Schule die Reproduktion der Gesellschaft und den Aufbau der Persönlichkeit (des Schülers/Menschen) genannt hat; und darin sehen sie auch die minimalen, basalen, zentralen und typischen Aufgaben der Schule. Sie erkennen in dieser Doppelaufgabe zugleich das Hauptproblem der Schule: der Konflikt zwischen Integration und Individualisierung, zwischen Gleichheit und Freiheit. Dieses Problem realisiert sich besonders deutlich beim Schulaufbau, der politisch gesetzte Rahmen für die Schule, mit dessen Hilfe der Staat Selektion steuert.

Als entscheidende Aufgaben der Schule stellen Diederich/Tenorth heraus:

- Vorbereitung auf die Arbeitswelt und akademische Berufe
- Teilhabe am kulturellen Leben
- sinnvoller Gebrauch der Freiheit
- Vorbereitung auf die Wechselfälle und Schattenseiten des Lebens.

Die Schultheorie von R. Winkel

R. Winkel verwendet in seinem Buch „Theorie und Praxis der Schule" (Hohengehren 1997) die Metapher eines Hauses mit Parterre und drei Stockwerken, um seine Theorie der Schule zu strukturieren.

1. Das Theorieverständnis von R. Winkel

Wissenschaft allgemein führt nach R. Winkel zum Erkennen, was da ist, wodurch etwas ist und wozu alles da ist. Die Grundfrage ist dabei, wie der Mensch zu Erkenntnissen, Einsichten und Theorien kommt. Winkels Antwort heißt:

- durch die Theorie (theoria) als Modus der Nachdenklichkeit, der mittels empirisch-statistischer, historisch-hermeneutischer und ideologiekritischer Analysen auf verallgemeinerungsfähige, objektive, nicht widerlegbare Aussagen abzielt
- durch die Kunst bzw. den Takt (vgl. J. F. Herbart; Takt von „tangere" = sanft berühren) als Modus des Empfindens und Gestaltens, der mittels Wahrnehmung, Imagination, Sprache, Tönen und Farben auf Beurteilung und Entscheidung abzielt
- durch die Praxis als Modus des Tätigseins, der mittels Leben und Handeln auf die Bewältigung der je konkreten und besonderen Wirklichkeit abzielt.

Auch in Schule und Unterricht geht es um die Trias von Theorie–Kunst–(Takt-)Praxis, um Nachdenken, Gestalten und praktisches Tun. Das Verhältnis dieser Trias ist nach Winkel in Anlehnung an J. F. Herbart als elliptisch zu sehen mit „Theorie" und „Praxis" in den Brennpunkten und der „Kunst" (bzw. dem „Takt"), verstanden als realitätsangemessene Vermittlung der Theorie für die spezifische Praxissituation, in der Mitte.

R. Winkels Theorieverständnis ist den Vorstellungen der „Kritischen Theorie" der Frankfurter Schule der Sozialwissenschaften (vgl. Horkheimer, Habermas, Adorno) verpflichtet. Wissenschaftliche Theorie kommen demnach ohne Unterstützung oder Begründung aus Anthropologien oder Religionen aus. Sie basieren auf dem Gedanken der Einheit einer allen Menschen innewohnenden Vernunft und beachten die Standards von Wissenschaft und Philosophie. Vor allem lehnen sie jede Gewalt zur Durchsetzung ihrer Wahrheiten ab.

2. R. Winkels Bild von der Schule

Bevor Winkel sein eigenes Bild von Schule entwirft, stellt er zunächst 5 Fehlformen von Schule dar. In diesen ist zwar immer durchaus etwas Richtiges enthalten, und in Reinkultur sind sie auch selten vorzufinden. Nichtsdestotrotz verkennen sie den wirklichen Auftrag der Schule, nämlich einerseits die Kinder/Jugendlichen auf die Gesellschaft vorzubereiten und andererseits der jungen Generation die Möglichkeit zu schaffen, die Welt zu verändern. Diese Fehlformen sind

- die Schule als Aquadrom, d.h. als Fun-und-Freizeit-Schule, in der Lernen immer nur Spaß machen muss (happy-go-lucky-attitude)
- die Schule als Warenhaus, d.h. als Institution, in der sich jeder aus einem unbegrenzten Angebot an Materialien und Inhalten das heraussuchen kann, was ihn interessiert
- die Schule als Festung, d.h. als sicherer Hort für Schüler/Schülerinnen und Abwehrstellung gegen alle Probleme und Bedrohungen von außen
- die Schule als Kaderschmiede, d.h. als Einrichtung, in der politische Ziele verfolgt werden und ideologische Homogenität herrscht und herrschen soll
- die Schule als Sterbeklinik, d.h. als Ort der Resignation, der Depression und der Klage über Mensch, Welt, Kultur und Gesellschaft, die Schule selbst eingeschlossen.

Diesen Fehlformen stellt R. Winkel seine Schule als Erfahrungsbereich gegenüber. Schule hat drei Dimensionen, sie ist Lernort und Erfahrungsraum und wird dadurch zum Lebensraum der Schülerinnen und Schüler.

Winkels Vorstellung von Schule orientiert sich an der klassischen Schule als Ort der Stille und der Aktivität. Das drückt er mit der folgenden Grafik aus:

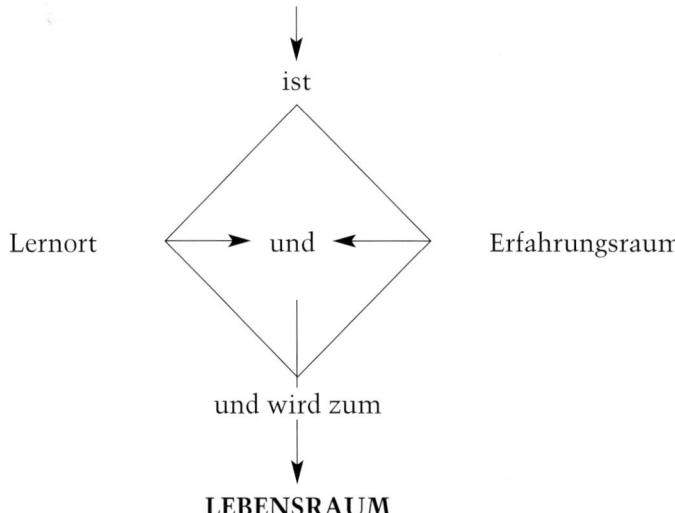

SCHULE (SCHOLA, S'CHOLÉ) = STÄTTE VON NACHDENKLICHKEIT,
von vita contemplativa und vita activa

ist

Lernort und Erfahrungsraum

und wird zum

LEBENSRAUM

Als Erfahrungs- und Lernbereich ist die Schule

- ein Ort der Gespräche, die nach Regeln ablaufen
- ein Ort der Spiele zum Erholen und Erfreuen

- ein Ort des (Lern-)Arbeitens, an dem Kinder/Jugendliche das Glück anstrengender Lernarbeit spüren können
- ein Ort des Feierns und der Feste, was nicht mit Partys verwechselt werden soll, sondern im Sinne P. Petersens und H. Gaudigs gedacht ist
- ein Ort der Beziehungen zwischen den Generationen, Geschlechtern, Kulturen sowie Behinderten und Nicht-Behinderten.

Seine Schule verpflichtet sich auf die Gedanken einer „Humanen Schule". Diese kennzeichnet, dass sie – erstens – eine demokratische und humane Leistungsschule ist, eine Schule der Bildung und Erziehung, eine Werkstatt der Menschen für die Menschen. Zweitens muss das Lehren und Lernen in ihr für alle Beteiligten Sinn stiftend sein, für die Schüler, die sich bestimmte Lerninhalte aneignen sollen, und für die Lehrer, die fachwissenschaftlich und fachdidaktisch in ihr agieren. Drittens ist es ein Merkmal der humanen Schule, dass sie beweglich ist, d. h. sich nach innen (z. B. für neue Lehr-Lern-Methoden) und außen (z. B. durch community education) öffnet.

3. Grundgedanken der Schultheorie von R. Winkel

Winkels Theorie der Schule soll als Theorie und Praxis von Schule verstanden werden. Seine aspektreichen und vielfältigen Reflexionen über die Schule – Schule kann schließlich unter historischen, anthropologischen, sozialen, edukativen, didaktischen, methodischen, rechtlichen, ästhetischen, kulturellen, religiösen u. a. Aspekten betrachtet werden – strukturiert er mit Hilfe des Bildes von der Errichtung eines Schulgebäudes, nachdem er zuvor überblickhaft 11 bestehende Schultheorien dargestellt und kurz analysiert hatte. Seine Schultheorie folgt dem Weg durch dieses Schulhaus vom Keller bis zum 3. Stock:

★ Keller: Er ist Sinnbild für die Notwendigkeit eines tragfähigen Fundaments für jede Schultheorie. Schule braucht einen über sie hinausreichenden Sinn und eine anthropologische Fundierung, muss historisch-systematisch begründet sein, um ihre Hauptaspekte erkennen und deren Verbindlichkeit erklären zu können. Dieses Fundament liefert Winkel die Pädagogik des J. A. Comenius, insbesondere dessen Aussage über das Lernen aus der Perspektive des Schülers.

★ 1. Stock: Hier werden die drei miteinander spannungsreich vernetzten großen Bereiche präsentiert, die bei der Formulierung einer Theorie der Schule maßgebliche Bedeutung haben und in die Schule einwirken:

1. die Trias Politik – Pädagogik – Familie, die auf die Sicherung und Verbesserung der menschlichen Lebensverhältnisse abzielt. Der Politik geht es um die Verbesserung des Gemeinwohls (res publica); sie setzt die Rahmenbedingungen für die Pädagogik und die Familie. Die Pädagogik achtet auf die res humana jedes Einzelnen und gründet auf der Rationalität der Menschen. Der Familie ist es um die res amabilis zu tun, ihr Bereich ist die Liebe der Menschen zueinander.

2. die Trias Religion – Anthropologie – Philosophie, wobei die Religion über die Existenz des Menschen hinausfragt, die Anthropologie den Menschen als erziehbares und erziehungsbedürftiges Wesen erklärt und die Philosophie die Suche nach Erkenntnis und Wahrheit in den Blick nimmt. Winkel rekrutiert hier besonders auf Kant (Kategorischer Imperativ) und Habermas (herrschaftsfreier Diskurs).

3. die Trias Erziehung – Bildung – Schule. Bei der Erziehung geht es um die (Kantische) Grundproblematik, wie mit Zwang die Freiheit kultiviert werden kann, wie der Heranwachsende mit Werten, Normen und Zielen aus der mitgebrachten Unvollkommenheit herausgeführt werden kann; Winkel macht dabei auf die (notwendigen) Antinomien aufmerksam wie z. B. die von Fordern und Fördern. Beim Bildungsverständnis nähert er sich W. Klafki; es umfasst immer Wissen und Können in einer Unabgeschlossenheit. Schule wird erneut von Aquadrom, Warenhaus und Festung abgesetzt und als Humane Schule mit den Aufgabenbereichen Gespräch, Spiel, Arbeit, Feier, Begegnung definiert, als Lernort, Lebensraum und Erfahrungsraum betrachtet, dem es um die Ausbreitung von Vernunft und Menschlichkeit zu tun ist.

★ 2. Stock: In diesem Stockwerk stellt R. Winkel dar, wie die Theorie der Schule praktisch werden kann, nämlich durch eine Schulreform. Als Fehlformen lehnt er gleich vorweg Formen eines resignativen Reformismus, religiösen Reformismus, dogmatischen Reformismus oder utopischen Reformismus ab. Seine Vorstellungen zur Schulreform umfassen

1. Lehrer, Schüler und Eltern als personaler Faktor der Schulreform.
2. Inhalte, Ziele, Methoden als didaktischer Faktor der Schulreform.
3. Medien, Beziehungen, Störungen als kommunikativer Faktor der Schulreform.
4. Zensuren, Zeugnisse, Berichte als lerndiagnostischer Faktor der Schulreform.
5. Räume, Flächen, Zeiten als ästhetischer Faktor der Schulreform.
6. Schulleben, Ausflüge, Praktika als extracurriculare Faktoren der Schulreform.
7. Schulen, Länder, Nationen (im Systemvergleich) als struktureller Faktor der Schulreform.

Zu allen Punkten präsentiert er die neueren Forschungsergebnisse zum Lernen der Schülerinnen/Schüler und bezieht Position zugunsten einer kommunikativen, subjektiv-interaktiven Didaktik.

★ 3. Stock: Was in der Schultheorie bisher noch fehlte, wird hier thematisiert: Lehrerfortbildung, Schulaufsicht, Schulberatung. Hier handelt Winkel die Schwierigkeiten und Möglichkeiten der schulinternen Lehrerfortbildung ab, demonstriert an einem Beispiel erfolgversprechende Schulentwicklung (Schulreform) und fragt nach guten Schulleitern und guten Schulräten.

★ Auf dem Dach: Hier sinniert Winkel in einem fiktiven Gespräch noch einmal die vorgelegte Schultheorie.

4. Die Funktionen der Schule nach R. Winkel

Die Schule hat – wie erwähnt – einen doppelten Auftrag. Sie soll zum einen die Schülerinnen/
Schüler auf die Gesellschaft vorbereiten und ihnen zum anderen dazu verhelfen, die Welt umzugestalten. Als humane Schule erwächst ihr daraus als zentrale Aufgabe die Ausbreitung von Vernunft und Menschlichkeit. Diese Zentralaufgabe subsummiert fünf Aufgaben bzw. Funktionen, die Winkel in der folgenden Grafik veranschaulicht (siehe Seite 52).

Mit M. Montessori sieht R. Winkel in der Hand ein Ursymbol für den Menschen. Die Ur-Bewegung der Hand, „das Öffnen und das Schließen", bestimmt seiner Meinung nach alles pädagogische und didaktische Handeln in der Schule wie der Wechsel von vita activa und vita contemplativa in der griechischen S'CHOLÉ, die eine Stätte der Nachdenklichkeit und der Tätigkeit war.

Über die fünf Finger der Hand, also die fünf Aufgaben der Schule, soll den Schülerinnen und Schülern Bildung ermöglicht werden. Dazu sind sie als Menschen mit ihrer je eigenen Wirklichkeit, Möglichkeit und Notwendigkeit einbezogen und gefordert. „Als sprechender (loquens), spielender (ludens), arbeitender (laborans), feiernder (celebrans) und begegnender (communicans) Mensch erfährt er in und durch Schule die Bildung seiner selbst und seiner Mitschüler. Und so wie wir eine Hand, der zwei oder drei Finger fehlen, als eine verkrüppelte Hand bezeichnen, so wie uns Wunden an ihr von einer verletzten Hand sprechen lassen, so ist die einseitige oder vernachlässigende Schulbildung Ursache für *Ver*ziehung, für *Halb*bildung oder gar für *Un*bildung" (S. 117).

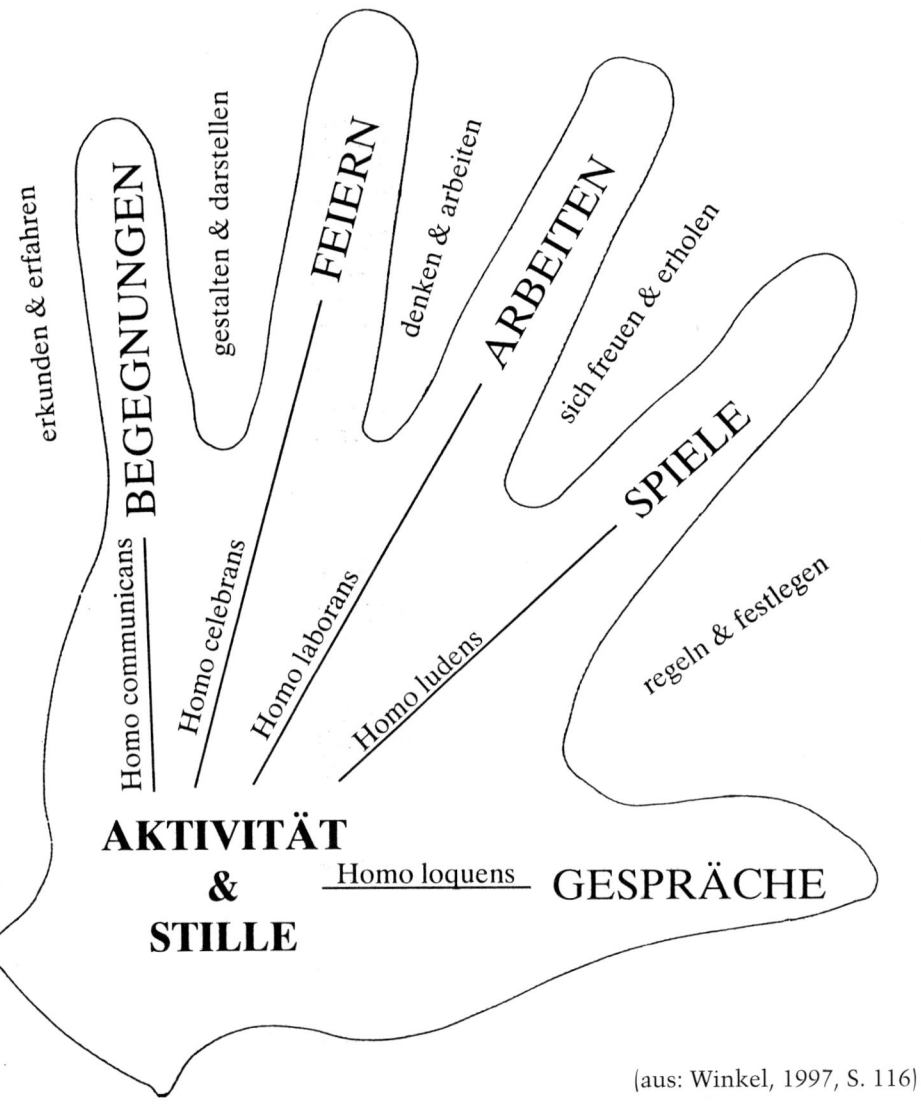

(aus: Winkel, 1997, S. 116)

52

2. Teil: Die Makroebene
Die Schule als Institution der Gesellschaft

In der Entwicklungsgeschichte von Gesellschaften kam und kommt es immer dann zur Schaffung von Institutionen und Organisationen, wenn bestimmte Aufgabenstellungen und Probleme in ihr nicht mehr nebenbei oder unsystematisch in der natürlichen Lebensumwelt bewältigt werden können. Institutionen helfen, diese Aufgabenstellungen auf der Basis der jeweils gültigen kulturellen Werte und Normen zu lösen. Dadurch dass die Institutionen und Organisationen das Handeln der Gesellschaftsmitglieder habitualisieren, stabilisieren sie es durch Normierung und entlasten es – allerdings um den Preis, es im Konfliktfall möglicherweise auch zu belasten.

Die Entstehung von Schulen ist ein Beispiel dafür. Sie geht darauf zurück, dass die nachfolgenden Generationen zur Lebensbewältigung und zum guten (bzw. besseren) Leben einer besonderen Unterweisung durch geschulte Erwachsene bedurften. Die Dynamik der menschlichen Entwicklung und der kulturelle Fortschritt bringen es aber mit sich, dass die Schule sich weiterentwickeln muss, um ihrem gesellschaftlichen Auftrag entsprechen zu können. Andererseits ist die Schule auch immer wieder von den gesellschaftlich bestimmenden politischen Kräften für die Durchsetzung eigener Ideologien in Dienst genommen worden; jede Gesellschaft schafft sich also „ihre" Schule.

Betrachtet man die Schule aus der Makroperspektive, also gewissermaßen von außen, so erscheint sie als ein strukturiertes soziales System innerhalb der Gesellschaft, als eines ihrer Subsysteme. Als ein solches Subsystem wird die Schule einerseits durch interne Beziehungsprozesse der „Systemelemente" (Organisationsform, Personen, Sachgegebenheiten), also durch Strukturen und Interaktionen, bestimmt. Das macht ihre Typik aus. Andererseits wird das Subsystem Schule durch Beziehungen zu den anderen Subsystemen der Gesellschaft geprägt, von denen sie sich zwar abgrenzt, zu denen sie aber doch in unterschiedlich enger Abhängigkeit steht (s. T. 1, Kap. 1.2).

Unter *organisationstheoretischem Gesichtspunkt* reicht es heute nicht mehr aus, die Schule als ein „closed-system-model" anzusehen und im Sinne von T. Parsons struktur-funktionalistischem Ansatz anzunehmen, dass die Funktionen der systembildenden Prozesse nur zum Aufbau und zur Erhaltung des gesellschaftlichen Systems beizutragen hätten. Vielmehr ist in der Gegenwart von einem „open-system-model" auszugehen, wie es die moderne systemische Organisationstheorie tut (Korinek, 2000). Diese betrachtet nicht nur die Besonderheiten der Struktur einer Organisation, sondern auch die des Individuums, das innerhalb der Struktur nach Selbstverwirklichung strebt. Zwar wird das Individuum in seinen Möglichkeiten durch die Struktur begrenzt und geleitet (Sozialisierung), es kann aber durch interne Prozesse der Kommunikation mitwirken und versuchen, die Organisation im eigenen Sinne zu verändern (Personalisierung).

Ist im Folgenden von *Schulorganisation* die Rede, so ist damit der Aufbau oder die Struktur des Bildungssystems einer Gesellschaft gemeint, einschließlich der mit ihr verbundenen Funktions- und Rollenzuweisungen. Denn das Verständnis von Schule, ihren Funktionen und ihren Aufgaben hängt eng mit der Schulorganisationsform zusammen.

1. Die Rahmenbedingungen der Schule

Bei der Makroebene, auf die nun der Blick gerichtet wird, geht es um die Schule als Einrichtung der Gesellschaft, näherhin um die Beziehung zwischen dem gesellschaftlichen Subsystem Schule und seinen Systemumwelten. Die Gesellschaft wird dabei als soziales Supersystem betrachtet, das aus der Gesamtheit aller zwischenmenschlichen Ordnungen und Gebilde besteht, von denen das Schul- und Bildungssystem eines ist.

1.1 Die Rechtsgrundlagen

Die Schule in der Bundesrepublik Deutschland ist eine staatliche Einrichtung und steht unter der Aufsicht des Staates. So bestimmt es Artikel 7 des „*Grundgesetzes für die Bundesrepublik Deutschland*" vom 23. Mai 1949 (mit Änderungen):

Artikel 7

(1) Das gesamte Schulwesen steht unter der Aufsicht des Staates.

(2) Die Erziehungsberechtigten haben das Recht, über die Teilnahme des Kindes am Religionsunterricht zu bestimmen.

(3) Der Religionsunterricht ist in den öffentlichen Schulen mit Ausnahme der bekenntnisfreien Schulen ordentliches Lehrfach. Unbeschadet des staatlichen Aufsichtsrechtes wird der Religionsunterricht in Übereinstimmung mit den Grundsätzen der Religionsgemeinschaft erteilt. Kein Lehrer darf gegen seinen Willen verpflichtet werden, Religionsunterricht zu erteilen.

(4) Das Recht zur Errichtung von privaten Schulen wird gewährleistet. Private Schulen als Ersatz für öffentliche Schulen bedürfen der Genehmigung des Staates und unterstehen den Landesgesetzen. Die Genehmigung ist zu erteilen, wenn die privaten Schulen in ihren Lehrzielen und Einrichtungen sowie in der wissenschaftlichen Ausbildung ihrer Lehrkräfte nicht hinter den öffentlichen Schulen zurückstehen und eine Sonderung der Schüler nach den Besitzverhältnissen der Eltern nicht gefördert wird. Die Genehmigung ist zu versagen, wenn die wirtschaftliche und rechtliche Stellung der Lehrkräfte nicht genügend gesichert ist.

(5) Eine private Volksschule ist nur zuzulassen, wenn die Unterrichtsverwaltung ein besonderes pädagogisches Interesse anerkennt oder, auf Antrag von Erziehungsberechtigten, wenn sie als Gemeinschaftsschule, als Bekenntnis- oder Weltanschauungsschule errichtet werden soll und eine öffentliche Volksschule dieser Art in der Gemeinde nicht besteht.

(6) Vorschulen bleiben aufgehoben.

Im Raum der Schule gelten natürlich die Grundrechte des „Grundgesetzes" (Art. 1–19): Schutz der Würde jedes Menschen, Freiheit der Person, Gleichheit vor dem Gesetz, Glaubens- und Gewissensfreiheit, Recht der freien Meinungsäußerung und Informationsfreiheit, Versammlungsfreiheit, Vereinigungsfreiheit, Freiheit der Berufswahl, Petitionsrecht.

Von besonderer Bedeutung für die Schule sind ferner die Grundgesetz-Artikel 20 und 30.

Art. 20,1 GG bestimmt:

> (1) Die Bundesrepublik ist ein demokratischer und sozialer Bundesstaat.
>
> (2) Alle Staatsgewalt geht vom Volke aus …

Für die Schule bedeutet das hier angesprochene Demokratieprinzip, dass Demokratie ein übergeordnetes Lernziel ist und dass in der Schule Mitspracherechte und Mitwirkungsrechte gesichert sein müssen. Das in Art. 20,1 erwähnte Rechtsstaatsprinzip unterstellt die Schule dem bundesrepublikanischen Rechtssystem und sichert dadurch die Grundrechte der Schüler und aller an der Schule mitwirkenden Personen. Aus dem Prinzip der Sozialstaatlichkeit aus Art. 20,1 ergibt sich das Recht auf Chancengleichheit aller Kinder und Jugendlichen sowie die Verpflichtung des Staates zur sozialen Integration und zur leistungsmäßigen Förderung.

Art. 30 GG bestimmt:

> Die Ausübung der staatlichen Befugnisse und die Erfüllung der staatlichen Aufgaben ist Sache der Länder, soweit dieses Grundgesetz keine andere Regelung trifft oder zulässt.

Damit wird der Föderalismus in Deutschland grundgelegt, zu dessen wichtigsten Bestandteilen die Kulturhoheit der Bundesländer gehört (s. auch die Präzisierungen in Art. 70–75 GG). Schulpolitik und Schulgesetzgebung sind deren zentraler Bestandteil. So erklärt sich, dass die Schule in den 16 Bundesländern Deutschlands unterschiedlich organisiert ist und dass auch Gemeinden und Kreise Schulträger sein können (vgl. Lemnitzer/Wiater, 1999).

Die Kulturhoheit der Länder führt zu eigenen Abschnitten über Schule und Bildung in deren Verfassungen. Exemplarisch kann das an der „Verfassung des Freistaats Bayern" vom 2. 12. 1946 (mit Änderungen) demonstriert werden. Die Bayerische Verfassung wendet sich in den Artikeln 128–141 kulturellen Belangen zu. Für die Schule hält die Verfassung fest:

1. den Anspruch auf Ausbildung und Förderung

> **Artikel 128**
>
> (1) Jeder Bewohner Bayerns hat Anspruch darauf, eine seinen erkennbaren Fähigkeiten und seiner inneren Berufung entsprechende Ausbildung zu erhalten.
>
> (2) Begabten ist der Besuch von Schulen und Hochschulen, nötigenfalls aus öffentlichen Mitteln, zu ermöglichen.

2. die Schulpflicht (Art. 129)

3. die Staatsaufsicht über das Schul- und Bildungswesen (im Sinne von GG, Art. 7)

4. die Ziele der Bildung und Erziehung in der bayerischen Schule (s. dazu Kap. 3.2)

5. das Gliederungsprinzip des bayerischen Schulwesens

Artikel 132

Für den Aufbau des Schulwesens ist die Mannigfaltigkeit der Lebensberufe, für die Aufnahme eines Kindes in eine bestimmte Schule sind seine Anlagen, seine Neigung, seine Leistung und seine innere Berufung maßgebend, nicht aber die wirtschaftliche und gesellschaftliche Stellung der Eltern.

---

6. die Errichtung von Privatschulen (s. dazu Kap. 4.4)

7. die Volksschulen als christliche Gemeinschaftsschulen

Artikel 135

Die öffentlichen Volksschulen sind gemeinsame Schulen für alle volksschulpflichtigen Kinder. In ihnen werden die Schüler nach den Grundsätzen der christlichen Bekenntnisse unterrichtet und erzogen. Das Nähere bestimmt das Volksschulgesetz.

---

8. die Regelungen zum Religionsunterricht (Art. 136, 137)

Die Aussagen mit Verfassungsrang werden dann präzisiert und konkretisiert in

● Ländergesetzen
● Allgemeinen und schulformbezogenen Schulordnungen
● Lehrerdienstordnungen und
● Lehrplanpräambeln der einzelnen Schulformen.

Aus den zahlreichen Einzelbestimmungen, die sich auf alle juristisch regelbaren Einzelaspekte der Schule beziehen, sollen aus dem „Bayerischen Erziehungs- und Unterrichtsgesetz" vom 31. Mai 2000 (BayEUG) die Artikel über Schüler und Lehrer zitiert werden:

BayEUG Art. 56
Rechte und Pflichten

(1) ...Alle Schülerinnen und Schüler haben gemäß Artikel 128 der Verfassung ein Recht darauf, eine ihren erkennbaren Fähigkeiten und ihrer inneren Berufung entsprechende schulische Bildung und Förderung zu erhalten. Aus diesem Recht ergeben sich einzelne Ansprüche, wenn und soweit sie nach Voraussetzungen und Inhalt in diesem Gesetz oder auf Grund dieses Gesetzes bestimmt sind.

(2) Die Schülerinnen und Schüler haben das Recht, entsprechend ihrem Alter und ihrer Stellung innerhalb des Schulverhältnisses

---

1. sich am Schulleben zu beteiligen,
2. im Rahmen der Schulordnung und der Lehrpläne an der Gestaltung des Unterrichts mitzuwirken,
3. über wesentliche Angelegenheiten des Schulbetriebs hinreichend unterrichtet zu werden,
4. Auskunft über ihren Leistungsstand und Hinweise auf eine Förderung zu erhalten,
5. bei als ungerecht empfundener Behandlung oder Beurteilung sich nacheinander an Lehrkräfte, an die Schulleiterin oder an den Schulleiter und an das Schulforum zu wenden.

(3) Alle Schülerinnen und Schüler haben das Recht, ihre Meinung frei zu äußern; im Unterricht ist der sachliche Zusammenhang zu wahren. Die Bestimmungen über Schülerzeitung (Art. 63) und politische Werbung (Art. 84) bleiben unberührt.

(4) Alle Schülerinnen und Schüler haben sich so zu verhalten, dass die Aufgabe der Schule erfüllt und das Bildungsziel erreicht werden kann. Sie haben insbesondere die Pflicht, am Unterricht regelmäßig teilzunehmen und die sonstigen verbindlichen Schulveranstaltungen zu besuchen. Die Schülerinnen und Schüler haben alles zu unterlassen, was den Schulbetrieb oder die Ordnung der von ihnen besuchten Schule oder einer anderen Schule stören könnte.

BayEUG Art. 59: Lehrkräfte

(1) Die Lehrkräfte tragen die unmittelbare pädagogische Verantwortung für den Unterricht und die Erziehung der Schülerinnen und Schüler. Gegenüber dem ihnen zugeordneten sonstigen pädagogischen Personal sind sie weisungsbefugt. Art 111 bis 117 und die dienstrechtlichen Vorschriften bleiben unberührt.

(2) Die Lehrkräfte haben den in Art. 1 und 2 niedergelegten Bildungs- und Erziehungsauftrag sowie die Lehrpläne und Richtlinien für den Unterricht und die Erziehung zu beachten. Sie müssen die verfassungsrechtlichen Grundwerte glaubhaft vermitteln. Äußere Symbole und Kleidungsstücke, die eine religiöse oder weltanschauliche Überzeugung ausdrücken, dürfen von Lehrkräften im Unterricht nicht getragen werden, sofern die Symbole oder Kleidungsstücke bei den Schülerinnen und Schülern oder den Eltern auch als Ausdruck einer Haltung verstanden werden können, die mit den verfassungsrechtlichen Grundwerten und Bildungszielen der Verfassung einschließlich den christlich-abendländischen Bildungs- und Kulturwerten nicht vereinbar ist. Art. 84 Abs. 2 bleibt unberührt. Für Lehrkräfte im Vorbereitungsdienst können im Einzelfall Ausnahmen von der Bestimmung des Satzes 3 zugelassen werden.

(3) Die Lehrkräfte erfüllen ihre Aufgaben im vertrauensvollen Zusammenwirken mit den Schülerinnen und Schülern und den Erziehungsberechtigten, bei den beruflichen Schulen außerdem mit den Ausbildenden, den Arbeitgebern und den Arbeitnehmervertretern und Arbeitnehmervertreterinnen der von ihnen unterrichteten Schülerinnen und Schüler.

1.2 Die Schule als organisierte Institution

Von der Gesellschaft eingerichtet und getragen, hat die Schule durch rechtliche Bestimmungen den Charakter einer organisierten Institution erhalten, in der die heranwachsende Generation auf bestimmte Bildungs- und Erziehungsziele hin orientiert werden soll. In Institutionen regelt die Gesellschaft unentbehrliche, überindividuelle und grundlegende Bedürfnisse wie Erziehung, Produktion, Konsum,

Sozialisation oder Fortpflanzung mittels festgelegter Verhaltensmuster. Im Unterschied zu anderen Institutionen (z. B. Ehe und Familie) ist die Schule eine organisierte Institution, insofern sie ein soziales Gebilde ist, das zweckrational geplant, strukturiert, koordiniert und kontrolliert, mit kollektiver Identität versehen bestimmte Ziele verwirklicht. Als solche verfügt die Schule auch über bestimmte Merkmale, wie sie sich auch bei anderen organisierten Institutionen im Laufe ihrer Entwicklungsgeschichte seit dem 19. Jahrhundert ausgeprägt haben.

Nach H. Hierdeis weisen Erziehungsinstitutionen wie die Schule folgende Merkmale und Besonderheiten auf (1983, S. 13–43):

- Sie sind zielgerichtet auf Qualifizierung, Effektivität und Selektion ausgerichtet.
- Sie sind relativ beständig.
- Sie haben eine besondere Autoritäts- und Hierarchiestruktur.
- Sie bringen die Ausprägung von Rollen mit sich.
- Sie besitzen eine formelle Kommunikationsstruktur.
- Sie haben Tätigkeiten und Beziehungen formalisiert.
- Sie praktizieren Arbeitsteilung.
- Sie repräsentieren Werte, die zur Funktionsfähigkeit der Gesellschaft beitragen.

Hierdeis macht aber auch darauf aufmerksam, dass organisierte Institutionen ambivalente Wirkungen haben können: Auf der einen Seite geben sie Verhaltenssicherheit, entlasten dadurch den Einzelnen und eröffnen ihm auf diese Weise Freiräume. Auf der anderen Seite können organisierte pädagogische Institutionen auch die soziale Entfaltung des Einzelnen behindern, soziale Fortschritte erschweren, die Auslese überbetonen sowie sich durch Überorganisation in immer mehr Bereiche ausdehnen und Freiheiten beschränken. Ihr unverzichtbarer Beitrag zur Funktionsfähigkeit der Gesellschaft verliert sich dann zur Dysfunktionalität, wenn sie der eigenen pädagogischen Zielsetzung (vgl. Erziehungsziel „Mündigkeit") zuwider handeln.

Darüber hinaus gibt es bei ihnen weitere Risikofaktoren: Handelt es sich um Institutionen mit großen Mitgliedszahlen (z. B. Schulen mit mehr als 900 Schülern), stellen sich leicht Anonymität und Unübersichtlichkeit ein, was Regelverstöße, Beschädigungen und Vandalismus fördert. Sind die Institutionen Schulen, begünstigen sie bei ihren Mitgliedern eine „Papier-Bleistift-Existenz", eine Mentalität, das Leben in der Institution habe mit dem Leben außerhalb nichts zu tun (vgl. die Redeweise vom „trägen Schulwissen"), und es genüge bereits, innerhalb der Institution erfolgreich durchzukommen. Ferner bringt die Institutionalisierung motivations- und leistungshemmende Effekte mit sich, da sie Schulversagen zur Folge haben kann.

1.3 Der Lehrplan als direktes Steuerungsmittel

Lehrpläne sind „das populärste administrative Lenkungsinstrument" des Staates. „Wo immer es darum geht, Erwartungen an das Schulsystem zu formulieren und schulisches Lehren und Lernen neuen Erfordernissen anzupassen, wird der Ruf nach neuen Lehrplänen laut. Wo immer Zweifel an der Wirksamkeit von Schule und an ihrer Zukunftstauglichkeit bestehen, werden ihre Lehrpläne überprüft" (Vollstädt u. a., 1999, S. 13). Lehrpläne kodifizieren und normieren den Schulunterricht. Seitdem die Schule in Deutschland rechtlich eine Angelegenheit des Staates ist, d. h. seit dem 18. Jahrhundert, und die Schulpflicht durchgesetzt wurde, sucht der Staat schulischen Unterricht und schulische Erziehung durch Lehrpläne zu steuern und ihnen eine allgemeine Verbindlichkeit zu geben.

Ein Lehrplan ist die staatlich verbindlich gemachte, geordnete Zusammenfassung von Lehrinhalten (Wissen, Können, Einstellungen, Verhalten), die während eines bestimmten Zeitraums an bestimmten Schulformen in bestimmten Fächern/Lernbereichen vermittelt werden sollen.

Der offizielle Lehrplan erfährt bei der Umsetzung in die Praxis mehrfache Veränderungen: Aus dem *offiziellen Lehrplan* mit Angaben verbindlicher Lehrinhalte und Lehrziele sowie empfohlener Methoden und Medien wird bei der Unterrichtsplanung des Lehrers/der Lehrerin ein *individueller Lehrplan*, der eine subjektive Interpretation seitens der Lehrkraft und deren Anpassung der offiziellen Vorgaben an die Bedingungen der jeweiligen Schulklasse darstellt. Im konkreten Unterricht wird dieser individuelle Lehrplan zum *tatsächlichen Lehrplan*, insofern die Planung und deren Umsetzung in konkrete Unterrichtshandlungen unterschiedlichen Bedingungen unterliegen. Schließlich unterscheidet sich das, was unterrichtet wurde, noch einmal von dem, was die Schüler/Schülerinnen tatsächlich daraus für sich entnommen und gelernt haben, dem so genannten *realisierten Lehrplan* (Vollstädt 1999, S. 13 ff.). Hinzu kommt, dass die Einzelschulen im Rahmen ihrer Schulentwicklung und der Erarbeitung von Schulprogrammen mehr und mehr Einfluss darauf nehmen, was und wie an der Schule unterrichtet und gelernt wird, also Teile der Lehrplanfunktionen regional und lokal ausgeübt werden.

Bei der Konzipierung von Lehrplänen sichert jedoch nicht nur der Staat seinen Einfluss; auch die anderen gesellschaftlichen Subsysteme wie Wirtschaft, Wissenschaft, Weltanschauung, Kultur usw. versuchen, ihre Vorstellungen und Anliegen dort zu verwirklichen.

Die Aufgabe des Staates, Inhalte, Ziele und Lehrmaterialien für die jeweiligen Schulformen auszuwählen, das Wiss- und Lernbare einer bestimmten Epoche als Schulwissen festzulegen, wurde im Laufe der zweieinhalb Jahrhunderte Lehrplantradition recht unterschiedlich gelöst. Bis Ende des 19. Jahrhunderts noch waren die Lehrpläne die Auftragsarbeit einzelner (vgl. z. B. W. v. Humboldt, G. Kerschensteiner u. a.) Aber schon seit Mitte des 19. Jahrhunderts hatte der Staat Lehrpläne durch einen Rechtsakt verpflichtend gemacht (1837 für die Gymnasien in Preußen; 1854/59 für die Volksschulen). Mit dem Beginn des 20. Jahrhunderts mehrten sich die Forderungen, staatlicherseits einberufene Kommissionen sollten unter Beteiligung von erfahrenen Schulpraktikern Lehrpläne ausarbeiten, – eine Regelung, die nach 1945 zur gängigen Praxis in der Bundesrepublik Deutschland wurde. Seitdem arbeiten auf Einladung des jeweiligen Kultusministeriums Lehrerinnen/Lehrer, Experten der Erziehungs-, Sozial- und

Fachwissenschaften, Fachdidaktiker und Vertreter der Schuladministration als Lehrplankommission den Entwurf für einen neuen Lehrplan aus. Dieser wird dann vom Kultusministerium in eine verbindliche Fassung gebracht und den Landesschulbeiräten, den Universitäten/Fachwissenschaften/Fachdidaktiken, den Lehrerverbänden und anderen interessierten gesellschaftlichen Gruppierungen zur Information und Stellungnahme zugesandt. Nach einer eventuellen Überarbeitung wird er dann legalisiert und offiziell für die Schulen verbindlich erklärt. In diesem Verfahren ist die Dominanz des Staates nach wie vor gesichert.

Lehrplantheorien

Den Lehrplantheorien, die seit dem 18./19. Jahrhundert erarbeitet wurden, geht es um eine theoretische Begründung für die Auswahl und Anordnung dessen, was in der Schule gelernt werden soll. Hauptprobleme des Lehrplans, die bewältigt werden müssen, sind dabei

- die Stofffülle und die Frage, wie sie reduziert werden kann
- die Strukturierung der ausgewählten Lehrstoffe für Schulformen, Schulfächer und Jahrgangsstufen (was? wo? wann? wie lange?)
- die Prinzipien der Gestaltung des Lehrplans (z. B. ob Minimal- oder Maximalplan, ob in konzentrischen Kreisen oder hierarchisch aufbauend/sukzessiv linear, ob fachspezifisch oder fächerübergreifend, ob lehrgangsorientiert/fachsystematisch oder projekt-/problem-/situationsorientiert, ob stärker traditionsgebunden oder zukunftsoffen)
- die Entscheidungsträger, die die Lehrpläne legitimieren und legalisieren
- die Auswahl solcher Wissensstoffe/Lehrinhalte, an denen sich junge Menschen bilden können und die neben der Erweiterung des Wissens und Könnens auch erzieliche Wirkungen ausüben können.

In der deutschen Lehrplangeschichte sind seit dem 18./19. Jahrhundert unterschiedliche Theorieentwürfe erarbeitet und in Lehrplänen realisiert worden: J. F. Herbarts (†1841) Idee, den Lehrplan chronologisch von den Alten zu den Neuen aufsteigen zu lassen, T. Zillers (†1882) Kulturstufentheorie, bei der die Schüler die Hauptepochen der Kulturentwicklung nacheinander durchlaufen sollten, F. W. Dörpfeld (†1893), der die Schulfächer allein aus den Wissensbereichen der Kultur (Natur, Mensch, Religion) ableitet oder G. Kerschensteiner (†1932), für den bei der Abfassung eines Lehrplans das Bildungsideal der jeweiligen Zeit, die Orts- und Landesschulverhältnisse, die lern- und entwicklungspsychologischen Gesetzmäßigkeiten und die Persönlichkeit des Lehrplanverfassers maßgeblich sind, und andere mehr.

Besondere Beachtung in der Nachkriegspädagogik erhielt die Lehrplantheorie von E. Weniger (†1961), die geisteswissenschaftlich, geschichts- und lebensphilosophisch sowie soziologisch fundiert ist (Weniger, 1926). Ein Blick in die Geschichte zeigt Weniger, dass Lehrpläne das Ergebnis des Kampfes geistiger, d. h.

gesellschaftlicher Mächte sind und nicht das Ergebnis pädagogischer Reflexion. Staat und Kirche, Wirtschaft und Gesellschaft, Kunst und Wissenschaft, Recht und Sitte ringen als „Mächte des Lebens und der Bildung" darum, ihre Ziele und Interessen im Lehrgefüge der Schule vertreten zu sehen. Da keine dieser rivalisierenden Mächte sich gegenüber der anderen durchzusetzen vermag, fällt dem Staat die Aufgabe einer „ausgleichenden Instanz" zu. Der Staat ist nach Weniger der „Träger des Lehrplans" und sein „regulierender Faktor", er vertritt das für die Nation einheitliche Bildungsideal. Dieser ersten Schicht des Lehrplans fällt also die Aufgabe zu, die Ansprüche der objektiven Mächte auf gemeinsame Grundüberzeugungen (d. h. politischen Konsens, Konsens über die Anforderungen von Gegenwart und Zukunft) zu konzentrieren. Eine zweite Lehrplanschicht entscheidet dann über die auszuwählenden überzeitlichen geistigen Grundrichtungen (d. h. das religiöse Verhalten, das geschichtliche Verständnis, die wissenschaftliche Einstellung, die ästhetische Betrachtung) und die Kunde (über das geistig-geschichtliche Leben). Hierfür wird im Unterricht die notwendige Auswahl getroffen und legitimiert. Schließlich soll der Lehrplan in einer dritten Schicht Kenntnisse und Fertigkeiten angeben, mit denen die Schule auf die außerschulischen Aufgaben vorbereitet.

Die Doppelrolle des Staates ist das Problem in Wenigers Lehrplantheorie. Das Lehrplangebahren des nationalsozialistischen Staates zwischen 1933 und 1945 hat das unmissverständlich dekouvriert.

Nach 1945 knüpft die Lehrplandiskussion zunächst an die Positionen der ersten drei Jahrzehnte des 20. Jahrhunderts an. Weiterführende Impulse gingen in den 50er Jahren von W. Klafki und seiner Theorie der kategorialen Bildung aus (1963). Die gesellschaftlichen Umbrüche der 60er Jahre führten zur Konzeption einer ganz anderen Lehrplantheorie, der Curriculumtheorie. Sie ersetzt den Bildungsbegriff durch den Begriff Lernen und spricht von Curriculum statt Lehrplan – Änderungen, die programmatisch und nicht bloß terminologisch gemeint waren. Eine massive Kritik an den bestehenden Lehrplänen, sie seien stofflich überladen, traditionsorientiert und nicht auf dem Stand der Wissenschaften, fand in dem aus den USA rezipierten, dem Behaviorismus und der Unterrichtstechnologie verpflichteten Modell einer permanenten Revision lehrzielorientierter Curricula ihre neue theoretische Basis. Der damals führende Lehrplantheoretiker S. B. Robinsohn (1967) propagierte eine grundsätzliche Revision aller Inhalte, Schulfächer und Schulformen und forderte eine grundlegende Analyse der Lebenssituationen, für deren Bewältigung die Schule die nachwachsende Generation der Gesellschaft zu qualifizieren habe. Sind diese zukünftigen Lebenssituationen von Experten, Fachwissenschaftlern, Abnehmerinstitutionen, Vertretern der Human- und Sozialwissenschaften ermittelt, so können daraus kognitive, affektive und psychomotorische Qualifikationen oder Dispositionen (d. h. eine Art Gesamtverfassung des Menschen) erschlossen werden, die für die intendierte spätere Bewährung in den Lebenssituationen erforderlich sind. Dann erst könne überlegt werden, an welchen konkreten Lehrinhalten und in welchen Lernsituationen die erforderlichen Qualifikationen erworben werden können, d. h. es werden daraus Curriculumelemente abgeleitet.

Im Unterschied zum herkömmlichen Lehrplan ist das Curriculum die wissen-
schaftlich begründete Darstellung eines Qualifikationserwerbs für einen be-
stimmten Zeitraum unter präziser Angabe von Fächern, Lernbedingungen, Lehr-
Lern-Zielen, dazu förderlichen Inhalten, dafür geeigneten Vermittlungsformen
und Medien sowie genauen, darauf abgestellten Lernerfolgskontrollen zum
Zwecke der präziseren Planung, Gestaltung und Kontrolle des Unterrichts.

Während bei der bisherigen Lehrplanerstellung die Entscheidungsträger und die
Entscheidungsverfahren nicht transparent waren, sollten bei der Erarbeitung von
Curricula rationale und demokratische Verfahren praktiziert werden. Auf breiter
Basis wurde deshalb der Dialog zwischen Politik und Wissenschaft begonnen, um
einen für alle nachvollziehbaren Konsens über die Ziele des Schullernens zu
erreichen. Gutachten, wissenschaftliche Begleitung von Schulversuchen und die
Mitarbeit der Betroffenen bei der Umarbeitung der Lehrpläne zu Curricula waren
die Folge. Nicht mehr der Staat allein sollte Lehrplanentscheidungen treffen; vielmehr sollte darüber ein Konsens durch Wissenschaft einerseits und die Betroffenen
andererseits (Vergesellschaftung) erarbeitet werden.

Das Prinzip „Wissenschaft" als Legitimationsinstanz erstreckte sich auf die
Bereiche

- Wissenschaftlichkeit der Ziele, Inhalte und Konstruktionsprinzipien (z. B.
  Deduktion) der Curricula
- Wissenschaftlichkeit der Entwicklungsverfahren von Curricula (vgl. Curriculumforschung zu Lebenssituationen, Qualifikationen, Curriculumele-
  menten)

Das Prinzip „Vergesellschaftung" als Legitimationsinstanz wird aus der Demokratie als Staats- und gesellschaftliche Lebens-Form abgeleitet. Die Betroffen
und die „Öffentlichkeit" (in Form von politischen und kulturellen Verbänden
usw.) sollen an den Lehrplanentscheidungen unmittelbar mitbeteiligt werden:

- durch gewählte Repräsentanten der Interessengruppen (Lehrer, Schüler, Eltern,
  Abnehmer, Verbände usw.)
- durch Experten, die vom Ministerium nach vordefinierten Kriterien bestimmt
  und immer wieder ausgewechselt werden
- durch basisdemokratische Beteiligung der direkt Betroffenen vor Ort in den
  Schulen.

Dieses langfristig angelegte Modell der Curriculumforschung und Curriculumentwicklung erwies sich als praktisch undurchführbar. So kam es zu mittelfristig
konzipierten und pragmatischen Lösungen. Die meisten Bundesländer erstellten
„curriculare Lehrpläne" mit präzisierten, eng aufeinander bezogenen Kategorien
(Lernziele, Lerninhalte, empfohlene Unterrichtsverfahren und erforderliche
Lernzielkontrollen).

Anregungen zu einer erneuten, eher unbemerkt verlaufenden Revision der Curri-
cula/Lehrpläne gehen Ende der 70er Jahre/Anfang der 80er Jahre aus der Kritik an
der Curriculumreform hervor, da diese die erwarteten Verbesserungen nicht gebracht hatte. Außerdem wurde angesichts gravierender gesellschaftlicher Verän-

derungen (vgl. Geburtenrückgang, Scheidungswaisen, anwachsende Zahl von verhaltensauffälligen und schulschwierigen Kindern, Erziehungsdefizit der Familien) angemahnt, die Curricula hätten die Erziehungsaufgabe der Schule zugunsten von Wissenschaftlichkeit beim schulischen Lernen vernachlässigt (vgl. die Thesen des Bonner Forums „Mut zur Erziehung" vom 9./10. 1. 1978). Es kam zu einer Umorientierung und zur Reorganisation von „Lehrplänen".

Die jüngsten Überlegungen zur Erstellung von Lehrplänen berücksichtigen die Anliegen der aktuellen Schulreform (Schulautonomie, Schulprogramm, Schulprofil und Schulentwicklung – s. T. 3, Kap. 2) und reduzieren den Anteil obligatorisch zu lernender Inhalte zugunsten mehr regionaler Ziel-Inhalts-Entscheidungen; sie favorisieren ein *Rahmenplan-* oder *Richtlinien-Konzept*, das auch als *Kerncurriculum* bezeichnet wird. Solche Kerncurricula sind fach- und stufenbezogen, formulieren die zu erreichenden Bildungsstandards mit Hilfe konkreter, überprüfbarer Kompetenzvorgaben und orientieren über die zu erreichenden Bestände an „intelligentem (d. h. jederzeit verfüg- und anwendbarem) Wissen" (F. E. Weinert), an Einstellungen und an Handlungsmotiven. Kerncurricula normieren und standardisieren die Outputs der Schularbeit, überlassen deren schrittweise Erreichung aber der Teamarbeit der Lehrerinnen/Lehrer vor Ort in der Einzelschule.

Zusammenfassend ergibt sich:

● Träger der Lehrplanentwicklung in Deutschland ist der Staat. Er legalisiert und legitimiert die Einflussnahme, die durch die Auswahl von Unterrichtsinhalten, Unterrichtszielen, Unterrichtsmethoden und Unterrichtsmedien auf die Persönlichkeitsentwicklung von Kindern und Jugendlichen im Schulwesen geschieht. Bei der Erstellung der Lehrpläne (oder Richtlinien) kommt heute in der Regel eine bildungspolitisch-bürokratische Strategie zum Tragen, bei der Veranlassung und letzte Entscheidung über den Lehrplan bei der Bildungspolitik (Kultusministerium, Landesregierung) liegen, die dazu Beratungs- und Planungsgremien mit Experten aus den Fachwissenschaften und den Erziehungswissenschaften, mit Repräsentanten der Praxis und mit Verwaltungsbeamten einsetzt.

● Strukturmerkmale (Fundamentaldeterminanten) eines jeden Lehrplans sind (vgl. Dolch, 1959):
  – die *Determinante Kind/Jugendlicher:*
    Jeder Lehrplan hat sich an den altersspezifischen Lern- und Lebensbedingungen der jeweiligen Schülerinnen und Schüler zu orientieren.
  – die *Determinante Gesellschaft:*
    Jeder Lehrplan entsteht in einer spezifischen historisch-gesellschaftlichen Situation mit je eigenen gesellschaftlichen Vorstellungen über die Aufgabe der Schule, über Bildung, Erziehung und Unterricht.
  – die *Determinante Lehrgut (bzw. Kultur):*
    Das im Lehrplan vorgegebene Schulwissen muss dem Stand der Wissenschaften entsprechen, steht in einem kulturellen Tradierungszusammenhang und repräsentiert die kulturellen Teilsysteme Arbeit, Herrschaft, Sprache und Weltanschauung.

Funktionen des Lehrplans

Lehrpläne sind bildungspolitische Setzungen für die Schul- und Unterrichtspraxis. Als solche haben sie gesellschaftliche und pädagogisch-didaktische Funktionen, die sich wie folgt konkretisieren lassen:

1. *gesellschaftliche Funktionen des Lehrplans*
   - Vereinheitlichung der schulischen Qualifikationsanforderungen zur Vorbereitung auf das Berufs-, Freizeit- und Alltagsleben
   - Enkulturation der Schülerinnen/Schüler durch Einführung in die Traditionskultur
   - Sozialisation der Schülerinnen/Schüler durch funktionale Beeinflussung über verbindliche Lernziele und Lerninhalte sowie über das Niveau der Lernanforderungen
   - Selektion der Schülerinnen/Schüler durch die Auswahl der Unterrichtsfächer und die Unterscheidung der Schulformen
   - Legitimation des staatlichen Einflusses auf die Persönlichkeitsentwicklung von Kindern und Jugendlichen
   - Steuerung der schulischen und unterrichtlichen Arbeit der Lehrerinnen und Lehrer
   - Innovation des Schulunterrichts auf Grund von Veränderungen in der Wissenschaft und in der Gesellschaft

2. *pädagogisch-didaktische Funktionen des Lehrplans*
   - Kodifizierung des Verständnisses von Bildung, Lernen und Unterricht in einer bestimmten Zeitepoche
   - Festlegung des Schulwissens zu einem bestimmten Zeitpunkt als Auswahl aus dem Gesamt alles Wiss- und Lernbaren der Zeit, konzentriert auf Lernjahre/Lernzeiträume
   - Systematisierung des Aufbaus der Schülerpersönlichkeit hinsichtlich deren Sach-, Selbst-, Sozial- und Methodenkompetenz sowie Sicherung von Fortschritten auf dem Lernweg der Schüler
   - Entlastung für die Lehrerinnen/Lehrer bei der Planung und Durchführung ihres Unterrichtsauftrags
   - Transparenz und Kontrollierbarkeit des Unterrichts für Lehrer, Schüler, Eltern und Schulaufsicht
   - Reduktion und Aufbereitung neuerer fachwissenschaftlicher, fachdidaktischer, allgemeindidaktischer und pädagogischer Erkenntnisse für die Schul- und Unterrichtspraxis.

Allerdings werden diese Funktionen der politischen Legitimation und der innerschulischen Orientierung dadurch beeinträchtigt, dass – Untersuchungen zufolge – nur etwa $1/3$ der Lehrkräfte tatsächlich genaue Kenntnisse der zu verwendenden Lehrpläne hat, dass die Lehrplantreue der Lehrer fachspezifisch unterschiedlich ist (in musischen Fächern am geringsten) und dass sie davon abhängt, wie stark die Unterrichtsführung durch das Schulbuch beeinflusst wird (bei Mathematik und bei den Fremdsprachen am intensivsten) (Kunert 1983; Sandfuchs 1987; Tillmann 1999; Vollstädt 1999).

1.4 Das Schulbuch als indirektes Steuerungsmittel

Im Unterrichtsalltag finden Schulbücher mehr Beachtung als Lehrpläne. „Offizielle Lehrplanintentionen erfahren in Schulbüchern und anderen von Verlagen entwickelten Unterrichtsmaterialien eine weitreichende Interpretation und Präzisierung ... (und) besitzen ... nachhaltigen Einfluss auf die individuellen Lehrpläne" (Vollstädt 1999, S. 16). Über Schulbücher, deren Lehrplankonformität von der Kultusbehörde überprüft und die dann für den Unterricht zugelassen werden, wirkt der Staat also auf indirektem Wege in die Schule herein. Besonders stark ist in dieser Hinsicht die Wirkung der Mathematik-, Fremdsprachen- und Geschichtsbücher, geringer die der Bücher für Deutsch, Chemie oder Musik und Kunst.

Die Schulbuchtheorie

Unter einem Schulbuch versteht man im engeren Sinne ein überwiegend für den Unterricht verfasstes Lehr-, Lern- und Arbeitsmittel in Buch- oder Broschüreform und Loseblattsammlungen, sofern sie einen systematischen Aufbau des Jahresstoffs enthalten; in einem weiteren Sinne zählen zum Schulbuch auch Werke mit bloß zusammengestelltem Inhalt wie Lesebücher, Liederbücher, Atlanten und Formelsammlungen (Laubig/Peters/Weinbrenner, 1986, S. 7).

Als Textart steht das Schulbuch zwischen dem Sachbuch und dem wissenschaftlichen Fachbuch. Nach seiner Konzeption ist es als didaktisches Medium in Buchform zur Planung, Initiierung, Unterstützung und Evaluation schulischer Informations- und Kommunikationsprozesse (Lernprozesse) zu betrachten.

Ein Schulbuch ist keineswegs nur das Ergebnis didaktischer oder speziell methodisch-medialer Überlegungen zum Schulunterricht, es erklärt sich immer auch aus politischen und pädagogischen Setzungen. Das zeigt sich an den Auswahlgesichtspunkten bei den präsentierten Lerninhalten, an den Schwerpunktsetzungen und den im Schulbuchvergleich erkennbar werdenden Akzentuierungen und Abgrenzungen. Infolgedessen muss das Schulbuch theoretisch als Politicum, Informaticum und Paedagogicum betrachtet werden (Stein, 1977), eingebettet in einen politischen, pädagogisch-didaktischen und auch ökonomischen Kontext.

Die moderne Schulbuchtheorie beginnt mit J. A. Comenius († 1670) („Panbiblia"), der für die Gestaltung seiner Schulbücher eine eigene didaktische Konzeption zugrunde gelegt hat. Die heutige Schulbuchtheorie sieht das Schulbuch erstens als Produkt und Faktor gesellschaftlicher Prozesse, zweitens als Arbeitsmittel, Lernhilfe und Gegenstand des schulischen Lernprozesses und drittens als Element in einer multimedialen Lernumgebung. Daraus folgt: „Eine Theorie des Schulbuchs muss versuchen, die politisch-sozialen und die pädagogisch-didaktischen Bestimmungsfaktoren der Entwicklung, Verwendung und Wirkung von Schulbüchern zu erfassen und diese Faktoren in ihrer wechselseitigen Abhängigkeit zu sehen" (Laubig/Peters/Weinbrenner 1986, S. 33).

Bevor ein für den Unterricht verfasstes Buch als Schulbuch gelten kann, muss es ein staatliches Zulassungsverfahren durchlaufen. Die Berechtigung zu einem solchen Prüfverfahren leitet sich aus Art. 7, Abs. 1 des Grundgesetzes ab (s. T. 2, Kap. 1.1), der die Aufsicht des Staates über das Schulwesen festlegt. Außer Art. 7, 1 GG ist in diesem Zusammenhang noch Art. 5, Abs. 1 in Verbindung mit Abs. 3 von Belang, in denen das Recht der freien Meinungsäußerung und die Freiheit von Kunst und Wissenschaft, Forschung und Lehre garantiert, allerdings an die „Treue zur Verfassung" gebunden wird. Die Kultusministerien üben diese Aufsicht über die in der Schule zur Verwendung kommenden Unterrichtsmittel (Medien) aus, delegieren das Prüfverfahren in der Regel an Kommissionen und bestellen dazu Prüfer, die nach vorgegebenen Kriterien ihr Urteil erarbeiten.

Die einzelnen Bundesländer handhaben die Zulassung recht unterschiedlich vom Ersetzen der Prüfung durch die Erstellung von Empfehlungslisten (z. B. Hamburg) über einen mittelgroßen Kriterienkatalog (z. B. Bayern, Baden-Württemberg) bis hin zu engen detaillierten Bestimmungen (z. B. Rheinland-Pfalz). Gegenstand der Prüfung sind in der Regel:

- die Verfassungs- und Gesetzeskonformität
- die Lehrplankonformität
- die Altersgemäßheit
- die Entsprechung mit dem Stand der fachwissenschaftlichen und didaktischen Forschung

Die meisten Bundesländer begutachten darüber hinaus:

- Preis, Haltbarkeit und Zweckentsprechung (Umfang)
- Gleichachtung und Gleichberücksichtigung der Geschlechter, Bevölkerungsgruppen und Ethnien
- Druckbild, Grafik, Bildauswahl

Religionsbücher müssen außer dem staatlichen auch ein Zulassungsverfahren bei der kirchlichen Gemeinschaft durchlaufen. Im Unterricht dürfen nur die Schulbücher verwendet werden, die zuvor genehmigt wurden und in einer kultusministeriell genehmigten Liste aufgeführt sind. Aus den zugelassenen Schulbüchern können – im Rahmen der Deregulierung und der Schulautonomie – regional oder auch lokal an den Schulen durch Fachgremien bestimmte Lehrwerke für den ganzen Distrikt oder die Einzelschule ausgewählt werden. An eingeführten Schulbüchern festhalten geschieht vor allem auch wegen der Kosten, die die derzeitige Schulbuchfreiheit in Deutschland mit sich bringt.

Funktionen des Schulbuchs

Das Schulbuch ist ein indirektes Mittel der staatlichen Beeinflussung des Schulwesens. Durch das Zulassungsverfahren ist seine politische Funktion unverkennbar; darüber hinaus hat das Schulbuch aber auch noch pädagogisch-didaktische Funktionen. Im Einzelnen ergeben sich:

1. *die gesellschaftlichen Funktionen des Schulbuchs*
   - die Norminierung der Lerninhalte im Sinne der staatlichen Verfassung
   - die Wahrung der Konformität des schulischen Lernens mit den obersten Bildungs- und Erziehungszielen

- die Sicherung eines lehrplanbezogenen Basiswissens und Basiskönnens im jeweiligen Bundesland
- die Gewährleistung von Chancengleichheit im Bildungswesen
- die Unterstützung bildungspolitischer Ziele im jeweiligen Bundesland
- die Abgrenzung dessen, was zur Kultur in der Gesellschaft zählt.

2. *die pädagogisch-didaktischen Funktionen des Schulbuchs*
- die Bildung der jungen Gesellschaftsmitglieder durch exemplarische Lerninhalte
- die Repräsentation, Strukturierung und Steuerung von Schulwissen in Form eines systematischen Überblicks
- die Unterstützung und Entlastung schulischer Lernprozesse
- die Nutzung als Mittler und Mittel, als Lernhilfe, Arbeitsmittel, Werkzeug und Gegenstand des Lernens.

Auch beim Schulbuch muss angemerkt werden, dass die Funktionen nur in dem Maße wirksam werden, wie das Schulbuch im Unterricht verwendet wird. Forschungen belegen hier ein ähnliches Nutzungsverhalten bei Lehrern/Lehrerinnen wie beim Lehrplan.

2. Organisationsformen von Schule

Die Schule in Deutschland ist recht unterschiedlich organisiert:

- als *gegliedertes (differenziertes) System* mit einer leistungsbezogenen Selektion nach der Grundschule (Klasse 1–4, mancherorts 1–6) in die Hauptschule (5–6 Jahre), die Realschule (6 Jahre) und das Gymnasium (9 bzw. 8 Jahre), wobei Hauptschule und Realschule auch zu einer Schule zusammengefasst sein können, oder als Gesamtschul-System, bei dem Hauptschule, Realschule und Gymnasium entweder zu einer Schule zusammengefasst sind *(Additive oder Kooperative Gesamtschule)* oder bei dem auf diese Unterscheidung zugunsten von Kern-, Leistungs- und Wahlpflichtkursen verbunden mit zusätzlichen Stütz- und Förderkursen sowie manchmal mit Hilfe flexibler Differenzierung verzichtet wird *(Integrierte Gesamtschule)*
- als *Halbtagsschule* (mit und ohne Mittags- und Nachmittagsbetreuung) oder als *Ganztagsschule in offener oder gebundener Form*
- mit *Jahrgangsklassen* oder jahrgangsübergreifenden *Kursen oder Klassen (Kombi-Klassen)*
- als Schule in der *Trägerschaft des Staates* oder als freie, private oder alternative Schule in *nichtstaatlicher Trägerschaft*
- als *koedukative* oder *nicht-koedukative Schule*

Diese Uneinheitlichkeit hat einerseits historische, andererseits bildungspolitische Gründe: historische, da sich die drei Schulformen Gymnasium, Realschule und Volksschule nacheinander und auf Grund jeweils spezifischer gesellschaftlicher Bedürfnislagen entwickelt haben, bildungspolitische, insofern die Kulturhoheit den Bundesländern die Möglichkeit zur Schulgestaltung nach den eigenen Bildungs- und Gesellschaftsvorstellungen einräumt. Dahinter werden jeweils unterschiedliche Vorstellungen darüber erkennbar, was die Schule in der Gesellschaft vorrangig leisten soll und welche Organisationsform dafür am besten geeignet erscheint.

2.1 Die Schulorganisation in Deutschland

Die besonderen Merkmale der Schule in Deutschland sind:

- *Staatsschulwesen* (mit geringem Anteil an Schulen in nichtstaatlicher Trägerschaft)
- *Föderalismus* (Zuständigkeit der Bundesländer für Fragen der Schulorganisation)
- *Differenzierung* nach Lernleistung (in fünf Schulformen [Sonderschule, Grundschule, Hauptschule, Realschule, Gymnasium] oder innerhalb von Gesamtschulen durch Kurse)
- *Chancengleichheit* (im Sinne von „Ausgleich der Bildungsbenachteiligungen" durch Förderunterricht, Schulgeldfreiheit, Schulbuchfreiheit, kostenfreie Schülerbeförderung)
- *Durchlässigkeit* innerhalb des Systems (so dass jeder Schulabschluss von jeder Schulform aus erreichbar ist, einmal eingeschlagene Bildungswege also korrigierbar sind)
- *Trennung* von Allgemeinbildenden Schulen und Berufsbildenden Schulen
- *Vielfalt in der Einheit eines gestuften Bildungswegs* (vgl. Elementarbereich, Primarstufe, Sekundarstufe I, Sekundarstufe II, Tertiärer Bereich).

Die föderale Struktur der Bundesrepublik Deutschland bringt es mit sich, dass die Schulen in den einzelnen 16 Bundesländern teilweise unterschiedlich organisiert sind. Gemeinsam ist ihnen aber – nach der 3-jährigen Kindergarten-/Vorschulzeit (Elementarstufe), die nicht direkt zum Schulsystem zählt – die Einteilung in:

Primarstufe

In die Primarstufe, allgemein *„Grundschule"* genannt, werden die Jungen und Mädchen im Alter von ca. 6 Jahren eingeschult. In der Grundschule bleiben sie in der Regel 4 Jahre (Ausnahme: Berlin, Brandenburg, 6 Jahre). Ihre Unterrichtsfächer sind dort: Deutsch, Mathematik, Sachunterricht (d. h. Anfangsunterricht in Biologie/Geographie/Physik/Sozial- und Umweltkunde/Geschichte), Musik, Kunst und Religion. Nach 4 Jahren kennen die Kinder in Mathematik alle Grundrechenarten und die Anfänge der Geometrie sowie die Einteilung der Maße und Gewichte. In Deutsch verfügen sie über einen Grundwortschatz von ca. 2000 Wörtern in der Orthographie, sie können Bildergeschichten und Erlebnisaufsätze schreiben. Eine Fremdsprache wird seit kurzem hier auch spielerisch erlernt.
Die Grundschulen sind in der Regel Halbtagsschulen, der Unterricht verteilt sich auf alle Wochentage (meist außer Samstag) und umfasst in der 1. Klasse ca. 18

Wochenstunden, in den 2.–4. Klassen bis zu 28 Wochenstunden. Die Einzel-stunde dauert 45 Minuten. In jeder Klasse werden etwa 25 bis 30 Schülerin-nen/Schüler gleichzeitig unterrichtet; allerdings gibt es in Deutsch und Mathe-matik Förderkurse für lernschwache Kinder. Lernbehinderte Kinder gehen selten in die reguläre Grundschule; sie besuchen meist Sonderschulen/Förderschulen.

Bei erfolgreichem Lernen gehen die Kinder nach jedem Schuljahr in die nächsthöhere Klasse. Sie erhalten ein Halbjahreszeugnis, das Auskunft über den Lernstand gibt, und am Schuljahresende ein Versetzungszeugnis, in dem für jedes Unterrichtsfach eine Ziffernnote zwischen 1 (= sehr gut) und 6 (= ungenügend) steht, die aus den schriftlichen und mündlichen Leistungsüberprüfungen ermit-telt wird. Lediglich die Kinder der 1. und 2. Klasse bekommen keine Ziffern-noten, sondern Wortgutachten. Die Lernleistungen in der 4. Grundschulklasse und die Intentionen der Eltern entscheiden dann darüber, in welcher Schulform das Kind seinen Schulweg fortsetzen wird bzw. kann.

Zum Bildungs- und Erziehungsauftrag der Grundschule heißt es in neueren Lehr-plänen (als Beispiel: *Lehrplan für die Grundschulen in Bayern* vom 9. 8. 2000):

> „Die Grundschule hat den Auftrag, alle Schüler in ihrer Persönlichkeitsentwicklung zu unterstützen. Es geht dabei vor allem darum, Wissenserwerb zu ermöglichen, Ver-stehen anzubahnen, Interessen zu entwickeln, soziale Verhaltensweisen sowie musi-sche und praktische Fähigkeiten zu fördern und Werthaltungen aufzubauen" (a. a. O., S. 7).

Zur *grundlegenden Bildung*, die die Kinder an der Grundschule erwerben sollen, zählen Lesen, Schreiben und Rechnen als elementare Kulturtechniken, Sprachent-wicklung und Kommunikationsfähigkeit, Wahrnehmungsfähigkeit und ästhe-tisches Empfinden, das Lernen des Lernens, der Umgang mit dem Computer und mit den Medien, die Wertschätzung von Natur und Umwelt sowie die Begegnung mit einer Fremdsprache. Die Jungen und Mädchen sollen einen Zugang zu Natur, Kultur, Zivilisation, Technik und gesellschaftlicher Wirklichkeit eröffnet bekom-men und gleichzeitig Wertorientierung und Sinnerschließung erfahren. Diese Grundbildung wird durch eine Verbindung von Unterricht und Erziehung ge-leistet.

Sekundarstufe I

Die Sekundarstufe I ist dreigliedrig oder zweigliedrig organisiert, teilt sich also ent-weder in die drei weiterführenden Schulen Hauptschule, Realschule und Gymna-sium oder in die zwei weiterführenden Schulen Regelschule/Mittelschule/Real-schule/Sekundarschule und Gymnasium. Die Gesamtschule sowohl in kooperati-ver wie auch in integrierter Form gibt es in den meisten Bundesländern als weitere Wahlmöglichkeit; im Vergleich zu den gegliederten Schulen (Hauptschule, Real-schule [oder ähnlich genannt], Gymnasium) ist ihre Zahl geringer.

In der Sekundarstufe I gibt es bei den Bundesländern nicht nur den Unterschied zwischen zweigliedrig und dreigliedrig, sondern auch noch Besonderheiten am Be-ginn und am Ende dieser Schulstufe. Normalerweise dauert die Hauptschule

5 Schuljahre, die Realschule 6 Schuljahre und das Gymnasium in seiner Unter- und Mittelstufe (= Sekundarstufe I) ebenfalls 6 Jahre. Das bedeutet: Die Schülerinnen und Schüler der Hauptschule sind etwa 15 Jahre alt, wenn sie die Schule verlassen, die Realschüler 16 Jahre und die Gymnasiasten auch 16 Jahre, bevor sie in die gymnasiale Oberstufe (= Sekundarstufe II) weitergehen. Realschüler und Gymnasiasten erwerben am Ende der Sekundarstufe I den so genannten „Mittleren Bildungsabschluss". Er berechtigt sowohl zum Übertritt in die Sekundarstufe II (z. B. in die Oberstufe des Gymnasiums) als auch zum Eintritt in eine berufliche Ausbildung anspruchsvoller Art (z. B. mittlere Verwaltungs-, Handwerks- und Dienstleistungsberufe). Will ein Hauptschüler auch den „Mittleren Bildungsabschluss" („Mittlere Reife") erwerben, so kann er mit einem guten Abschlusszeugnis der Hauptschule ein zusätzliches Jahr zur Schule gehen („freiwilliges 10. Schuljahr") oder dies mit einer gut abgeschlossenen Lehre in einem Ausbildungsberuf. In einigen Bundesländern endet die Hauptschule auch grundsätzlich erst mit der 10. Klasse (z. B. Nordrhein-Westfalen). Hauptschulabsolventen streben meist handwerkliche, kaufmännische und sozialpflegerische Berufstätigkeiten an.

In der Sekundarstufe I werden durchgängig die Fächer Deutsch, Mathematik, Englisch (Ausnahme: einige Hauptschulklassen), die Naturwissenschaften (Biologie, Geographie, Physik/Chemie, Informationstechnik), die Sozialwissenschaften (Geschichte, Sozialkunde, Erziehungslehre, Wirtschaft), Kunst, Musik, Sport und Religion unterrichtet. Im Gymnasium wird – je nach Schwerpunkt der Schule – mindestens eine Fremdsprache (Englisch), manchmal werden zwei Fremdsprachen (und mehr) zusätzlich erlernt (Latein, Französisch, Spanisch in der Regel). In der Realschule gibt es meist in den letzten drei Schuljahren Schwerpunktfächer (z. B. Mathematik/Naturwissenschaft/Technik oder Wirtschaft oder Kunst/Musik/Hauswirtschaft/Soziales), wodurch die Schülerinnen und Schüler gezielt auf Berufe oder Fachschulen aus diesen Bereichen vorbereitet werden. Im Gymnasium erfolgt eine solche Berufsorientierung nicht. In der Hauptschule übernimmt ein eigenes Schulfach, die so genannte „Arbeitslehre", die Orientierung über die Berufsmöglichkeiten, zusätzlich sind für jeden Schüler Berufspraktika in den beiden letzten Hauptschuljahren verpflichtend. Der Unterricht im Sekundar-I-Bereich wird von Fachlehrern meist in 45-Minuten-Stunden erteilt, selten in Doppelstunden und seltener als Epochen- oder Projektunterricht. Nur in der Hauptschule unterrichtet der Klassenlehrer einen größeren Teil der Fächer. Es gibt Bundesländer, in denen die Realschule erst ab der 7. Klasse (Berlin, Brandenburg) beginnt; einige Bundesländer schließen die Realschule organisatorisch mit der Hauptschule zusammen (z. B. Hamburg, Bremen) oder unterscheiden gar nicht mehr zwischen beiden (vgl. zweigliedrige Sekundarstufe), sondern nennen die Schulform Regelschule oder Sekundarschule, Mittelschule oder insgesamt nur Realschule (Thüringen, Sachsen-Anhalt, Sachsen, Brandenburg, Saarland). Das Gymnasium beginnt in einigen Bundesländern erst nach der 7. Klasse (z. B. Niedersachsen, Bremen, Brandenburg), weil die Klassen 5 und 6 entweder eine eigene Schulform bilden, die so genannte „Orientierungsstufe", die Schüler und Eltern besser orientieren soll, für welche weiterführende Schulart das Kind geeignet ist, oder weil die Grundschule 6 Jahre dauert.

In der Sekundarstufe I haben die Jungen und Mädchen meist zwischen 28 und 32 Stunden pro Woche Unterricht, verteilt auf die Vormittage mit vereinzeltem Nachmittagsunterricht. In der Regel besteht Koedukation. Wie in der Grundschule gibt es Zeugnisse, die über die Versetzung in die nächsthöhere Klasse entscheiden. Hat ein Schüler in zwei Hauptfächern mangelhafte Leistungen und kann er sie nicht durch herausragende Leistungen in mindestens einem anderen Hauptfach ausgleichen, so „bleibt er sitzen" und muss die Klasse wiederholen. In einigen Fällen kann nach den Sommerferien vor Beginn des nächsten Schuljahrs eine Nachprüfung absolviert werden, um die Versetzung in die nächste Klasse doch noch zu schaffen.

Die Schülerverteilung auf die drei Schultypen des Sekundar-I-Bereichs ist regional sehr unterschiedlich. Sie schwankt zwischen 15 und 30 % des Schülerjahrgangs bei der Hauptschule, liegt bei ca. 35 % für die Realschule und bewegt sich zwischen 35 und 45 % beim Gymnasium. In einzelnen Gebieten (meist Städten) gehen über 60 % der Schüler ins Gymnasium und sinkt der Anteil der Hauptschüler auf 10–15 %. Der Drang vieler Eltern, ihre Kinder auf das Gymnasium zu schicken, hat die Position des Gymnasiums im deutschen Bildungssystem verändert. 50 % der Eltern von Gymnasialschülern haben selbst kein Abitur – allerdings beträgt der Anteil der Arbeiterkinder im Gymnasium nur etwa 15 %.

Der Bildungs- und Erziehungsauftrag der Schulen des Sekundar-I-Bereichs ist durchaus unterschiedlich akzentuiert. Das soll am Beispiel von Haupt- und Realschule demonstriert werden:

Zur *Hauptschule* heißt es in einem der neueren Lehrpläne (Beispiel: *BayEUG Art. 7*):

> (6) Die Hauptschule vermittelt eine grundlegende Allgemeinbildung, bietet Hilfen zur Berufsfindung und schafft Voraussetzungen für eine qualifizierte berufliche Bildung, sie eröffnet in Verbindung mit dem beruflichen Schulwesen Bildungswege, die zu einer abgeschlossenen Berufsausbildung und zu weiteren beruflichen Qualifikationen führen können, sie schafft die schulischen Voraussetzungen für den Übertritt in weitere schulische Bildungsgänge bis zur Hochschulreife. Die Hauptschule spricht Schülerinnen und Schüler an, die den Schwerpunkt ihrer Anlagen, Interessen und Leistungen im anschaulich-konkreten Denken und im praktischen Umgang mit den Dingen haben. Das breite Feld von unterschiedlichen Anlagen, Interessen und Neigungen wird durch ein differenziertes Auswahlangebot neben den für alle Schülerinnen und Schüler verbindlichen Fächern berücksichtigt.

Die Hauptschule sieht ihre Aufgabe nicht allein in der Vermittlung von Lernstoff, sondern nutzt auch alle Anlässe, die sich im Unterricht und im Schulleben ergeben, zur Erziehung der Jungen und Mädchen. So geht es auch hier neben dem Heranführen der Schüler an aktuelle und traditionelle Bildungsgüter um Wertorientierung, um Hilfe bei der Lebensgestaltung und vor allem auch um die Vorbereitung auf das Arbeits- und Wirtschaftsleben.

Andere Akzente setzt die *Realschule*, von der es in neueren Lehrplänen (hier am Beispiel des *Lehrplans für die sechsstufige Realschule in Bayern* von 2001) heißt:

> „Die Realschule vermittelt eine breite allgemeine und berufsvorbereitende Bildung. Die Realschule ist gekennzeichnet durch ein in sich geschlossenes Bildungsangebot, das auch berufsorientierte Fächer einschließt. Sie legt damit den Grund für eine Berufsausbildung und eine spätere qualifizierte Tätigkeit in einem weiten Bereich von Berufen mit vielfältigen theoretischen und praktischen Anforderungen. Sie schafft die schulischen Voraussetzungen für den Übertritt in weitere Bildungswege bis zur Hochschulreife.
>
> (...)   (BayEUG Art. 8 Abs. 1)

Auch in der Realschule werden Fachinhalte mit personal-sozialer Erziehung verbunden. Ihr liegt an der individuellen Entfaltung der Schüler ebenso wie an deren Hinführung zur Übernahme von Verantwortung, an der Vermittlung von Erkenntnissen und Erfahrungen aus der kulturellen Tradition und an der Befähigung der Schüler zu ethischem Urteilen und Handeln, an Einblicken der Schüler in die Wirtschafts- und Arbeitswelt ebenso wie an deren Befähigung zum verantwortlichen Engagement in der demokratischen Gesellschaft, schließlich auch am selbstständigen, fach- und sachgerechten Arbeiten in der Schule und außerhalb der Schule.

Sekundarstufe II

Die Sekundarstufe II umfasst die gymnasiale Oberstufe (auch Kollegstufe genannt) und Aufbauschulen des Berufsschulsystems und verleiht nach erfolgreich bestandener Prüfung („Abitur") die Berechtigung zum Hochschulstudium. Um in die gymnasiale Oberstufe zu kommen, braucht der Gymnasial-Schüler nicht die Schule zu wechseln. Das Gymnasium beginnt – wie dargestellt – im Sekundar-I-Bereich und versetzt nach der 10. Klasse direkt in die 11. Klasse, die als Sekundarstufe II zählt. Wie schon in den Klassen 5 bis 10, so ist auch in der Oberstufe der Unterricht wesentlich an theoretischer und abstrakter Reflexion interessiert. Berufsorientierung und Praxisanwendung des Lernstoffs fehlen im Gymnasium meist. Nach einer Vorbereitungszeit in der 11. Klasse entscheiden sich die Schülerinnen und Schüler für die Klassen 12 und 13, welche Leistungskurse (d.h. vertieft gelernte Fächer) und welche Grundkurse (d.h. allgemeine Kenntnisse vermittelnde Fächer) sie zum Schwerpunkt ihrer weiteren Schullaufbahn machen wollen. Dabei handelt es sich um ein kompliziertes Wahlverfahren mit obligatorisch zu wählenden Aufgabenfeldern (Mathematisch-naturwissenschaftliches Aufgabenfeld, Sprachlich-ästhetisches Aufgabenfeld, Gesellschaftswissenschaftliches Aufgabenfeld), teilweise vorgegebenen Pflichtbindungen und frei wählbaren Fächerkombinationen sowie Sport und Religion. Sinn dieses Verfahrens, bei dem die Schülerinnen und Schüler sich mit Hilfe der gewählten Kurse für die Klassen 12 und 13 ihr eigenes Curriculum zusammenstellen, ist, dass sie sich nach Befähigung und Interesse in der Schule profilieren können und gleichzeitig noch die für ein Hochschulstudium erforderliche Allgemeinbildung erhalten. Der Unterricht findet nicht mehr im Klassenverband statt, sondern in Kursen. Eine Ausnahme macht das Bundesland Baden-Württemberg, das zum Jahrgangsklassensystem und einem weitgehend festgelegten Stundenplan für die Klassen 11–13 zurückgekehrt ist. Die Notenskala ist ersetzt durch eine Punktebewertung von 0–15 (Höchstpunktzahl). Um zur Abiturprüfung zugelassen zu werden, muss der Schüler in den Kursen eine vorgeschriebene Punktzahl erreicht haben. Hat er das nicht, kann er ein Jahr länger in der Sekundarstufe II bleiben; gelingt es ihm auch dann nicht, muss er ohne Abitur die Schule verlassen. Die Abiturprüfung umfasst in der Regel drei Klausuren (zwei Leistungskurse, ein Grundkurs) und ein Colloquium (ein Grundkurs), wobei als Prüfungsfächer in jüngster Zeit immer mehr Deutsch, eine Fremdsprache, Mathematik und ein frei wählbares Fach gefordert werden. Zur Zeit enden in der Bundesrepublik Deutschland die Gymnasien in den westlichen Bundesländern sowie Berlin und Brandenburg nach der 13. Klasse, in den anderen östlichen Bundesländern (bedingt durch die ehemaligen DDR-Regelungen) nach der 12. Klasse. Ursprünglich war das Abitur ein Schulziel, das auf das Universitäts- oder Hochschulstudium ausgerichtet war. Heute nehmen nur ca. $^3/_4$ der Abiturienten ein Studium auf, die anderen beginnen eine außeruniversitäre Ausbildung (Lehre, Besuch von Fachschulen, Berufsakademien o. Ä.).

Mit der bestandenen Abiturprüfung erwirbt man die Allgemeine Hochschulreife und damit grundsätzlich die Berechtigung zum Studium aller Fachrichtungen an allen Universitäten/Hochschulen Deutschlands. Doch ist diese Möglichkeit auf Grund von Zulassungsbeschränkungen in einzelnen Studiengängen (Medizin, Wirtschaftswissenschaften, Lehramtsstudiengänge, Pharmazie usw.) nicht immer gegeben. Der Notendurchschnitt des Abiturzeugnisses ist in den Numerus-Clausus-Studiengängen meist das entscheidende Zulassungskriterium. Seit kurzem können die Universitäten einen Prozentsatz ihrer Studenten selbst auswählen.

Beendet ein Schüler das Gymnasium erfolgreich nach der 12. Klasse, so hat er in einigen Bundesländern die Fachhochschulreife erworben; in anderen (z. B. Bayern) erwirbt er sie an einer besonderen Schulform des Berufsbildenden Schulwesens. Sie berechtigt ihn zum Studium an einer Fachhochschule, die – im Unterschied zu einer Universität – die Praxisanwendung der Studieninhalte von Anfang an im Studium mit beinhaltet (z. B. Fachhochschule für Elektrotechnik usw.).

Exemplarisch für den Bildungs- und Erziehungsauftrag der Schulen der Sekundarstufe II soll das *Gymnasium* stehen, das zudem in den meisten Bundesländern eine curriculare und pädagogische Einheit mit dem Sekundar-I-Bereich darstellt. Im Bundesland Bayern liest man dazu im *BayEUG, Art. 9:*

> „Das Gymnasium vermittelt die vertiefte allgemeine Bildung, die für ein Hochschulstudium vorausgesetzt wird; es schafft auch Voraussetzungen für eine berufliche Ausbildung außerhalb der Hochschule".

Diese vertiefte Allgemeinbildung bringt höhere Anforderungen im Abstrahieren und Theoretisieren mit sich, beinhaltet in besonderem Umfang kulturelles und historisch-gesellschaftliches Wissen und bezieht dabei den musischen und technischen Bereich ein. Sie umgreift ferner die individuelle Persönlichkeitsentwicklung der Schüler, die als Kinder in das Gymnasium kommen, dort ihre Jugendzeit durchlaufen und als junge Erwachsene die Schule verlassen. Zur gymnasialen Bildung gehören deshalb nachhaltiges Basiswissen aus allen Feldern wissenschaftlich reflektierter Lebenswirklichkeit, aktive und eigenverantwortliche Meisterung des eigenen Lebens und die engagierte und reflektierte Gestaltung der Zukunft ebenso wie ästhetische Grundbildung, Wertorientierung, die Bereitschaft zu lebenslangem Lernen, zum selbstkontrollierten Umgang mit Emotionen und zur solidarischen Verantwortungsübernahme.

Legende zur Grafik „Das deutsche Bildungswesen"

1. Zu den vorschulischen Einrichtungen zählen alle Institutionen, die Kinder von der Geburt bis zur Einschulung ganztägig, halbtägig oder zeitweilig betreuen, erziehen und bilden (Horte, Kindergärten, Vorklassen, Schulkindergärten u. Ä.).

2. Behinderte Kinder/Jugendliche und solche mit gravierenden und andauernden Lern- und Verhaltensauffälligkeiten werden meist in Sonderformen des vorschulischen Bereichs und des allgemeinbildenden bzw. berufsbildenden Schulwesens aufgenommen; die Tendenz zur Ausdehnung integrierter oder kooperativer Beschulung ist in den letzten Jahren größer geworden.

3. In Berlin und Brandenburg dauert die Grundschule 6 Jahre. Bestrebungen zur generellen Verlängerung der Grundschulzeit bzw. der Zeit einer gemeinsamen Beschulung sind durch die Internationalen Schulvergleichsuntersuchungen (TIMS, PISA) wieder laut geworden.

4. Die Jahrgangsstufen 5 und 6 sind eine Zeit besonderer Beobachtung, Förderung und Orientierung der Schüler hinsichtlich ihrer schulischen Lern- und Leistungsfähigkeit; die Jahrgangsstufen können entweder einer bestimmten Schulart zugewiesen oder von diesen unabhängig als eigene Schulform organisiert sein.

5. In einigen Bundesländern sind Realschule und Hauptschule zu einer Schule mit mehreren Bildungsgängen zusammengeschlossen (Zweigliedrigkeit), die die Bezeichnung Mittelschule (Sachsen), Regelschule (Thüringen), Sekundarschule (Sachsen-Anhalt, Bremen), Erweiterte Realschule (Saarland), Integrierte Haupt- und Realschule (Hamburg), Verbundene Haupt- und Realschule (Hessen) oder Regionale Schule (Rheinland-Pfalz, Mecklenburg-Vorpommern) tragen.

6. An den Gesamtschulen können in der Regel alle Abschlüsse von Gymnasium, Realschule und Hauptschule gemacht werden.

7. Die Schulabschlüsse der Sekundarstufen I und II sind nachträglich auch an Abendschulen und an manchen beruflichen Schulen möglich.

8. Der Gymnasialabschluss mit der Allgemeinen Hochschulreife war bisher nach 9 Jahren, wird in Zukunft aber nach 8 Schuljahren erreichbar. Bei den Beruflichen Vollzeitschulen führt die Fachoberschule (FOS) nach 2 Schuljahren zur Fachhochschulreife und die Berufsoberschule (BOS) zur Fachgebundenen Hochschulreife (mit der Möglichkeit, durch Zusatzprüfungen die Allgemeine Hochschulreife zu erhalten). An bestimmten beruflichen Vollzeit-Fachschulen kann unter bestimmten Voraussetzungen auch die Fachhochschulreife erworben werden.

9. Im Dualen System (Berufsschule und Betrieb) erwerben die Jugendlichen einen Berufsabschluss, mit dem sie – bei Erfüllen bestimmter Leistungsvoraussetzungen – zusätzlich den Hauptschulabschluss oder den Mittleren Bildungsabschluss erlangen können.

10. Zu den Wissenschaftlichen Hochschulen zählen Institutionen des Tertiärbereichs mit den Abschlüssen Master, Diplom, Staatsexamen, Promotion, Habilitation. Pädagogische Hochschulen für die Ausbildung von Lehrerinnen und Lehrern gibt es in Baden-Württemberg. Zum Tertiärbereich gehören auch die Berufsakademien, die in einigen Bundesländern eine wissenschafts- und berufsbezogene berufliche (Aus-)Bildung vermitteln (vgl. Bundesministerium für Bildung und Forschung 2005, S. 8 ff.).

Grafisch lässt sich die Schulorganisation in Deutschland wie folgt darstellen (Abb. nach Leschinsky/Cortina 2005, S. 23):

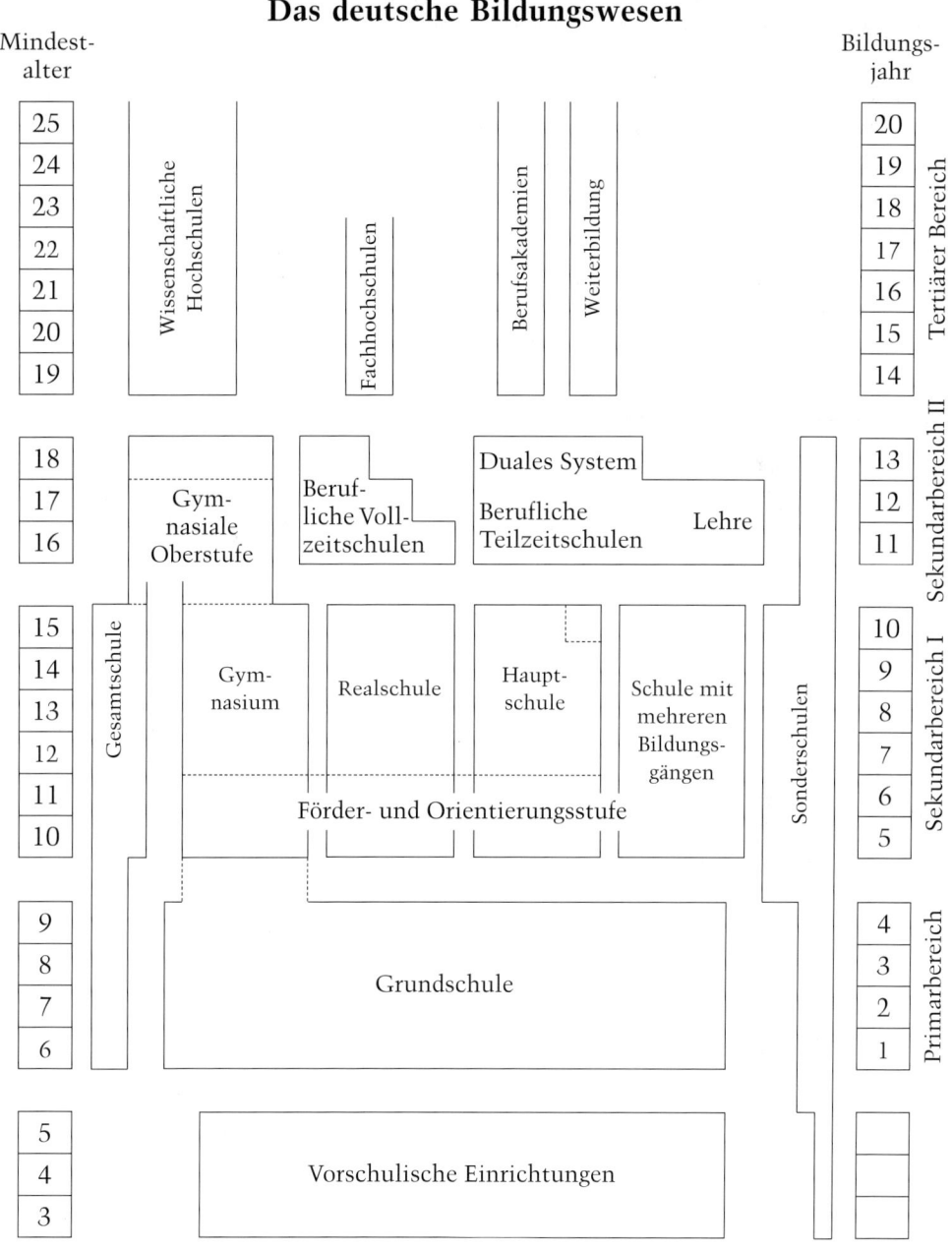

Das deutsche Bildungswesen

War bisher von der Primarstufe, der Sekundarstufe I und der Sekundarstufe II die Rede, so handelt es sich hierbei um Schulformen aus dem Bereich der Allgemeinbildenden Schulen. Neben ihnen besteht in Deutschland ein differenziertes System von *Sonderschulen*, in denen körperlich behinderte, geistig behinderte oder verhaltensgestörte Kinder und Jugendliche unterrichtet werden. Des weiteren ist darauf hinzuweisen, dass es nach den Abschlüssen der Sekundarstufe I und der Sekundarstufe II für die Jugendlichen, die eine Berufsausbildung beginnen, noch spezielle *Berufsschulen* gibt – das so genannte „Duale System". Denn neben der Berufsausbildung im Betrieb oder Büro erfolgt für alle Jungen und Mädchen zusätzlich eine schulische Ausbildung, in der ihre Allgemeinbildung vertieft wird, ihre Theoriekenntnisse erweitert werden und ihre Erziehung zu mündigen Bürgern unterstützt wird.

Die Schulpflicht endet in Deutschland nach 12 Jahren, von denen 9 an einer Vollzeitschule des Allgemeinbildenden Schulwesens verbracht werden müssen. An den Berufsschulen können die Jugendlichen im übrigen auch ihren nächsthöheren Bildungsabschluss erwerben.

Die Schulen sind in der Bundesrepublik Deutschland fast ausschließlich staatliche Regelschulen. Der Anteil der Privatschulen beträgt etwa 6 %. Schulgeld wird nicht erhoben, die Kosten für Schulbücher werden fast überall vom Staat übernommen und die Fahrten mit dem Bus zur Schule sind kostenlos. Die Lehrerausbildung ist für alle Schulen staatlich geregelt und erfolgt an Universitäten oder Hochschulen. Die Schulaufsicht ist hierarchisch geordnet (s. T. 4, Kap. 3.3). Mit Modifizierungen besteht sie aus: Kultusministerium des Bundeslandes – Schulabteilung des Regierungsbezirks – Schulrat der Stadt oder des Landkreises – Schulleiter der einzelnen Schule. In jeder Schule gibt es einen Elternrat, der in allen Belangen des Unterrichts und der Erziehung ein Recht auf Information und Anhörung (teilweise auch Mitbestimmung) hat. Der Religionsunterricht ist ordentliches Lehrfach und kann für konfessionslose oder nichtchristliche Schülerinnen und Schüler durch Ethikunterricht oder Lebenskundlichen Unterricht ersetzt werden.
Bei den Schulen in privater Trägerschaft handelt es sich oft um Traditionsgymnasien der christlichen Kirchen, um Neugründungen im Bereich der Grundschule und Hauptschule durch die Kirchen oder um Maria-Montessori-Schulen, Freie Waldorfschulen, Peter-Petersen-Schulen und Landerziehungsheimschulen sowie um einige Reformschulkonzeptionen aus den 70er Jahren des letzten Jahrhunderts. Sie erheben in der Regel ein – nach dem sozialen Status des Elternhauses gestaffeltes – Schulgeld, dürfen aber die Schüler nicht nach dem Status des Elternhauses auswählen. Der Anteil der Schulen in nichtstaatlicher Trägerschaft ist im Berufsbildenden Schulwesen um ein Vielfaches höher als in Allgemeinbildenden.

2.2 Die Entwicklungsgeschichte der Schule in Deutschland

Das Schulsystem Deutschlands ist das Resultat eines historischen Entwicklungsprozesses. Seine Grundstruktur wurde vor allem im 19. Jahrhundert verfestigt. Mit seinen drei Schulstufen und den Schulformen Grundschule, Haupt-schule, Realschule, Gymnasium, mit der Gesamtschule, der Orientierungsstufe und mit allen zusätzlichen Differenzierungen ist es das Ergebnis der großen Schulreform zwischen 1960 und 1975. Was die Bundesländer Brandenburg, Mecklenburg-Vorpommern, Sachsen, Sachsen-Anhalt und Thüringen anbetrifft, so muss man die Reform von 1990 hinzunehmen, bei der die DDR-Einheits-schule im Zusammenhang mit der Wiedervereinigung Deutschlands (1989) durch ein differenziertes Schulsystem ersetzt wurde; allerdings haben sich – mit einer Ausnahme – die damals entstandenen neuen Bundesländer gegen die Ein-richtung einer separaten Hauptschule ausgesprochen. Das differenzierte Schul-system hat in Deutschland Tradition. Es wurde nicht nur nach 1945 gegen die Bestrebungen der Besatzungsmächte in Westdeutschland – an die Zeit vor 1933 anknüpfend – wiedereingeführt; auch die Bevölkerung der ehemaligen DDR, in der 1946 ein am sowjetischen Bildungssystem orientiertes zentralistisches Ein-heitsschulsystem eingeführt worden war, drängte 1989/1990 auf die Wieder-errichtung eines gegliederten Schulsystems.

Die *Wurzeln des gegliederten Schulsystems* gehen weit in die Geschichte Deutschlands (und Europas) zurück. So lässt sich die Spur des *Gymnasiums* bis an die Anfänge des klerikal und weltlich konzipierten gelehrten Bildungswesens zur Zeit der Dom- und Stiftsschulen (8. Jh. n. Chr.) zurückverfolgen, für die Latein die zentrale Sprache blieb, auch als im 14.–16. Jh. Stadtschulen, Gelehrtenschulen und Landesschulen als Ausbildungsstätten an ihre Seite traten. Lateinschulen wurden sie meist genannt und blieben bis zur Humboldtschen Reform (19. Jh.) die Aus-bildungsstätte für Gelehrte. Um sie zur alleinigen Vorbereitungsschule auf das Universitätsstudium machen zu können, wurde in der Humboldt-Süvernschen Reform 1812 nur $^1/_4$ von ihnen zu „Gymnasien" erklärt und im neuhumanisti-schen Sinne zu Stätten zweckfreier Bildung gemacht. Diese „altsprachlichen" Gymnasien (Schule des Bildungsbürgertums) gerieten in der 2. Hälfte des 19. Jh. in Konkurrenz mit neu etablierten Schulformen, die die höhere Bildung mit einem neusprachlichen oder einem mathematisch-naturwissenschaftlichen Profil verse-hen hatten und sich „Realgymnasium" oder „Oberrealschule" nannten. Diese hat-ten sich aus den bestehenden Realschulen zu höheren Bildungseinrichtungen – meist ohne Latein – weiterentwickelt oder waren (wie in Bayern) aus Gewerbe-schulen und Lateinschulen mit Realzug als Oberbau entstanden. Sie wurden im Jahre 1900 (bzw. 1910/1914 in Bayern) mit dem traditionellen Gymnasium gleichrangig und gleichwertig erklärt und bilden seitdem die Grundlage für die Gymnasialtypen „Humanistisches Gymnasium", „Neusprachliches Gymna-sium" und „Mathematisch-naturwissenschaftliches Gymnasium". Heute gibt es neben diesen drei Typen – allerdings weniger häufig als diese – das „Musische Gymnasium", das „Wirtschaftswissenschaftliche Gymnasium" und das „Sozial-wissenschaftliche Gymnasium", das „Europäische Gymnasium", das „Sportgym-nasium", das „Technische Gymnasium" und andere.

Aus verschiedenen Anfängen im 15./16. Jh., die teils den Notwendigkeiten des wirtschaftlichen Lebens entsprachen (vgl. Schreib- und Rechenschulen), teils aus der Sorge der katholischen und protestantischen Kirche um das Bildungs- und

Lebensniveau der unteren Bevölkerungsschichten entsprangen (vgl. Küsterschulen), entwickelte sich unregelmäßig und in Stadt und Land unterschiedlich das *Elementarschulwesen*, das erst im 19. Jh. als Dorfschule, Gemeindeschule oder Stadtschule eine meist 6 Jahre umfassende organisierte Form erhielt – trotz der Schulpflichtgesetze, die bereits ein Jahrhundert früher erlassen wurden. Lesen, Rechnen, Schreiben, Musik, Religion und Naturkunde gehörten zu den Lehrinhalten dieser Schule, für die sich mehr und mehr der Name „Volksschule" durchsetzte. Auf dem Weg zur Grundschule von heute ist das Jahr 1920 entscheidend. Im Reichsgesetz von 1920 der Weimarer Republik wird nämlich die *Grundschule* als verpflichtende Schulform für alle Kinder aller sozialen Schichten und Weltanschauungen festgeschrieben; sie dauert 4 Jahre und ist seitdem die alleinige Voraussetzung für den Besuch der weiterführenden Schulen. Bis zu diesem Zeitpunkt rekrutierten nämlich Gymnasium und Realschule ihre Schüler aus eigenen, meist 3 Jahre dauernden Vorschulen. Organisatorisch ist sie die Unterstufe der Volksschule, der sich die 4 Jahre Volksschuloberstufe anschlossen. Erst im Zuge der großen Schulreform zwischen 1960 und 1975 wurden beide Teile der Volksschule in zwei eigenständige Schulformen geteilt: in die Volksschulunterstufe, die jetzt nur noch Grundschule heißt, und in die Volksschuloberstufe, die nunmehr *Hauptschule* (zwischen 1965 und 1969 im gesamten Bundesgebiet) genannt wird.

Zwischen Gymnasium und Grund- und Hauptschule steht die *Realschule*. Ihr Ursprung liegt am Beginn des 18. Jh. und ist aus den technischen Neuerungen und ökonomischen Veränderungen dieser Zeit zu klären. Von Anfang an galt das Interesse dieser schulischen Neugründung den berufs- und lebenspraktischen Problemen, die sich durch die beginnende Industrialisierung, den expandierenden Handel und die größere Bedeutung der Administration ergaben. Ihr Fächerspektrum umfasst daher schon früh Mathematik, Mechanik, neue Sprachen, Naturwissenschaften und Landeskunde. Sieht man davon ab, dass sich aus dieser Schule für das Bürgertum Mitte des 19. Jh. höhere Schulen (vgl. Realgymnasium, Oberrealschule) und berufliche Schulen (Fachschulen) entwickelten, so hat die Realschule bis heute diese Grundorientierung im Wesentlichen beibehalten.

Das differenzierte Schulsystem Deutschlands wurde also im 18./19. Jh. grundgelegt. In dieser Zeit übernimmt der Staat dessen Organisation und Institutionalisierung. Die Schule ist seitdem eine Veranstaltung des Staates; der Staat überträgt ihr bestimmte Funktionen und Aufgaben, regelt die Ausbildung und Anstellung der Lehrer, ihre Bezahlung und ihre Dienstverpflichtung als Beamte. Da die Kirche sich auf Grund ihres christlichen Sendungsauftrags von jeher um die höhere und die niedere Bildung in Deutschland/Europa gekümmert hatte und ein tragendes Fundament der Schulbildung war, übte sie lange Zeit die Schulaufsicht aus. Diese endet erst mit dem Reichsgesetz von 1920. In den 60er Jahren des letzten Jahrhunderts erst wurden zahlreiche kleine Konfessionsschulen auf dem Lande zu zentralen christlichen Gemeinschaftsschulen zusammengefasst. Das christliche Menschenbild, wie es vom Humanismus aufgegriffen und in den allgemeinen Menschenrechten verankert ist, bildet nach wie vor die ethische Basis für die Schule in Deutschland.

Die Schulgeschichte Deutschlands ist auch eine Geschichte von Schulkritik und Schulreform, von staatlicher Funktionalisierung und Reformdruck seitens der Praxis. Insofern hat sich das gegliederte Schulsystem in Deutschland als reformfähig, flexibel und gegenüber neuen Anforderungen anpassungsbereit erwiesen. Besonders reformfreudig war im Bereich von Schule und Erziehung die Zeit zwischen 1880/1890 und 1933, die deswegen als Epoche auch „Reformpädagogische Bewegung" genannt wird. Aus der Kritik an einer philologisch-historisch-literarisch verkürzten Bildungsvorstellung (vgl. Nietzsche: Bildungsphilister) und an einer Schule, die als Zwangsanstalt durch die Vermittlung von reinem Buchwissen die kreativen Kräfte der Kinder und Jugendlichen unterdrücke und ihre individuelle Persönlichkeitsentwicklung unterbinde, erwuchsen zahlreiche Schulneugründungen (vgl. P. Petersen, M. Montessori, R. Steiner, B. Otto, H. Lietz u. a. – s. Kap. 2.5) und Innovationskonzepte (zum Deutschunterricht, Kunstunterricht, Musikunterricht, Sportunterricht); sie rückten alle das Kind mit seinen individuellen, ganzheitlichen Lernmöglichkeiten in den Mittelpunkt. Über ihre Vertreter blieben sie nicht ohne Einfluss auf das staatliche Regelschulwesen (vgl. Kerschensteiner: Arbeitsunterricht). Allerdings gibt es im 20. Jahrhundert auch zwei gravierende Einschnitte in der Entwicklung der deutschen Schule: die Zeit des Nationalismus und die Zeit der DDR (Deutsche Demokratische Republik). Zwischen 1933 und 1945 wurden die Schulorganisation und die Lehrinhalte vereinheitlicht und die Schule zentralisiert (ab 1937/38) und der nationalsozialistischen Erziehungsideologie (vgl. Richtlinien von 1939) unterstellt. Die Typenvielfalt im mittleren Schulwesen wurde abgeschafft, später (1942) dafür die Hauptschule (nach österreichischem Muster) eingeführt. Man verkürzte 1936 das Gymnasium auf 8 Jahre und vereinheitlichte 1938 auch diesen Schultyp zur „Deutschen Oberschule", lediglich das Humanistische Gymnasium wurde in Ausnahmefällen geduldet (ca. 10 %). Seit 1933 entstanden dann zusätzlich nationalsozialistische Auslese- und Eliteschulen (ca. 50 Internate). Nach 1945 knüpften die Schulorganisatoren an die Schulgliederung der Weimarer Republik wieder an; teilweise kam es auch zur Errichtung von Einheitsschulen (Berlin, Hamburg, Bremen, Schleswig-Holstein), die aber spätestens Mitte der 50er Jahre in gegliederte Schulen umgewandelt wurden.

In der sowjetisch besetzten Zone Deutschlands wurde die Schule nicht föderalistisch, sondern zentralistisch konzipiert (1952 wurden dort die Länder aufgelöst). Konformität mit der marxistisch-leninistischen Gesellschaftstheorie, Staatlichkeit, Einheitlichkeit und die besondere (teilweise exklusive) Förderung der Arbeiter- und Bauernkinder waren die Grundsätze, nach denen die SED die Schulorganisation gestaltete (vgl. das Einheitsschulgesetz 1946, das Gesetz über die sozialistische Entwicklung des Schulwesens 1959, das Bildungsgesetz 1959). 1946 wurde eine für alle Kinder verbindliche achtjährige Grundschule verfügt, an die sich eine 4-jährige Oberschule (mit Hochschulreife) oder eine Berufsausbildung anschloss. In den 50er Jahren des letzten Jahrhunderts wurde diese Organisationsform ersetzt durch eine 10-jährige Allgemeinbildende Polytechnische Oberschule (POS) als Pflichtschule für alle Kinder. Sie hatte eine Allgemeinbildungsfunktion, eine Erziehungsfunktion und eine Berufseingliederungsfunktion; Schule und Produktion, Wissenschaft und Technik, Produktion und Gesellschaft sollten in ihrem Zusammenwirken erfahrbar gemacht werden und zu sozialem Fortschritt im Lande führen. Die Klassen 11 und 12, die sich als Erweiterung an die POS anschlossen, dienten der wissenschaftlichen und der praktischen Arbeit. 1965 erfolgte wieder eine Umstrukturierung, die vor allem die Erweiterte allgemeinbildende polytechnische Oberschule (EOS) betraf. An die 10-jährige Allgemeinbildende polytechnische Oberschule schlossen sich eine zweijährige Erweiterte Oberschule zur Vorbereitung auf das Hochschulstudium oder Spezialklassen und Spezialschulen mit selektivem Charakter (tatsächlich realisiert ab 1982) an. Nach der friedlichen Revolution in der DDR 1989 und mit dem Einigungsvertrag vom 3. 8. 1990 erfolgte die Einführung der bisherigen Bildungseinrichtungen der DDR in die Rechtsordnung der Bundesrepublik.

Seit Mitte der 1990er-Jahre ist aufgrund der internationalen Schulleistungsstudien der Trend zur Errichtung von Ganztagsschulen verstärkt und die Diskussion um Ganztagsschulen intensiviert worden.

2.3 Gegliederte Schule oder Gesamtschule

Die Frage, ob die Schule besser als eine Schule organisiert werden soll, die die Schüler/Schülerinnen nach bestimmten Auswahlkriterien verschiedenen Schulformen zuweist, oder ob sie alle Schüler in derselben Schulform ihre Schulpflicht absolvieren lässt, bewegte die schulpädagogische Diskussion schon zur Zeit der Reformpädagogik (1880/90–1933).

Im Streit um die differenzierte Schule wurde immer wieder auf folgende Theorien verwiesen:

1. die Begabungstheorie

Auf der Grundlage der pädagogisch-psychologischen Typologieforschung des ersten Drittels des letzten Jahrhunderts (vgl. Kerschensteiner, Spranger, Jung, Kretschmer, W. Stern u. a.) wurden drei verschiedene Begabungstypen unterschieden, für die jeweils ein eigenes Schulangebot zu machen sei und denen bestimmte Berufsfelder/Berufstätigkeiten zugeordnet seien:

- der wissenschaftlich-theoretisch begabte Mensch, der durch das Gymnasium in eine wissenschaftliche Laufbahn gebracht werden solle
- der theoretisch-technisch-praktisch begabte Mensch, den die Realschule/Mittelschule für Berufe vorwiegend in Wirtschaft, Handel, Technik und Verwaltung vorbereiten solle
- der lebenspraktisch begabte Mensch, der in der Volksschule mit den Kenntnissen und Fähigkeiten ausgestattet werden solle, die er für die Arbeit in der Landwirtschaft und in handwerklichen Tätigkeitsfeldern benötigt.

Diese Begabungstypologie legte die Dreigliedrigkeit des deutschen Schulwesens grund und diente auch nach 1945 als Legitimation zu dessen Restauration.

Bereits in den 60er Jahren des vorigen Jahrhunderts wurde sie wissenschaftlich widerlegt (vgl. H. Roth, F. Weinert).

2. der Arbeitskräftebedarfs-Ansatz (Manpower-Requirement-Approach)

Hier wird die Schulorganisation in Abhängigkeit zu den Bedürfnissen und Belangen der Wirtschafts- und Arbeitswelt gesehen. Eine hochdifferenzierte Gesellschaft wie die Bundesrepublik Deutschland benötigt demzufolge eine differenzierte Schule, deren Schulabgänger in Qualifikationsstand und Zahl (pro Schulform) danach auszurichten wären, wie der Bedarf von Industrie und Wirtschaft ist. Deren Nachfrage an Arbeitskräften würde steuern, welche Kompetenzen in Hauptschule, Realschule und Gymnasium erworben werden sollten und vor allem wie viele Absolventen es bei diesen Schulformen geben sollte.

3. der soziologische Bedarfsansatz (Social-demand-approach)

Diesem Ansatz zufolge muss die Schulorganisation sich nach den Bedürfnissen der sozialen Schichten richten, die ihre ökonomische Lage und gesellschaftliche Position durch bessere und höhere Schulabschlüsse zu verbessern wünschen. Dieser Theorieansatz setzt bei der Beobachtung an, dass sich die soziale Schichtung der Gesellschaft in gegliederten Schulsystemen abbildet, und folgert daraus, dass diese die Schichtung verfestigt. Insbesondere der marginale Anteil von Kindern/Jugendlichen aus den gesellschaftlich niederen Schichten im Gymnasium und umgekehrt deren überproportional großer Anteil in Förderschulen dient hier als Grundlage. Von einem undifferenzierten Schulsystem (Gesamtschulen) wird eine Veränderung dieser Bildungssituation eher erwartet.

4. der schülerorientierte Bedarfsansatz

Dieser Ansatz (vgl. Rekus u. a., 1998, S. 202 ff.) hält Begabung, Lerninhalte, Lehrmethoden, Berufsbezogenheit u. Ä. für ungeeignete Differenzierungskriterien. Vielmehr sei ein differenziertes Schulsystem nur damit zu begründen, dass Schülerinnen/Schüler zur Erreichung der verbindlichen Allgemeinbildung unterschiedlich viel Hilfe und Förderung benötigen. Der Ansatz verlagert die Frage der Schulorganisation auf die individuelle Lernfähigkeit und die Lernanstrengung des Schülers. Diesen soll sich die Schule anpassen, und entsprechend sollen sich die Schulen gliedern in solche (1) für Schüler, die besondere Unterstützung brauchen, um das Ziel der Allgemeinbildung zu erreichen, (2) für Schüler, die dazu keine Hilfen benötigen, und (3) für Schüler, die dieses Ziel so schnell erreichen, dass ihnen Zeit und Interesse für zusätzlichen Wissenserwerb zur Verfügung ist.

Besonderheiten des gegliederten Schulsystems

(Vorbemerkung: Das gegliederte Schulsystem umfasst das Allgemeine [Allgemeinbildende] Schulwesen, das Berufsschulwesen und das Förder- bzw. Sonderschulwesen. Im Folgenden soll der Blick nur auf das Allgemeinbildende Schulwesen gerichtet werden.)

Beim gegliederten Schulwesen besuchen alle Kinder der Gesellschaft gemeinsam die verpflichtende, meist 4 Jahre dauernde Grundschule (Primarstufe). Danach gabelt sich ihr Lernweg in die Schulformen: Hauptschule (möglicher Abschluss: Abgang, Hauptschulabschluss, Qualifizierender Hauptschulabschluss, Mittlerer Bildungsabschluss), Realschule (möglicher Abschluss: Mittlerer Bildungsabschluss – teilweise auch in einer Haupt- und Realschule verbindenden Schulform) und Gymnasium (möglicher Abschluss: Mittlerer Bildungsabschluss nach der 10. Klasse, Abitur nach der 12. bzw. 13. Klasse).

Argumente zugunsten des gegliederten Schulwesens

Das gegliederte Schulwesen erlaubt:

- bei der für alle Schüler/Schülerinnen gemeinsamen Allgemeinbildung Akzentuierungen vorzunehmen, die ihren Fähigkeiten, Lernanstrengungen und Interessen Rechnung tragen
- klare Schullaufbahnperspektiven
- ein Lernen in relativ homogenen Gruppen, was lern- und leistungsfördernd ist, vor allem auch da die trotzdem bestehende Heterogenität motivierend wirkt
- eine lernerorientierte Didaktik, Pädagogik und Lehrerausbildung
- eine Vielfalt im Bildungsangebot bei gleichzeitiger Durchlässigkeit zum Über- und Umsteigen in andere Schulformen
- hohe Flexibilität bei Veränderungen in der Gesellschaft
- durch die Konkurrenz zu den anderen Schulformen der Sekundarstufe I größere Profilierung.

Argumente gegen das gegliederte Schulsystem

Gegen das gegliederte Schulwesen wird eingewandt:

- Es entsteht ein zu früher Selektionsdruck für die Kinder (teilweise verstärkt durch das Elternhaus).
- Es besteht eine soziale Ungleichgewichtigkeit im System; die gegliederte Schule reproduziert in ihrer jeweiligen Schülerklientel die Schichtung der Gesellschaft.
- Es mangelt an der Sozialerziehung und an der sozialen Integration aufgrund der Segregation der Schülerinnen/Schüler; schulformübergreifende soziale Kontakte kommen selten zustande.
- Die kognitive Leistungsfähigkeit wird als vorrangiges Schülermerkmal betrachtet und die Leistungsselektion tritt im Bewusstsein der Schüler/Schülerinnen in den Vordergrund.
- Das gegliederte System schafft Transitionsprobleme und produziert Versager.

Die Besonderheiten der Gesamtschule

Die Gesamtschuldiskussion hatte im Nachkriegsdeutschland in den östlichen Landesteilen zur DDR-Zeit und in den westlichen Landesteilen zur Zeit der großen Schulreform zwischen 1965 und 1975 ihren Höhepunkt. 1964 gab es Gesamtschulgründungen in Berlin, Hessen, Bremen, Nordrhein-Westfalen, 1970 veranlasste die Bund-Länder-Kommission für Bildungsplanung und Forschungs-förderung Modellversuche zur Gesamtschule, die 1982 abgeschlossen wurden. Die größte Zahl an Gesamtschulen findet sich in Berlin, Hessen und Nordrhein-Westfalen. Die Gesamtschulidee selbst wurde zu Beginn des 20. Jahrhunderts von Schulreformern wie P. Österreich oder J. Tews sowie vor allem P. Petersen, R. Steiner und P. Geheeb verfochten. In der DDR waren staatsideologische Gründe maßgeblich, seit 1965 sind es vor allem die Kritikpunkte an gegliederten Schulsystemen, seit Mitte/Ende der 1990er-Jahre kommen Argumente aus den internationalen Vergleichsstudien TIMSS, PISA usw. Es sind vor allem folgende Argumente:

- die hohen Sitzenbleiberquoten
- die Selektionsverfahren und die äußerst schwierige Revidierbarkeit einmal getroffener Schullaufbahnentscheidungen
- die unzureichende Nutzung und Förderung des Begabungspotenzials vor allem der bildungsferneren sozialen Schichten in der Gesellschaft, zumal Begabung und Intelligenz als lernbar betrachtet wurden
- ein Modernitätsrückstand der deutschen Schule gegenüber anderen europäischen Schulsystemen mit Gesamtschulen.

Organisatorisch und curricular prägten sich zwei Grundformen von Gesamt-schulen in Deutschland heraus, die Kooperative Gesamtschule mit den geglie-derten Schulformen unter einem Dach und unter einer Schulleitung und die Integrierte Gesamtschule mit Differenzierungskursen und differenzierten Ab-schlüssen für alle Schüler gemeinsam statt deren Einteilung in einzelne Schulzweige. Viele Gesamtschulen sind Ganztagsschulen.

Grundlegende Merkmale der Gesamtschule sind:

1. *in der Mittelstufe (Klassen 5–10 bzw. 7–10 bei sechsjähriger Grundschule)*
   - Kernunterricht für alle Schüler mit Binnendifferenzierung (Additum-Funda-mentum) in obligatorischen Fächern
   - Kurssystem mit fachspezifischer Leistungsdifferenzierung, mit Wahl-pflichtkursen und freiwilligen Wahlkursen
   - pädagogische Beratung für die Kurswahl
   - Abschlüsse wie Hauptschule oder Realschule
2. *in der Oberstufe*
   - Kurswahlangebot mit obligatorischen Fächern als Schwerpunktwahl und selbstgewählten weiteren Fächern (individuelle Kurskombination)
   - Abschluss: Abitur.

Argumente zugunsten der Gesamtschule

Die Gesamtschule – so wird argumentiert –

- ist eine Schule für alle Schüler/Schülerinnen in der Gesellschaft und trägt so zum Abbau von sozialen Barrieren und zur Angleichung der Bildungschancen bei

- sichert in ländlichen Gebieten ein wohnortnahes Schulangebot mit allen Schulabschlüssen
- bietet individualisiertes Lernen, intensive Förderung und kompensatorische Erziehung (vgl. Ganztagsbeschulung)
- fördert die soziale Integration und das emanzipatorische Lernen angesichts der Herrschaftsstrukturen in der Gesellschaft
- hält die Schullaufbahnentscheidung lange offen, statt Selektion und Segregation zu betreiben
- ist ein modernes Schulsystem (vgl. andere europäische Länder) und trägt dem dynamischen Begabungs- und Intelligenzverständnis von heute Rechnung
- verhindert negative Schullaufbahnkarrieren und bewirkt mehr Schüler mit höheren Abschlüssen
- weist ein besseres Verhältnis zwischen Lehrern und Schülern auf und macht keine Unterschiede zwischen den Lehrergruppen
- wird von Schülern hinsichtlich des Schulklimas sehr gut bewertet, als angst- und repressionsfrei erlebt und insgesamt emotional positiv gesehen.

Argumente gegen die Gesamtschule

Gegen Gesamtschulen wird eingewandt, dass sie

- Mammutsysteme sind mit großer Anonymität, mit hohen psychosozialen Belastungen der Schüler und der Lehrer und mit einer Vielzahl von Erziehungs- und Disziplinproblemen
- im Vergleich zum gegliederten Schulsystem geringere Fachleistungen aufweisen, höher begabte Schüler ebenso wenig fördern können wie die besonders leistungsschwachen
- in ihren Fachleistungskursen das gegliederte Schulsystem reproduzieren und weitgehend repräsentieren
- mit ihren Abschlüssen Gleichmacherei praktizieren und die Egalisierung der Chancen junger Menschen vortäuschen
- das Ziel der sozialen Integration nicht erreicht haben, jedenfalls nicht besser als gegliederte Schulen
- durch die vielen Differenzierungsmaßnahmen die soziale Orientierung der Schüler erschweren, da die Bezugsgruppen instabil sind
- keinen einheitlichen, verpflichtenden, klar definierbaren Kanon an Schülerkenntnissen, Fähigkeiten und Fertigkeiten innerhalb der einzelnen Bildungsgänge haben, den die Schüler nicht durch Abwählen umgehen könnten
- einen erheblich höheren Finanzbedarf in Anspruch nehmen als Schulen im gegliederten Schulsystem.

2.4 Ganztagsschule oder Halbtagsschule

Historisch betrachtet, verteilte sich der Schulunterricht traditionell auf den Vor- und den Nachmittag. Wie jeder andere Meister, so arbeitete auch der Schulmeister den ganzen Tag über mit einer etwas längeren Mittagspause. Ende des 19. Jahrhunderts gab es dann Übergänge zur Halbtagsschule in Deutschland. Ein Grund dafür war, dass man den Kindern unbemittelter Eltern mehr Zeit zur Mithilfe für das Familieneinkommen geben und ihnen den auf dem Lande teilweise langen Schulweg zweimal an einem Tag ersparen wollte. Ein anderer Grund lag in der Schulorganisation, die auf Grund der Schulpflicht und der unzureichenden Zahl an Schulhäusern und Schulräumen vormittags und nachmittags verschiedene Schülerjahrgänge zum Unterricht versorgte. Unter dem Druck der psychischen und physischen Überforderung, vor allem der städtischen Gymnasialschüler mit 60 und mehr Stunden Unterricht in der Woche, setzte sich dann Anfang des 20. Jahrhunderts aus gesundheitlichen, sozialen, pädagogischen und ethischen Gründen die Halbtagsschule in Deutschland durch, zuerst bei den Gymnasien in den Städten, sodann bei den anderen Schulformen dort und schließlich auch auf dem Lande. Dessen ungeachtet plädierten zur gleichen Zeit viele Vertreter der Reformpädagogischen Bewegung (1880/90–1933) für die ganztägige Schule.

Nach 1945 wurde die Ganztagsschulidee von den Besatzungsmächten ins Gespräch gebracht. Man sah darin eine Möglichkeit zur sittlichen Erneuerung des deutschen Volkes über die Erziehung in der Schule (Re-education). Nach Anfängen in den fünfziger Jahren (1956 gründete man in Frankfurt und Kassel die ersten Ganztagsschulen als Tagesheimschulen) wurde die Idee recht zögerlich weiterverfolgt (bis 1969 bestanden nur 19 Ganztagsschulen insgesamt). Sie erhielt dann 1968 aber neuen Aufschwung durch das Experimentalprogramm des Deutschen Bildungsrates, ein Modellversuch, an dem zwischen 1971 und 1978 34 Schulen teilnahmen und der zu einem Bestand von ca. 300 Ganztagsschulen gegen Ende der 70er Jahre des letzten Jahrhunderts führte. Ab 1980 verschwand die Thematik aus den öffentlichen Debatten wieder. Es gab weder nennenswerte Initiativen zu ihrer weiteren Einrichtung, noch öffentliche Überlegungen zu ihrer Gestaltung und kaum Forderungen von Elternseite nach vermehrter Ganztagsbetreuung an Schulen, – trotz kontinuierlich steigender Zahlen berufstätiger Mütter und Alleinerziehender. Wo die Kultusministerien der Bundesländer dennoch Ganztagsschulen errichteten, geschah es vorrangig im Sonderschulbereich (Steigerung bis 1988 um das Fünfzigfache), im Zusammenhang mit der Errichtung von Gesamtschulen und, um bestandsgefährdeten Hauptschulen eine größere Attraktivität zu verleihen (vgl. bes. Nordrhein-Westfalen). Ihre Zahl belief sich auf ca. 4 % der Schulen ($1/4$ davon Gymnasien, ein weiteres Viertel Gesamtschulen). Überraschend verzeichnete die Ganztagsschulidee Ende der 80er Jahre des letzten Jahrhunderts ein stärker werdendes Interesse bei Eltern- und Lehrerverbänden, Bildungs- und Kommunalpolitikern, Human- und Sozialwissenschaftlern. Zusätzliche Bedeutung erhielt das Thema durch die in den neu hinzugekommenen fünf Bundesländern (der ehemaligen DDR) vorhandene ganztägige, meist verpflichtende Hortbetreuung sowie durch die einsetzende Europäisierung des Bildungswesens, bei der Deutschland in den Vergleich mit Ganztagsschulstaaten wie vor allem Großbritannien und Frankreich gezogen wurde. In der Gegenwart hat das Thema erneut Konjunktur, angestoßen durch die hohe Zahl schulschwieriger Kinder/Jugendlicher in deutschen Schulen und die schlechten

Bilanzen Deutschlands beim internationalen Vergleich der Lernleistungen (vgl. TIMSS, PISA).

Die Besonderheiten der Ganztagsschule

Von einer Ganztagsschule im eigentlichen Sinne kann nur gesprochen werden, wenn für alle Schüler einer Schule der Pflicht- und Wahlunterricht auf den ganzen Schultag verteilt wird und alle Schüler daran teilnehmen müssen. Die Form wird „gebundene Ganztagsschule" genannt. Demgegenüber liegt eher eine ganztägige Betreuung vor, wenn das verpflichtende Unterrichtsangebot im wesentlichen am Vormittag gemacht wird und es eine nachmittägliche Ergänzung durch Mittagessen, Hausaufgabenhilfe und Freizeitaktivitäten erfährt. An den Ergänzungen können sich auch nicht-schulische und sozialpädagogische Institutionen beteiligen (z. B. Hort, Tagesheim, Elterninitiativen, Sportvereine, Musikschulen, Kirchen usw.). Diese Form wird als „offene Ganztagsschule" bezeichnet.

Argumente zugunsten der Ganztagsschule

Zwar haben sich seit 1945 die Argumentationsschwerpunkte zugunsten der Ganztagsschule verändert (1945: sittliche Umerziehung, 1968: bessere Bildungschancen für Schlüsselkinder, 1988: Veränderungen in der Gesellschaft, 1990 ff.: Lern- und Erziehungsdefizite, seit 2000: Familienunterstützung, Steigerung der Effizienz von Unterricht und Erziehung sowie Lernhilfe), geblieben sind an Argumenten zu ihren Gunsten:

- Die Ganztagsschule kann Kinder und Jugendliche besser auf das Leben in der Gesellschaft vorbereiten, da sie mehr ist als eine reine Unterrichtsschule.
- Die Ganztagsschule vermag die Unterschiede hinsichtlich der sozialen Herkunft der Schülerinnen und Schüler effizienter auszugleichen.
- Die Ganztagsschule kann auf Grund ihrer zeitlichen und organisatorischen Möglichkeiten die Forderung nach Differenzierung und Individualisierung beim Lernen eher einlösen als die Halbtagsschule und so die Ungleichheit der Bildungschancen verringern und zu besseren Lernergebnissen führen.
- Bei Ganztagsschulen folgt die Stundenplangestaltung lernpsychologischen, physiologischen und biologischen Erkenntnissen zum Lern- und Tagesrhythmus bei Kindern und Jugendlichen, was diesen das Lernen erleichtert und mehr Lernfreude und Leistungswillen hervorbringt.
- Ganztagsschulen entlasten Familien und vor allem berufstätige Elternteile von der Hausaufgabenbeaufsichtigung und -hilfe sowie von der Aufsicht über die Kinder bei Abwesenheit am Nachmittag („Schlüsselkinder").
- Die erweiterten Angebote musischer, sportlicher und gemeinschaftlicher Betätigungsmöglichkeiten der Ganztagsschule fördern in spezifischer Weise soziales und kreatives Verhalten bei Kindern und Jugendlichen.
- Ganztagsschulen fördern besonders die Selbstständigkeit, das Lernen-lernen, die verantwortliche Nutzung der freien Zeit sowie gewaltfreie Konfliktlösungen.

- Ganztagsschulen verringern durch Rhythmisierung den an der Halbtagsschule kritisierten Schulstress, die einseitige nervliche Belastung der Kinder und Jugendlichen und die Hektik am Schulmorgen.
- In der Ganztagsschule lässt sich Demokratie als Lebensform, Verantwortung, Gemeinschaft und humanes Miteinanderumgehen besser erlernen und einüben.
- Ganztagsschulen helfen Familien und Alleinerziehenden, die mit ihrer Erziehungsverantwortung überfordert sind.
- Ganztagsschulen machen mit der Freizeit- und Medienerziehung ernst, eröffnen Kindern und Jugendlichen neue und realitätsbezogene Spiel- und Erfahrungsmöglichkeiten und helfen mit, den Waren-, Fernseh-, Computer- und Videokonsum der Schüler zu reduzieren.
- Ganztagsschulen sind besser geeignet, multikulturelle Erziehung, interkulturelles Lernen und die soziale Integration von einheimischen und Aussiedler-/Ausländer-Kindern zu leisten.
- Die Ganztagsschule eröffnet dem Lehrer mehr und neue Möglichkeiten, sich als Erzieher, Berater und Vertrauter des Schülers zu verstehen und die einseitige Akzentuierung auf die Wissensvermittlerrolle abzubauen.
- Die Ganztagsschule kann zur Verkürzung der Schulzeit beitragen.
- Ganztagsschulen nutzen das vorhandene Raumangebot besser aus.
- Ganztagsschüler identifizieren sich mehr mit ihrer Schule.

Argumente zugunsten der Halbtagsschule/gegen die Ganztagsschule

Die Argumente, die gegen eine Ausdehnung des Schulunterrichts in den Nachmittag hinein und insofern zugunsten der bestehenden Halbtagsschule vorgebracht werden, sind zwar nicht so zahlreich, wohl aber ebenso gewichtig:

- Die Ganztagsschule steht im Gegensatz zum grundgesetzlich verbrieften Elternrecht auf Erziehung (Art. 6, Abs. 2 GG) oder hilft zumindest mit, dass sich die Elterngeneration ihrer Verantwortung für die Kinderbetreuung und -erziehung entzieht oder entledigt.
- Die Ganztagsschule fördert eine zunehmende Verschulung der freien Zeit von Kindern und Jugendlichen, die mit der in einzelnen Bundesländern bereits praktizierten Fünftagewoche an den Schulen ohnedies bereits eingesetzt hat; gegen die Gefahr der Verplanung von Schülern muss das Recht von Kindern auf freie Zeit, eigene Formen der Freizeitgestaltung und ungezwungenes Erfahrungssammeln betont werden.
- Die Ganztagsschule entzieht Kinder ihren Eltern mehr als notwendig, sie entfremdet sie ihnen möglicherweise, ohne entstehende Defizite an emotionaler Zuwendung ausgleichen zu können.
- Die Ganztagsschule ist vor allem für erziehungsschwierige, schulschwierige und sozial vernachlässigte Kinder von Bedeutung und attraktiv, so dass sie die Tendenz zu einer „sozialen Ghettoschule" in sich birgt.
- Ganztagsschulen verursachen den Bundesländern erheblich höhere Kosten als Halbtagsschulen; im Durchschnitt fallen etwa 40 % mehr Personalkosten, ca. 30 % mehr Ausstattungskosten und ungefähr 25 % Flächenmehrbedarfskosten an.

- Bei Ganztagsschulen müssen Lehrer/Lehrerinnen berufsfremde Aufgaben (Betreuung beim Mittagessen, bei den Hausaufgaben, bei Freizeitaktivitäten) übernehmen und erhalten zusätzliche administrative und organisatorische Pflichten zugewiesen.
- Mehr und längere Schulzeit allein garantiert keine Verbesserung beim Lern- und Allgemeinverhalten von Kindern und Jugendlichen; vielmehr müsste Schule anders konzipiert und durch sonder- und sozialpädagogische Fördermaßnahmen erweitert werden, damit sie ihre gestellten Ziele erreichen kann. Mehr Geld, mehr Raum und mehr Personal würden aber auch die Leistungsfähigkeit der Halbtagsschule entscheidend verbessern.
- Die Rolle der Schule in der Gesellschaft wird entscheidend verändert, wenn die Halbtagsschule durch die Ganztagsschule ersetzt wird. Die Schule als Lernort, als Ort des Unterrichts und der Erziehung, wird dann mit therapeutischen Aufgaben befasst, für die familienunterstützende Einrichtungen und die Familien- und Jugendpolitik, nicht aber die Bildungspolitik zuständig sind.
- Durch ihre Freizeitangebote tritt die Ganztagsschule in Konkurrenz mit Vereinen und Verbänden, die von jeher Jugendarbeit und Kinderförderung außerhalb der Schule betreiben.

2.5 Schule in staatlicher und nichtstaatlicher Trägerschaft

Seit dem 18. Jh. ist die Schule in Deutschland eine Angelegenheit des Staates; sie untersteht der staatlichen Aufsicht, die bis 1919 von der Kirche in Substitution ausgeführt wurde. So erklärt sich die im Vergleich zu anderen europäischen Ländern (z. B. Dänemark, Niederlande) niedrige Zahl von 6 % (mit geringen Anteilen im Volksschulbereich, etwas höheren im Realschul- und Gymnasialbereich und höheren im Berufsbildenden Bereich) so genannter privater Schulen in Deutschland, die von etwa 500 000 Schülern besucht werden.

In der schulpädagogischen Fachliteratur werden Schulen in nichtstaatlicher Trägerschaft auch als „freie", „private" oder „alternative" Schulen bezeichnet. Hierunter sind sehr heterogene Schulkonzepte zusammengefasst, wobei klare Abgrenzungen in der Selbstbezeichnung der Schulen fehlen (vgl. Goldschmidt/ Roeder 1979, Zudeick 1982, Winkel 1980).

- Der Begriff „Freie Schule" erweckt den Eindruck, als handele es sich bei diesen Schulen um solche mit einem besonders hohen Maß pädagogischer Spielräume und wenig Auflagen und Restriktionen bei Methoden, Lehrinhalten und Erziehungszielen. Dem steht aber die staatliche Schulaufsicht entgegen.
- Bei „Privatschulen" assoziiert man Schulen, die privaten Initiativen entstammen (vgl. Landerziehungsheime); die meisten von ihnen (im Bereich der allgemein bildenden Schulen) sind aber in der Trägerschaft der großen Kirchen.
- „Alternativschulen" sind dem Sinn nach Gegenschulen zur „normalen Regelschule" und zielen – anders als Modellschulen, Schulversuche/Versuchsschu-

len – auch nicht auf deren Reform ab. Sie antworten organisatorisch und curri-cular auf gesellschaftlich virulente Defizite und Probleme und verstehen sich als Gegenentwurf zur bürgerlich-gesellschaftlichen Schulpraxis (vgl. Summer-hill, Glockseeschule Hannover, Bielefelder Laborschule, Grundschule Münster-Gievenbeck, Freie Schule Essen usw.). Als Alternativen zur Regelschule setzen sie im Bereich der Lehrer-Schüler-Interaktion, der Leistungsbeurteilung der Thematisierung von Angst, Sexualität, gesellschaftlicher Ungleichheit usw. deutlich andere Akzente und verfolgen Ziele der Gesellschaftsveränderung.

Anlass zur Gründung nichtstaatlicher Schulen ist von jeher (vgl. vor allem die Zeit der Reformpädagogischen Bewegung 1880/90–1933 und die der großen Bil-dungsreform 1960/65–1975) die Kritik an der bestehenden Schule. Nach R. Win-kel (1980) lauten die wichtigsten Vorwürfe an die Regelschule, sie

– sei eine bürokratische Mammutinstitution, die die Belange der Kinder und Jugendlichen nicht berücksichtigt
– unterwerfe sich den Anpassungsinteressen von Staat und Wirtschaft
– sei intellektualistisch, trieb- und emotionsfeindlich und nicht am Kind oder Jugendlichen orientiert
– habe einen monotonen, langweiligen Unterricht
– sei Ursache für kindliche Verhaltensstörungen
– sei reformresistent
– versage beim Ziel, Kinder und Jugendliche zu mündigen Bürgern werden zu lassen.

Schulen in nichtstaatlicher Trägerschaft weisen demgegenüber eine besondere Prägung auf, haben ein deutlich erkennbares pädagogisch-didaktisches Profil und legen Wert auf eine gemeinschaftliche Schulkultur. Von ihnen kann ein Erkennt-nistransfer auf die staatliche Regelschule erfolgen, der zu deren Reform beiträgt.

Die Rechtslage

Die rechtlichen Grundlagen für die Schulen in nichtstaatlicher Trägerschaft befinden sich im Grundgesetz Art. 7 (4) und (5), in den Länderverfassungen und in den Landesschulgesetzen.

1. Grundgesetz für die Bundesrepublik Deutschland: Artikel 7, Abs. 4 u. 5
   (s. Kap. 1.1)

Nach dem Grundgesetz wird das Recht zur Errichtung privater Schulen gewähr-leistet. Sofern durch sie öffentliche Schulen ersetzt werden (= Ersatzschulen im Unterschied zu Ergänzungsschulen), gelten folgende Bestimmungen:
● Sie bedürfen der Genehmigung durch den Staat und unterstehen den Landes-gesetzen.

● Die Genehmigung wird erteilt, wenn sie
   – in ihren Lehrzielen
   – in ihren Einrichtungen

- in der wissenschaftlichen Ausbildung der Lehrkräfte nicht hinter öffentlichen Schulen zurückstehen sowie wenn
- durch sie die Sonderung der Schüler nach den Besitzverhältnissen der Eltern nicht gefördert wird
- die wirtschaftliche und rechtliche Stellung der Lehrkräfte gesichert ist
- Private Volksschulen werden nur zugelassen, wenn
  - die Unterrichtsverwaltung ein besonderes pädagogisches Interesse anerkennt
  - sie auf Antrag der Eltern als Gemeinschaftsschule, als Bekenntnis- oder Weltanschauungsschule errichtet werden und
  - eine öffentliche Schule dieser Art in der Gemeinde nicht schon besteht.

2. *Verfassung des Freistaats Bayern: Art. 134 (als Beispiel für eine Landesverfassung)*

Artikel 134

(1) Privatschulen müssen den an die öffentlichen Schulen gestellten Anforderungen entsprechen. Sie können nur mit Genehmigung des Staates errichtet und betrieben werden.

(2) Die Genehmigung ist zu erteilen, wenn die Schule in ihren Lehrzielen (Artikel 131) und Einrichtungen sowie in der wissenschaftlichen Ausbildung ihrer Lehrer nicht hinter den gleichartigen öffentlichen Schulen zurücksteht, wenn die wissenschaftliche und rechtliche Stellung der Lehrer genügend gesichert ist und gegen die Person des Schulleiters keine Bedenken bestehen.

(3) Private Volksschulen dürfen nur unter besonderen Voraussetzungen zugelassen werden. Diese Voraussetzungen liegen insbesondere vor, wenn den Erziehungsberechtigten eine öffentliche Schule ihres Bekenntnisses oder ihrer Weltanschauung nicht zur Verfügung steht.

Die bayerische Verfassung präzisiert durch

- Betonung gleicher Anforderungen an Privatschulen wie an öffentliche Schulen
- Hinweis auf die Lehrziele, die in Art. 131 enthalten sind
- Hinzufügung der Bedingung, dass gegen die Person des Schulleiters keine Bedenken bestehen dürfen
- Schwerpunktsetzung auf den Elternwillen zur Errichtung von Bekenntnis- oder Weltanschauungsschulen.

3. *Bayerisches Erziehungs- und Unterrichtsgesetz: Art. 90–105 (als Beispiel für die Ländergesetzgebung)*

Das bayerische Gesetz über das Erziehungs- und Unterrichtswesen befasst sich ausführlich mit den Privaten Unterrichtseinrichtungen, bei denen zwischen Privaten Schulen (Schulen in freier Trägerschaft) als Ersatzschulen und Ergänzungsschulen und privaten Lehrgängen oder Privatunterricht noch einmal unterschieden wird. Erneut werden die Bestimmungen hier konkreter. Zusätzlich wird zwischen *zulassungspflichtigen privaten Ersatzschulen* und *anzeigepflichtigen privaten Ergänzungsschulen* unterschieden. Detaillierter juristisch geregelt wird, dass

- der Betreiber oder der Leiter einer Ersatzschule die Gewähr für die Einhaltung der verfassungsmäßigen Ordnung bietet
- Mindestlehrpläne, Mindeststundentafeln, Prüfungs- und Schulordnungen der Ersatzschulen staatlicherseits zur Genehmigung eingefordert werden können, verschärft bei privaten Volksschulen
- Vorschriften für die Größe, Beschaffenheit und Ausstattung der Räume und Einrichtungen eingehalten werden
- die einzustellenden Lehrer gleichartige oder gleichwertige fachliche und pädagogische Prüfungen nachweisen und staatlicherseits auf ihre Eignung überprüft werden
- die Privatschulen Erleichterungen und Beihilfen in angemessener Zahl gewähren müssen, damit keine Sondierung der Schülerinnen/Schüler nach Herkunft, Stand, Einkommen und Vermögen der Eltern stattfindet
- für die Absicherung der Lehrer/Lehrerinnen ein ordnungsgemäßer Arbeitsvertrag abgeschlossen wird, die Gehälter/Vergütungen denen an öffentlichen Schulen vergleichbar sind und regelmäßig gezahlt werden sowie die Versorgungsbezüge gesichert sind
- staatlich anerkannte Ersatzschulen (d. h. solche, die auf Dauer eingerichtet sind und die staatlichen Vorgaben dauerhaft erfüllen werden) dazu verpflichtet sind, bei der Aufnahme, beim Vorrücken und beim Schulwechsel der Schülerinnen/Schüler sowie bei Prüfungen die Regelungen anzuwenden, die an staatlichen Schulen gelten
- Ersatzschulen mit dem Charakter öffentlicher Schulen, der staatlich anerkannten Ersatzschulen auf Antrag verliehen werden kann, die staatliche Schulordnung in vollem Umfang einhalten müssen
- Ergänzungsschulen angezeigt werden müssen, ihre Errichtung und ihr Betrieb untersagt werden, wenn Schulträger, Leiter, Lehrer oder Einrichtungen nicht den Anforderungen entsprechen sowie dass sie im Falle einer an ihr erfolgenden Berufsausbildung nach Vorlage von Mindestlehrplänen und Prüfungsordnungen staatlich anerkannt werden können.

Die Freiräume für Schulen in nichtstaatlicher Trägerschaft, die als staatliche Ersatzschulen anerkannt werden wollen, sind stark eingeschränkt. Sie liegen vorwiegend im eigenständigen Erziehungskonzept (soweit es sich den obersten staatlichen Bildungs- und Erziehungszielen einfügt), in der Auswahl der Lehrerinnen/Lehrer, in der Auswahl der Schülerinnen/Schüler, in den Unterrichtsmethoden, den Lehr- und Lernmitteln, im Schulprofil und Schulprogramm sowie in den Aktivitäten des Schullebens und einer besonderen Schulkultur. Möglichkeiten freierer Gestaltung ergeben sich ferner bei der Schülerbeurteilung und der Jahrgangsstufengliederung. Nichtstaatliche Schulen, die Ersatzschulen sind, erhalten bei dauerhaftem Bestand die Personalkosten nach dem „Schlüssel" öffentlicher Schulen in der Regel ganz erstattet, nicht jedoch die Sachkosten; hier liegt der staatliche Zuschuss zwischen 60 und 80 %.

Beispiele für Alternativen zur staatlichen Regelschule

Im Folgenden sollen vier verschiedene Schulen kurz vorgestellt werden, deren Konzept sich wesentlich von der Schule in staatlicher Trägerschaft unterscheiden.

● Der Schulversuch Hannover-Glocksee

Die alternative Schule „Hannover-Glocksee" wurde 1972 vom Kultusministerium des Landes Niedersachsen zunächst als Schulversuch eingerichtet. Ihr Charakteristikum war informeller Unterricht mit einer radikal gedachten Schülerselbststeuerung. Informeller Unterricht ist die Aufhebung des organisierten Unterrichts. In ihm wird darauf verzichtet, den Kindern das Lernen vorzuschreiben und sie zum Zwecke des Lernens in eine künstlich arrangierte Situation zu bringen. Auch sollen die Schüler sich in dieser Schule frei bewegen und verhalten können; ein angepasstes, für die Schule angenommenes Verhalten wird abgelehnt. „Free Schools", „Street Schools", „Schools without Walls", „Open Plan Schools" sind dafür bekannte Vorbilder. Eltern und Lehrer haben in der Glocksee-Schule mit administrativer Billigung und Unterstützung eine offene Grundschule ins Leben gerufen, die sich als eine Gegenschule zum traditionellen Schulwesen verstehen möchte. „In der Grundschule an der Glockseestraße in Hannover

- werden die Lehrer von den Schülern geduzt
- gibt es keine Noten, keine Prüfungen und kein Sitzenbleiben
- gehören Feuermachen, Toben und sich Ausruhen genauso zum Schulalltag wie Lesen, Rechnen und Schreiben
- lernen Kinder informell oder planmäßig, individuell oder gemeinsam, voneinander wie von ausgebildeten Lehrkräften
- lernen Kinder aus allen Bevölkerungsschichten ihre Konflikte gemeinsam und selbstständig zu lösen
- werden die Eltern regelmäßig in den Lernprozess ihrer Kinder miteinbezogen" (Ramseger, 1975, S. 158 f.).

Ein Autorenkollektiv, das diese Schule am Anfang ihres Bestehens begleitet hat, beschreibt den Schultag an der Schule Hannover-Glocksee wie folgt:
„Die Lehrer treffen sich jeden Morgen eine halbe Stunde vor Schulbeginn zu einer kurzen Koordination ihrer Angebote und Pläne für den Vormittag; anschließend werden die Angebote und Vorhaben des Tages an das schwarze Brett geheftet, so dass sich die Kinder bei ihrem Eintreffen orientieren können, was von Seiten der Lehrer jeweils geplant ist. Ein großer Teil der Kinder nützt diese Organisation bei Schulbeginn, einige wenden sich danach zu detaillierteren Informationen an die Lehrer; häufig informieren sich auch Kinder erst später, da sie mit bestimmten eigenen Wünschen in die Schule kommen oder erst eine ‚Anlaufphase' brauchen. … Völlig gleichberechtigt neben den Angeboten der Erwachsenen entwickeln sich Aktivitäten, die von Kindern initiiert werden. Häufig kommen Kinder schon am Morgen in die Schule mit einer ganz festen Vorstellung von dem, was sie zumindest erst einmal tun möchten. … Je nach ihrer Absicht sprechen sie Personen an,

die sie zur Durchführung dieses Vorhabens brauchen, Bezugspersonen oder andere Kinder. ... Dass es dann zu Kompromissen von beiden Seiten kommen muss, ist selbstverständlich; auch selbstverständlich ist, dass dieser Kompromiss im Schulversuch sehr oft bedeutet, dass ein Lehrerangebot zugunsten von Schülerinteressen zurücktritt" (Autorenkollektiv, 1975, 47).

Organisatorisch sind hierfür die Voraussetzungen geschaffen worden. Es gibt keine Einteilung in Unterrichtsstunden und Pausen. Die Schüler werden so weder gezwungen, eine begonnene Arbeit abzubrechen, wenn die Stunde vorbei ist, noch sind sie gehalten, sich bis zum Stundenschluss mit einer Sache noch weiter zu beschäftigen. Auch gibt es die Einrichtung ungeplanter Phasen. Das bedeutet, dass der Lehrer an einem Vormittag den Schülern kein Lernangebot/ Angebot unterbreitet. Die Schüler gehen dann ihren Interessen nach oder schließen sich den Vorhaben anderer an. Nur den Schülern, die den Lehrer darum bitten, wird ein Angebot gemacht.

In den mehr als 25 Jahren ihres Bestehens hat sich die Glocksee-Schule in den Sekundarbereich I ausgedehnt und führt heute bis zur 10. Jahrgangsstufe.

● Die Bielefelder Laborschule

Die Bielefelder Laborschule ist ein Gesamt- und Ganztagsschulmodell, das 1968 von H. Hentig erarbeitet wurde und zusammen mit Lehrern und Mitarbeitern der Universität Bielefeld durchgeführt wird. Sie verbindet Schule und Forschung und hatte am Beginn 660 fünf- bis fünfzehnjährige Schülerinnen und Schüler von der Vorschule bis zur 10. Klasse. Diese waren ausgewählt nach Kriterien der gesellschaftlichen Chancengleichheit. Das Kollegium arbeitete (bis zum Ausscheiden des Gründers Ende der 80er Jahre des letzten Jahrhunderts) daran, neue Lerninhalte und Organisationsformen, Lehrverfahren und Lernvorgänge in der Schule und für sie zu entwickeln und zu erproben (v. Hentig, 1971, S. 11). Alle an der Schule anfallenden Erfahrungsmöglichkeiten sollen als Lernsituationen gelten. Erfahrung wird als Grundkategorie der Laborschule bezeichnet.

Unter anderem soll „erfahren" werden,

„dass auch Kinder ein Recht auf Selbstbestimmung haben, und das heißt für sie in erster Linie: ein Recht auf Hilfe bei der Ermöglichung von Selbstbestimmung; dass auch die Schranken der Institution, des Herkommens, der Autorität, der Gewaltverhältnisse der Rechtfertigung bedürfen, also kritisierbar sind; dass die Veränderlichkeit der Verhältnisse nur ein Hinweis auf ihre Veränderbarkeit ist und dass die Mitbestimmung über die Verhältnisse die Möglichkeit der Selbstbestimmung voraussetzt" (a. a. O., S. 13 f.).

Die Schule ist nicht an herkömmlichen Fächern oder Lerngegenständen orientiert. Sie trägt auch durch eine veränderte Struktur und Organisationsform der Grundkategorie „Erfahrung" Rechnung. Diese Struktur folgt drei wichtigen Prinzipien der Laborschule:

– die Schüler machen eine allmähliche Erweiterung ihrer sozialen Umwelt durch – von der Stammgruppe über die ersten Wahlgruppen bis zu Gruppen, die aus Schülern verschiedener Jahrgänge und verschiedener Wahlkurse zusammengesetzt sind;

– ein zunächst unspezialisierter, für alle gemeinsamer Unterricht in den fünf Unterrichtsbereichen (Social Studies/Naturwissenschaften/Sprache/Mathematik/Wahrnehmen und Gestalten) wird stufenweise durch ein differenziertes Angebot abgelöst, gemeinsamer Pflichtunterricht weicht immer mehr der Wahlfreiheit;

– zwischen den allgemeinen, übergreifenden Fragen und Aufgaben und den spezialisierten Disziplinen wird innerhalb der fünf Unterrichtsbereiche ein systematisches Verhältnis durch einen fortlaufenden allgemeinen Unterricht … hergestellt" (o. a. O., S. 17).

Die organisatorische Struktur sieht wie folgt aus:

Stufe I: Vorschuljahr, Klasse 1 und 2

Diese Stufe ist unterteilt in Gruppen mit gemischten Jahrgängen bestehend aus 13/14 Kindern. Jede Gruppe hat ein eigenes „Revier" und wird durch einen Lehrer am Vormittag und durch eine Erzieherin am Nachmittag betreut. Nach jedem Schuljahr verlässt ein Drittel der Kinder die Gruppe. Es findet offener Unterricht in altersgemischten Gruppen statt, wobei jedes der 5- bis 8-jährigen Kinder nach seinem eigenen Arbeitsrhythmus vorgeht – ohne Zeit-, Leistungs- und Zensurendruck, ohne Stundenplan, ungefächert und mit Phasen der Bewegung und Ruhe, der Konzentration und der Entspannung. Leben und Lernen sind ganzheitlich verwoben.

Stufe II: Klasse 3 und 4

Es gibt Stammgruppen mit zwanzig Schülern, der Stammgruppenlehrer wird durch einen zweiten Fachlehrer unterstützt. In dieser Stufe beginnt das fächerorientierte Lernen; Englisch wird als erste Fremdsprache spielerisch erlernt. Es herrscht offener Unterricht vor, wobei den Kindern bei den Kulturtechniken gezielt Angebote und Hilfen gegeben werden. Viel Schulzeit wird mit Gruppen- und Jahrgangsprojekten verbracht.

Stufe III: Klasse 5 bis 7

Hier wird der Unterricht in Erfahrungsbereiche gegliedert:

– Sozialwissenschaft: Geschichte, Erdkunde, Gesellschafts-, Humanwissenschaften (= Umgang von Menschen mit Menschen)

– Naturwissenschaft: Biologie, Physik, Chemie, Technik (= Umgang mit Sachen: beobachtend, messend, experimentierend)

– Bildende Künste: Kunst, Musik, Theater (= Umgang mit Sachen: erfindend, spielend, gestaltend)

– Spiel, Sport, Bewegung (= Umgang mit dem eigenen Körper)

– Sprachen: Fremdsprachen (Englisch, Französisch, Latein), Deutsch (= Umgang mit Gesprochenem, Geschriebenem, Gedachtem)

– Mathematik

Angebotsdifferenzierung: Mehrere Stunden pro Woche lernen die Schüler in Wahlkursen, die zweimal im Jahr neu gewählt werden: Hinzu kommen zwei

Stunden pro Woche die so genannten Clubs. Bei den Wahlkursen werden drei Jahrgänge miteinander gemischt: Kursgröße ist meist 15 Schüler. Als Angebote gibt es beispielsweise Holzarbeit, Metallarbeit, Computer, Technik, Biologie, Kochen und Backen, Mathematik-Spiele, Seidenmalerei, Schulgarten etc. Eine zweite Fremdsprache (Latein/Französisch) wird begonnen. Projekte und Reisen kommen hinzu.

Stufe IV: Klasse 8 bis 10

Unterrichtet werden die obigen Erfahrungsbereiche. Es erfolgt Angebotsdifferenzierung in Wahl- und Leistungskurse. Als Leistungen sind insgesamt fünf Semesterarbeiten vorgeschrieben. Ein Drittel des Unterrichts besteht aus altersgemischten Wahlkursen. In der 8. Klasse wird der Englischunterricht nur in Form von Projekttraining gestaltet. Die Projekte werden nun komplexer und komplizierter (z. B. „Französische Revolution", „Klimazonen der Erde", „Bielefeld im 2. Weltkrieg"). Insgesamt ist der Unterricht binnendifferenziert. Im 8. und 9. Schuljahr findet je ein Praktikum in einem Produktions- und einem Dienstleistungsbetrieb (drei Wochen) statt, im 10. Schuljahr ein Praktikum zur Berufsorientierung (zwei Wochen) und ein Schulpraktikum als Orientierung für den Besuch einer weiterführenden Schule (eine Woche). Es werden 3 theoretische oder praktische größere Jahresarbeiten angefertigt und Sprachreisen durchgeführt. Abschlüsse sind der Hauptschulabschluss oder die Fachoberschulreife, der bei entsprechenden Leistungen der Vermerk zur gymnasialen Oberstufenbefähigung beigefügt wird.

Die Laborschule will Lebensraum für die Schülerinnen und Schüler sein. Sie

– individualisiert den Unterricht und berücksichtigt die Lern- und Arbeitsweisen der Kinder
– zwingt nicht zum Lernen
– ermöglicht, dass die Schüler ihre Belange selbst regeln und Ältere Jüngeren dabei helfen
– lässt Lernen in allen Dimensionen und Bereichen zu, durch Einzelarbeit und Gruppenarbeit, Exkursionen, Wahlkurse, Bewegung, Ruhe, Labors, Bibliothek, Schulgarten, Schulzoo, Werkstätten für Holz, Metall und Textil usw.
– ersetzt Zeugnisse durch einen Lernbericht am Ende jeden Halbjahres (Noten gibt es erst in der 9./10. Klasse).

Als besondere Merkmale dieser unbefristet genehmigten staatlichen Versuchsschule des Landes Nordrhein-Westfalen sind zu nennen (v. d. Groeben 2005, 256 ff.):

1. Leben in der Gemeinschaft
2. Lernen an und aus der Erfahrung
3. Tages- und Jahresrhythmus des Schullebens.

● Die Freien Waldorf-Schulen

Im Jahre 1919 gründete der Anthroposoph und Goethe-Forscher Rudolf Steiner (†1925) auf Initiative des Direktors der Waldorf-Astoria-Zigarettenfabrik Stuttgart zur Behebung der Bildungsnot im Arbeiterstand auf dem Gelände der Fabrik seine erste Freie Waldorf-Schule. Diese Schulgründung fand in Deutschland und im Ausland große Beachtung (bes. in der Schweiz, in England und in den Niederlanden). Auf ausgedehnten Vortragsreisen zwischen 1910 und 1924 stellte Steiner sein Schulkonzept vor, was zu zahlreichen Schulgründungen führte. In den Folgejahren und vor allem nach dem Zweiten Weltkrieg stieg die Zahl der Waldorf-Schulen bis heute rapide an.

Die anthropologischen Grundlagen des Schulkonzepts von R. Steiner

R. Steiner ist ein eifriger Verfechter der Anthroposophie, einer Methode zur Erforschung der geistig-übersinnlichen Welt in ihrer Bedeutung für die sinnlich-physische Welt; Steiner nennt diese Anthroposophie Geisteswissenschaft. Sie führt seiner Meinung nach zur wahren Menschenkenntnis und verhilft den Menschen auf einem gestuften Weg zu geistigen Erkenntniskräften, die die Sinneswelt mit der übersinnlichen Welt zu verknüpfen vermögen. Dazu muss das menschliche Wesen zu allererst erforscht werden. Steiner sieht im Menschen einen „Bürger dreier Welten", ein dreigliedriges Wesen, das aus Leib, Seele und Geist besteht, das mit dem Leib der Welt angehört, mit der Seele sich seine eigene Welt aufbaut und mit dem Geist sich darüber zu erheben versteht. Gleichzeitig gilt, dass der Mensch vom Mineralreich über die Pflanze, das Tier bis zum Ich all diesen Bereichen angehört. Jeweils eines dieser vier kosmischen Naturreiche ist als einzelner Leib in der menschlichen Gesamtentwicklung dominant und lässt im Kind/Jugendlichen ein bestimmtes Temperament (melancholisch, phlegmatisch, sanguinisch, cholerisch) hervortreten. Die Entwicklung des Menschen zum autonomen Ich durchläuft 4 Stadien, die jeweils 7 Lebensjahre dauern; es sind das

1. der physische Leib (von 0–7 Jahre), der aus Stoffen und Kräften wie die leblose Welt, die Minerale, die Erde, das Wasser zusammengesetzt ist
2. der Ätherleib (von 7–14 Jahre), der den physischen Leib als Lebenskraft durchdringt und Wachstum und Fortpflanzung bewirkt und sie zum Leben aufruft, der Gewohnheiten, Temperament, Neigungen, Gedächtnis, Gewissen, Moral und Charakter des Menschen ausmacht, also seine seelischen Regungen und den der Mensch mit dem Pflanzen- und Tierreich gemeinsam hat
3. der Astral- oder Empfindungsleib (von 14–21 Jahre) ist Träger von Begierde, Trieb, Leidenschaft, Schmerz, Lust und von Verstandes- und Urteilskräften; es entsteht das Bedürfnis nach Erkennen, intellektuellem Durchdringen und selbstständigem Urteilen; der Geist erwacht jetzt
4. der Ich-Leib (ab 21 Jahre), die Wesenheit, die den Menschen zum Menschen macht und ihn mit dem Bereich des Göttlich-Geistigen verbindet. Im Göttlich-Geistigen befindet sich das Ich solange, bis es sich entfaltet, d.h. zwischen den Inkarnationen. Als geistiges Wesen ist es dort von niederem Rang (höher sind die Engel). Nicht die Eltern vererben das Ich, sondern das Ich steigt bei der Geburt des Menschen aus dem Bereich des Göttlich-Geistigen in das Physische hinab und verbindet sich mit einem Körper (Inkarnation). Da der Ich-Leib für sich und sein Tun verantwortlich ist, bildet er ein Karma (Gut-Böse-Lebensbilanz) aus. Wird das Ich in einem weiteren Leben re-inkar-

niert, ist es durch dieses Karma vorgeprägt. Die Erziehung kann nun daran mithelfen, die Schuld des vorangegangenen Karma „abzuarbeiten"! Allerdings durchschaut nur der anthroposophisch vorgebildete Lehrer den Inkarnationsvorgang des Schülers. Der Ich-Leib ist der Träger der höheren Menschenseele; er besteht aus Ich-Kräften und Erinnerungskräften, die dem Geist, der Individualität und dem Ich des Menschen dienen. Er wandelt den Astralleib in das Geistselbst (Manas) um, den Ätherleib in den Lebensgeist (Buddhi) und den physischen Leib in den Geistmenschen (Atma). Die Umwandlung, die im einzelnen Menschen geschieht, ist identisch mit der Umwandlung der gesamten Menschheit (Phylogenese = Ontogenese).

Diese Umwandlung geschieht durch Erziehung. Nach Steiner muss man die Wesenheiten des Menschen genau kennen, um daraus die Grundsätze für eine sachgemäße Erziehung ableiten zu können. Seine Konsequenzen lauten: Im ersten Jahrsiebt (bis zum Zahnwechsel) ist das Kind ganz Sinnesorgan und hat noch einen unbewussten Willen. Deshalb sind die Nachahmung (Imitation) und das Vorbild in dieser Zeit die einzig richtige Art der Erziehung, und der Erzieher muss darauf achten, dass in die Umgebung des Kindes nur Nachahmenswertes kommt. Im zweiten Jahrsiebt steht durch den Ätherleib das Fühlen im Zentrum; die Phantasie des Kindes soll sich nun durch Bilder und Beispiele entwickeln, und moralische und intellektuelle Kräfte sollen sich ausformen können; die einzig richtige Erziehungsmethode ist dafür – nach Steiner – die Nachfolge und die Autorität (Auctoritas) des Erziehers, selbstständiges, kritisches Denken des Kindes wäre eine Verfrühung. Im dritten Jahrsiebt (angezeigt durch die Geschlechtsreife) werden Urteils- und Verstandeskraft wichtig. Die Erziehung hat nun die Intelligentia des Kindes zum Ziel. Um das 20./21. Lebensjahr kommt es dann zur Geburt des Ich, das Kind/der Jugendliche istzum mündigen Menschen gereift; er erreicht diese Wesenheit durch die Sophia.
In R. Steiners Anthropologie und d. h. in der Anthroposophie verbinden sich offensichtlich gnostisch-hellenistische Gedanken, hinduistisch-buddhistische Gedanken (Karma-Lehre) und Gedanken der Mystik, die sie rational nicht mehr zugänglich machen; Steiners Menschenbild wirkt daher hermetisch abgeschlossen gegenüber anderen anthropologischen Reflexionen.

Die Schulkonzeption

Die Anthroposophie mit ihrer Entwicklungs- und Temperamentslehre und Steiners Vorstellung vom freien, selbstverwalteten Bereich des Geistlebens in der Gesellschaft (wozu auch die Schule zählt), liefern den bildungstheoretischen Rahmen für die Waldorf-Schule. Wichtige Aufgabe der Schule ist es, den Kindern/ Jugendlichen Reinkarnationshilfe zu sein. Schule und Unterricht sollen daher – erstens – frei sein von staatlicher Bevormundung und – zweitens – vollkommen auf die vier Lebensabschnitte des Menschen mit ihren Entwicklungskräften und Bedürfnissen abgestellt sein. Die Waldorf-Schule ist in diesem Sinne vor allem eine Erziehungsschule. Ihre Besonderheiten sind:

1. *die weltanschaulich begründete Organisationsform*

Im Waldorfkindergarten (1. Lebensjahrsiebt) ist alles, das Tun der Erzieher und die Gestaltung der äußeren Umgebung, auf die Nachahmung durch die Kinder ausgerichtet. Zum Konzept passt, dass die erste Fremdsprache bereits in dieser Zeit und im 1. Schuljahr gelernt wird, da sie Teil des imitativen Lernens ist. Die ersten Schuljahre (2. Lebensjahrsiebt) sind unter dem Prinzip Autorität und Persönlichkeit des Lehrers organisiert, der über die ganze Zeit als Klassenlehrer die Klasse führt, jeden einzelnen Schüler entwicklungsmäßig und charakterlich (vgl. Temperamentslehre) diagnostiziert, meditiert und entsprechend den daraus erkennbaren Entwicklungsnotwendigkeiten formt. Darin zeigt sich der Respekt des Erziehers vor der Würde des Kindes, das auf Grund früherer Erdenleben bestimmte Schicksalsanlagen in sich trägt. Der Unterricht ist bildhaft und operiert mit Sinnbildern, da das Gefühl in diesen Jahren die dominante Seelentätigkeit ist. Die positiven Bilder sollen zum Nacheifern veranlassen, abstoßende Bilder sollen schlechte Gewohnheiten vertreiben. Der personale Bezug zwischen dem charismatischen Lehrer und dem sich entwickelnden Schüler ist in diesen Jahren sehr eng. Das ändert sich im dritten Lebensjahrsiebt ab der 9. Jahrgangsstufe, da nun die sachbezogene Urteilskraft gefördert werden soll; an die Stelle des Klassenlehrers tritt der Fachlehrer, der einen wissenschaftsorientierten Unterricht macht.

2. *Verzicht auf Selektion*

Alle Schüler werden unterschiedslos 12 Jahre lang ohne Selektion gemeinsam unterrichtet, da die Entwicklung jedes Schülers/jeder Schülerin, gleich welchen Geschlechts oder welcher Schichtzugehörigkeit, nach denselben Gesetzen abläuft und soziale Empfindungen in heterogenen Klassen besser entstehen und sich entfalten können. Waldorf-Schulen sind also Gesamtschulen. In ihnen wird auf Noten und Notenzeugnisse zugunsten von anthroposophisch reflektierten „Lernberichten" verzichtet. Sitzenbleiben gibt es in Waldorf-Schulen nicht. Dies ändert sich nur, wenn Schüler den staatlich anerkannten höheren Bildungsabschluss erreichen möchten. Dazu wird ein 13. Schuljahr angehängt, das in leistungsorientiertem Paukunterricht auf die Erfordernisse der Abiturprüfung vorbereitet.

3. *Didaktische Besonderheiten: Epochenunterricht, Eurhythmie, künstlerisches und praktisches Lernen*

Eine spezifische Unterrichtsform an Waldorf-Schulen ist der Epochenunterricht, bei dem über einen Zeitraum von mehreren Wochen an jedem Vormittag meist die ersten beiden Stunden für ein Unterrichtsthema unter einer Leitidee verwendet werden. Der Epochenunterricht wird anthroposophisch begründet; er repräsentiert die organische Ganzheit des Kosmos, wird vom Lehrer (als Anthroposoph) auf die Inhalte konzentriert, die als zentral angesehen werden, und erlaubt dem Schüler auf diese Weise ein ganzheitliches Ergreifen der Welt.

Eine weitere Besonderheit der Waldorf-Schulen ist das Fach Eurhythmie, eine Art Bewegungskunst, bei der Sprache und Musik nach ganz bestimmten Vorgaben in Bewegung, Gestik und Mimik umgesetzt werden. Jedem Vokal und jedem Konsonanten entspricht eine bestimmte Bewegung. Durch Eurhythmie sollen die Schüler persönliche Erfahrungen und ein subjektives Erfassen von Musik und Dichtung, nicht aber ästhetische Kenntnisse erlangen. Durch Eurhythmie soll vielmehr im anthroposophischen Sinne die geistig-seelisch-körperliche Ganzheit des Menschen höherentwickelt werden.

Neben der Eurhythmie hat die Waldorf-Schule noch hohe Anteile an künstlerischen und praktischen Unterrichtsinhalten: Handarbeit, Handwerk (Tischlern, Metallarbeit), Malen, Musizieren, Rezitieren, später Spinnen, Weben, Schnitzen, Erste Hilfe, Gartenbau und Theaterspielen. Der „theoretische" Unterricht wird konsequent durch praktisches und handwerkliches Tun konkretisiert.

4. die Stundenplangestaltung

Im Prinzip sollte der Stundenplan so gestaltet sein, dass jeder Schüler an jedem Tag mit seinen ganzen Kräften und als ganzer Mensch gefordert ist. So sollte es jeweils zu einem Abwechseln von gedanklicher Beanspruchung, sprachlichem Tun, künstlerischen Übungen und praktischer Bewegung kommen. Der Stundenplan einer Waldorf-Schule könnte beispielsweise wie folgt aussehen (Bast, 1996, S. 162):

Zeit	Unterrichtsform	Unterrichtsfolge	Größe der Gruppe	Fächer
8–10	Hauptunter-richts-Epoche	täglich	ganze Klassen	Deutsch, Geschichte, Erdk., Math., Physik, Chemie, Biologie, Sachkunde, Kunst-geschichte
10–12	Übungsunter-richt in Einzel-stunden oder Blockstunden	unregelmäßig verteilt	1. ganze, halbe 2. drittel Klasse	1. Sprachen, Eurhyth-mie, Turnen, Religion, Musik, Orchester 2. Malen, Zeichnen, Plastizieren (Kl. 6–8)
12–14 15–17	Epochen	2–3-mal wöchentlich als Blockstunden	drittel Klassen ganze Klassen	Handarb., Handw., Gartenbau, Praktischer Zug, Technologie, Gesundheitslehre
ganz-tägig	Voll-Epoche	1–3 Wochen lang	ganze Klassen	Feldmessen (eine Woche), Reisen (zwei bis drei Wochen), Praktika
an Nach-mit-tagen	epochenartig	2–3-mal wöchentlich	ganze Klassen	Dramatische Auf-führungen, Eurhyth-mie-Aufführungen
ver-schie-den	Ferien, Verfügungs-stunden	frei eingestreut	13 Klassen 5 Oberklassen	Monatsfeiern, Spiele usw., Referate von Gästen

● Die Montessori-Schulen

Montessori-Schulen machen einen beachtlichen Teil der privaten Schulen in der Bundesrepublik Deutschland (bes. im Primarbereich) aus. Ihre Konzeption geht auf die italienische Ärztin, Anthropologin und Pädagogin Maria Montessori (1870–1952) zurück, die aus ihrer Arbeit mit behinderten Kindern den Impuls entnahm, sich Fragen der vorschulischen und schulischen Erziehung verstärkt zuzuwenden.

M. Montessoris Vorschul- und Schulkonzeption ist eng mit ihrer Biographie verbunden. Vier Ansatzpunkte lassen sich hier unterscheiden:

- M. Montessori war die erste Ärztin Italiens. Sie betreute zunächst schwachsinnige Kinder. Sie denkt infolgedessen wie eine Ärztin, die eine Krankheit diagnostiziert und Mittel für ihre Heilung anwendet. Die Methode lernte sie bei den französischen Ärzten Itard und Séguin, die mit Behinderten gearbeitet haben. Sie übertrug sie später auch auf die Arbeit mit normalen/gesunden Kindern. Immer jedoch beginnt sie mit der Beobachtung der Kinder und der Analyse des Arbeitsmaterials, das sie wie eine „Medizin" einsetzt als Hilfe zur Selbsthilfe.
- Durch das Medizinstudium ist M. Montessori stark mit dem naturwissenschaftlichen und speziell evolutionstheoretischen Denken vertraut. Auch das zeigt sich an vielen Stellen ihres Werkes. Sie sagt, dass die Natur des Menschen den „Bauplan" in sich trägt; sie verweist auf die Entwicklung der Bienen (Arbeitsbienen – Bienenkönigin), um die „sensitiven Perioden" des Kindes zu erklären; sie demonstriert an den Metamorphosen in der Natur (Kaulquappe – Frosch), dass das Kind eine Umbildung zum Erwachsenen mitmacht und nicht einfach als kleiner Erwachsener angesehen werden darf.
- Ein dritter Ansatzpunkt für ihre pädagogische Konzeption ist M. Montessoris Engagement für die Armen und sozial Schwachen. Ihr erstes Kinderhaus errichtete sie in dem römischen Elendsviertel San Lorenzo (1907). Die Rechtlosigkeit der kleinen Kinder, die unter der Erziehung und der Schule unsagbar leiden, spornte sie immer neu an, Kinderhäuser zu errichten, ihre Ideen zu verbreiten und Anhänger in allen Ländern und Kontinenten zu sammeln. Sie vergleicht das Kind mit Jesus, der seinen Leidensweg gehen musste.
- M. Montessoris methodische Vorgehensweise ist – viertens – diagnostisch und phänomenologisch, nicht empirisch und experimentell. Sie beobachtet das Verhalten der Kinder und schließt dann auf die daraus ersichtlich werdenden Bedürfnisse und Willensregungen. Sie erarbeitet aus ihren Beobachtungen eine Lernumgebung, von der sie annimmt, diese würde dem kindlichen Bedürfnis nach persönlicher Entfaltung entsprechen. Diese Annahme wiederum überprüft sich durch Beobachtungen, wie die Kinder mit der Lernumgebung umgehen und korrigiert letztere aus den Beobachtungen heraus.

Maria Montessori hat sich persönlich für ihr Konzept seit 1909 weltweit eingesetzt: durch Kurse zur Einführung ihrer Pädagogik, durch Vortragsreisen in die ganze Welt (Europa, Nord- und Südamerika, Indien) und durch zahlreiche Veröffentlichungen.

Die anthropologischen Grundlagen des Schulkonzepts von M. Montessori

Eine Beobachtung M. Montessoris im Kinderhaus von San Lorenzo gilt als Schlüssel zu ihrer anthropologischen Konzeption: Ein Kind beschäftigte sich über 40 mal mit einem Arbeitsmittel, ohne sich dabei durch die anderen Kinder stören zu lassen. Dieses Phänomen, später als die „Polarisation der Aufmerksamkeit" bezeichnet, machte ihr spontan klar, dass das Wesen des Kindes anders ist als das des Erwachsenen und dass Erziehung ein „Selbstwerk des Kindes" sein müsse. Ihr Bild vom Kind bzw. vom Menschen lässt sich folgendermaßen zusammenfassen:

1. Das Kind ist von Natur aus weder gut noch böse. Es besitzt vielmehr eine „tiefere Natur", ein einheitlicheres, stärkeres Wesen in sich, das sich möglichst aus sich heraus entwickeln können muss. Wo dies nicht geschieht, entwickelt sich das Kind nicht normal, sondern deviat, es bedarf der „Normalisierung". Nur das „normalisierte Kind", das mit Montessoris Material arbeitet, zeigt seine „wahre Natur". Ihrer Meinung nach hat das Kind einen Bauplan der Natur in sich. Dieser innere Bauplan kommt aber erst zur Geltung, wenn das Kind aktive Beziehungen zur äußeren Umwelt aufnimmt und selbstständig in diese Umwelt eindringt. Was dabei in der kindlichen Psyche vor sich geht, ist ein Geheimnis und soll den Erzieher nicht interessieren. Das „Zentrum" gehört dem Individuum allein. Aber durch die Sinne, den Körper und die Bewegung (die „Peripherie"), tritt es mit der Außenwelt in Beziehung. Damit es Empfindungen aufnehmen und ausdrücken kann, braucht es das Material. Über das Material kann der Erzieher also seine Hilfe anbieten, nicht durch direkten Einfluss auf das Kind mit Geboten, Verboten und Hinweisen. Denn das Kind kann nur indirekt, nie direkt aufnehmen.

2. Achtet man auf den Bauplan der Natur im Kind, so stellt man fest, dass das Kind seit der Entwöhnung zur Unabhängigkeit und Selbstständigkeit strebt. Wenn man das Kind seinem inneren Plan folgen lässt, wenn es sein eigener Lehrer werden kann, bildet es seine Persönlichkeit immer höher aus. (Motto: „Hilf mir, es selbst zu tun".) M. Montessori bezeichnet das Kind am Beginn seines Lebens als einen „geistigen Embryo", der mit Aktivität und Ordnungswillen ausgestattet ist. Es besitzt einen geistigen Impuls für den Aufbau seiner Persönlichkeit, den sie in der ersten kindlichen Lebensphase bis 3 Jahre „absorbierenden Geist" nennt. Dieser Geist entwickelt sich aber nicht von allein, sondern ihm muss Nahrung, Material, gegeben werden. Hierbei fand M. Montessori heraus, dass es in der Entwicklung der kindlichen Persönlichkeit Zeiten besonderer Lernbereitschaft gibt, die so genannten „sensiblen Perioden". In diesen Perioden nimmt das Kind „Kulturinhalte" optimal auf und bildet sich dadurch in typisch menschlicher Weise aus (vgl. aufrechter Gang, Sprache, Ordnung usw.). Sie erfüllen im menschlichen Leben die Aufgaben der Instinkte bei den Tieren. M. Montessori unterscheidet: 1.–6. Lebensjahr (unterteilt in 0–3 und 3–6 Jahre), 6.–12. Lebensjahr, die Adoleszenz (12.–18. Lebensjahr) und das Studienalter (18.–24. Lebensjahr). Die Erziehung müsse diesen Entwicklungsstufen Rechnung tragen. In der ersten Stufe sei eine freie Lernumgebung für das Kind nötig; denn hier geht es um den Prozess der

Ich-Findung und um Selbstständigkeit durch Selbsttätigkeit. In der zweiten Phase erfolge der Übergang vom Konkreten zum Abstrakten und es komme auf viel sozialen Kontakt an. In der dritten Stufe gehe es um Experimentieren und soziales Engagement und darum, dass das Individuum zu generellen sozialen Gefühlen für Personen und die Welt als Ganzes finde. In der letzten Stufe schließlich soll der Jugendliche um die Übernahme von Verantwortung und Wahlentscheidungen wissen und sich in der Kultur aktiv beteiligen. Jede der Phasen baut auf der vorhergehenden auf und kann nur ganz gelingen, wenn jene erfolgreich durchlaufen wurde.

Hinter dieser anthropologischen Konzeption von M. Montessori steht der Glaube, dass der Kosmos von Gott geordnet aufgebaut ist, wie Biologie und Naturwissenschaft belegten.

Die Schulkonzeption

Die pädagogischen Konsequenzen aus dieser Konzeption betreffen einmal den Lehrer/die Lehrerin, dann die Umgebung des Kindes und schließlich das Material, an dem das Kind arbeiten soll.

1. Die neue Rolle des Lehrers/der Lehrerin

Der Erzieher/Lehrer soll sich nach Meinung M. Montessoris völlig zurückhalten und durch Beobachtung herauszufinden versuchen, welche Hilfe das Kind für seine Persönlichkeitsentwicklung benötigt. Er soll sich in Bescheidenheit, Geduld und Liebe neben das Kind stellen und ihm geben, was es braucht: Erlebnisse, Erfahrungen und Wissen, Gelegenheit, seine Aktivitäten zu entfalten. Bei der Einführung des Schülers in das Montessori-Material geht er in drei Stufen vor. Benennen – Wiedererkennen – Abstraktion. Der Lehrer hat nicht das Informationsmonopol, sondern ist Organisator der Selbstlernprozesse der Schüler. Der Lehrer hilft und berät, überprüft den individuellen Lernfortschritt und regt zu bestimmten Lernaufgaben an, wo er Lücken merkt.

2. Die vorbereitete Umgebung

Dazu muss die Umgebung des Kindes verändert werden. Die Kinderhäuser und Schulzimmer sollen – so M. Montessori – so ausgestattet werden, dass die Kinder mit den Sachen und Gegenständen selbstständig umgehen können: kleine Stühle, kleine Toilettengegenstände, Vorhänge statt Türen, Regale statt Schränken usw. So kann sich die kindliche Aktivität entfalten: Ordnung der Möbel herstellen, Geschirr abwaschen, abstauben usw.; und es kommt Ordnung in die Bewegungen der Kinder. Da sie an den Gegenständen Freude haben, werden sie besonders behutsam mit ihnen umgehen. Dadurch lernen sie ohne Zwang Ordnung, Vorsicht und Rücksichtnahme – ein wichtiger Schritt in Richtung auf die Friedenserziehung. Zu dieser „vorbereiteten Umgebung" gehört auch das Montessori-Material.

3. Die Freiarbeit mit dem Material

Am bedeutsamsten ist das Arbeitsmaterial, nicht Spielmaterial, das M. Montessori entworfen hat. Es handelt sich um ein Selbsterziehungsmaterial, für das Kind der „Schlüssel zur Welt", mit dessen Hilfe es zu einem inneren Geordnetsein kommt und seine geistigen Strukturen aufbaut. Die Materialien kennzeichnet (1) eine äußere Ordnung: sie haben ihren bestimmten Platz, sie fordern durch ihre ästhetische-schöne Gestaltung zum Tätigwerden auf, sie sind immer nur einmal vorhanden, sie sind in Größe, Gewicht und Maß dem Kind angepasst, sie sind immer sauber und vollständig. Die Materialien weisen (2) auch eine innere Ordnung auf: Sie isolieren immer nur eine zu erlernende Schwierigkeit oder Eigenschaft (z. B. Form, Farbe, Gewicht, Maß, Klang, Geruch), sie enthalten eine Fehlerselbstkontrolle, sie können im Schwierigkeitsgrad gesteigert werden und erlauben weiterführende Übungen. Die Einführung der Materialien für die Schüler erfolgt in einer Drei-Stufen-Lektion durch den Lehrer, bei der das Material zuerst von diesem benannt/definiert wird, dann vom Schüler wiedererkannt und in seiner Bedeutung gefestigt wird und schließlich von ihm abstrahierend benannt werden kann. Das Material kann vom Kind beliebig oft benutzt und wiederholt werden, so lange, bis das Kind eine innere „Sättigung" erreicht hat; allerdings muss eine einmal begonnene Übung zu Ende gemacht sein, bevor das Kind eine neue beginnen darf. Durch die wiederholte Übung mit dem Material – M. Montessori weist darauf hin, dass das Kind nicht wie der Erwachsene mit möglichst geringem Aufwand und möglichst schnell eine Aufgabe löst – schärfen sich die Sinne des Kindes und es handelt immer selbstständiger. Entscheidend ist hier die freie Wahl des Kindes, denn nur das Kind selbst weiß, was es zu einem bestimmten Zeitpunkt benötigt, um sein geistiges Leben weiterzuentwickeln.

M. Montessori unterscheidet fünf Materialbereiche:

- Übungen des täglichen Lebens als Sorge für die eigene Person, Sorge für die Umgebung, Zusammenleben in der Gemeinschaft, Stilleübungen und Bewegungsübungen (z. B. auf der Linie gehen).
- Sinnesmaterial zum Begreifen durch Greifen wie Farbtäfelchen, geometrische Körper, Geräuschdosen, Gewichtsbretter, der braune Turm usw.
- Mathematikmaterial zum anschaulichen Nachvollziehen von Regeln und Gesetzmäßigkeiten der Mathematik durch goldene Perlen, Multiplikationsbrett, Divisionsbrett, Rechenrahmen usw.
- Sprachmaterial zwecks systematischer Einführung in das Wesen der Sprache und Lesen-Schreiben-Lernen auf synthetische Weise mit Hilfe von Sandpapierbuchstaben, bewegliches Alphabet, Sprachkästen, metallene Einsatzfiguren usw.
- Kosmische Erziehung als Erwerb von Grunderfahrungen und Grundwissen über die Welt.

4. Der Verzicht auf die Jahrgangsklasse

M. Montessori spricht sich gegen die Jahrgangsklasse und zugunsten von Lerngruppen/Klassen mit einem natürlichen Altersgefälle aus (in der Regel 3 Altersjahrgänge). Auf diese Weise würden Konkurrenzdruck und Langeweile vermieden und der geistige Austausch der Kinder und das soziale Lernen (das tutorielle Lernen der Kinder untereinander) gefördert; auch ist so jederzeit ein Wechsel zwischen den Lernniveaus möglich. Bei den jahrgangsgemischten Klassen arbeiten meist 7 Schülerinnen/Schüler der Jahrgänge 1–4 gemeinsam und voneinander. In die Klassen werden auch ggf. 3–4 behinderte Kinder aufgenommen und von Sonderschul- und Sozialpädagogen besonders betreut. In der Regel haben die Klassen einen Lehrer über die ganze Grundschulzeit; in der Sekundarstufe gibt es dann Fachlehrer.

5. Individuelles Lernen an einem verpflichtenden Grundlehrkanon

Für die Schule gibt es einen Kanon verpflichtender Lehrinhalte, die jeder Schüler/jede Schülerin in einem bestimmten Zeitabschnitt bearbeitet haben soll. Dies geschieht im „Selbstunterricht", d. h. jeder Schüler lernt für sich und entscheidet, wann und wo er sich womit und mit welchen Mitschülern befassen will („Lernfreiheit"). Frontalunterricht oder verbindliche Lehrgänge für alle gleichzeitig gibt es nicht. Das Lernen wird nicht durch Klingelzeichen normiert, es wird nicht in 45-Minuten-Einheiten eingeteilt. Daneben finden sich gemeinsame Klassenveranstaltungen (z. B. Diskussionen, gemeinsame kulturelle oder sportliche Aktivitäten usw.).

6. Reduzierung von Zeugnissen, Noten und Sitzenbleiben

Statt das Lernen der Schüler von Zeugnis zu Zeugnis zu organisieren, soll es als Gesamtentwicklung betrachtet werden. Deshalb sollen auch nicht Schuljahre, sondern noch nicht erreichte Lernschritte wiederholt werden. Wird ganz auf Ziffernnoten verzichtet – was in den Montessorischulen möglich ist –, entfallen nach Meinung der Montessori-Pädagogen die Rivalitäten unter den Schülern und die Leistungen werden besser.

Der Schultag in einer Montessori-Grundschule ist beispielsweise folgendermaßen gegliedert:

8.00–8.15	Unterrichtsbeginn/Eintreffen der Schüler
8.15–ca. 10.30	altersgemischte Freiarbeit (teilweise verbunden mit Förderunterricht)
10.30–ca. 11.00	gemeinsames Musizieren, Frühstücken, Kreisgespräch, Schülervortrag
11.00 – 11.15	Pause
11.15–12.45	Fachunterricht in Jahrgangsgruppen
12.45	Unterrichtsschluss

An 2 bis 3 Stunden täglicher Freiarbeit halten auch die Montessori-Sekundarschulen fest. Sie ergänzen dann sowohl jahrgangsbezogenen Fachunterricht als auch Epochalunterricht.

2.6 Jahrgangsklasse oder jahrgangsübergreifende Gliederung

Dass in Schulen Jungen und Mädchen nach Geburtsjahrgängen zu Klassen zusammengefasst werden, wird erstmals von J. A. Comenius († 1670) gefordert, der so die allgemeine Schulpflicht besser realisieren wollte. Eingeführt wurde die Jahrgangsklasse dann Anfang des 19. Jahrhunderts, aus dem von Comenius angeführten Grund, aber auch zum Zwecke der sozialen Disziplinierung durch lehrplanmäßig fortschreitenden gemeinsamen Unterricht. Das Jahrgangsprinzip setzte sich mit der Festlegung des Schuleintrittsalters als Organisationsform allgemein durch. Bis in die 60er Jahre des letzten Jahrhunderts blieb die Jahrgangsklasse allerdings nur den vollausgebauten Schulen vorbehalten; besonders im Volksschulbereich verhinderte die große Zahl kleiner ungegliederter meist konfessioneller Dorfschulen (mit teilweise nur 1 bis 2 Klassen) dessen generelle Durchsetzung. Das änderte sich mit der Schulreform zwischen 1965 und 1975 und der Errichtung von Verbands- und Mittelpunktschulen.

Die Einteilung der Schüler nach Jahrgangsklassen verfolgt vor allem administrative Ziele. Darüber hinaus nivelliert und egalisiert sie die Kinder/Jugendlichen, indem sie unterstellt, deren biologisches Alter bedinge Vergleichbarkeit und Homogenität in den Lernvoraussetzungen und Lernfähigkeiten. Das Jahrgangsklassenprinzip verdeckt ferner, dass bereits von der 1. Klasse an keine Altersgleichheit gegeben ist aufgrund vorzeitiger oder verspäteter Einschulung der Kinder und dass das Altersgefälle in den folgenden Jahren durch Zurückstellungen, Wiederholer, Vorrücker/Überspringer und Quereinsteiger aus anderen Schularten oder Bundesländern bis zu 3 Jahren streut. Die Schulklasse ist weiters das Ergebnis einer Differenzierung und zwar sowohl nach dem Alter der Schüler/Schülerinnen als auch nach deren nachgewiesener Leistung in den versetzungsrelevanten Fächern.

Solchen Uniformierungstendenzen haben sich bereits viele Repräsentanten der Reformpädagogischen Bewegung (1880/90–1933) widersetzt. So organisierte Peter Petersen († 1952) beispielsweise seine Jenaplan-Schulen nach dem Prinzip Lehrling – Geselle – Meister zu jahrgangsübergreifenden Stammgruppen (Untergruppe: 1.–3. Schuljahr, Mittelgruppe: 4.–6. Schuljahr, Obergruppe: 7.–8. Schuljahr, Jugendlichengruppe: 9–10. Schuljahr), und Maria Montessori († 1952) verzichtete aus Gründen der Sozialerziehung und der besseren Lernförderung ebenfalls auf Jahrgangsklassen zugunsten von altersgemischten Klassen aus Schülern meist 3 verschiedener Altersgruppen. Die Integrierten Gesamtschulen der 70er Jahre des 20. Jh. stellten ebenfalls Versuche zur Überwindung der Jahrgangsstufe an, der größte Teil von ihnen kehrte aber zu den verwaltungstechnisch einfacheren Organisationsformen der Jahrgangsklassengliederung zurück. Neuerdings wird zur Aufrechterhaltung einer wohnortnahen Grundschule bei zurückgehenden Schülerzahlen auf die Jahrgangsgliederung in kleinen Grundschulen verzichtet, und es werden zwei Schülerjahrgänge in einer Klasse zusammengefasst. Aus förderpädagogischen Gründen wird ähnliches dort ebenfalls praktiziert, so dass die Kinder der zweiten Klasse mit denen der ersten in derselben Klasse lernen, sich dabei gegenseitig unterstützen sowie bei Lernschwierigkeiten zeitweilig den früheren Stoff besser wiederholen können oder bei besonderer Lernbefähigung in bestimmten Bereichen dem Unterricht der höheren Klasse folgen können (sogenannte „Kombiklassen"). Neue Möglichkeiten zur Überwindung der Jahrgangsklassen ergaben sich durch die Reform der Gymnasialen Oberstufe 1972. Die Kurswahl brachte nicht nur die Auflösung des Klassenverbands mit sich, sondern führte auch zur Kurszusammensetzung aus Schülern mehrerer Oberstufenjahrgänge. Didaktische Innovationen der letzten Jahre wie fächerübergreifender Unterricht, Projektunterricht, Teamunterricht und die Schülerselbsttätigkeit in Arbeitsgemeinschaften bieten derzeit weitere Gelegenheiten, vom Jahrgangsklassenprinzip abzuweichen. Gegenwärtig wird an der gymnasialen Oberstufe die Jahrgangsklasse wieder eingeführt.

Die Schülerzahl pro Klasse

Das Jahrgangsklassenprinzip wirft die Frage nach der bestmöglichen Klassengröße auf. Waren es bei Comenius noch 100 Schüler, die zusammen unterrichtet wurden und nach dem Zweiten Weltkrieg noch 60–70, so beläuft sich heute die Klassenstärke in der Regel auf 25–30 Schüler. Die optimale Zahl an Schülern pro Klasse lässt sich empirisch nicht ohne weiteres bestimmen. Denn erfolgreiches Lernen der Schüler hängt nicht nur davon, sondern vor allem auch von den Variablen Lernstoff, Lernziele, Persönlichkeitsmerkmale, pädagogisch-didaktisches Verhalten des Lehrers, Zusammensetzung der Klasse (z.B. Ausländeranteil), verfügbare Lernzeit, vorhandene Lernmaterialien sowie Lernkompetenzen der Schüler/Schülerinnen ab (vgl. Saldern, 1993; Ingenkamp, 1985). Allerdings deuten Ergebnisse der Schulforschung an, dass die Leistung von Kindern unterer Sozialschichten bei Klassen mit weniger als 20 Schülern vergleichsweise besser ausfallen, dass das Verhalten der Lehrer in kleineren Klassen schülerorientierter ist sowie dass die Zufriedenheit der Schüler in Klassen bis 25 Schülern am größten ist (Weissleder, 1997). Die Lösung des Problems „Klassengröße" wird deshalb in einer flexibleren und schülergerechteren Organisation gesehen, die variabler auf die genannten Rahmenbedingungen reagiert. Die Schulautonomie (s. T. 1, Kap. 2.2) bietet dazu geeignete Möglichkeiten.

Die Schulklasse als soziologisches Problem

Soziologisch betrachtet ist die Schulklasse keine natürliche Gruppe, sondern eine Zwangsgruppierung, und zwar einmal weil die Schüler/Schülerinnen über ihre Zugehörigkeit nicht mitbestimmen können und zum anderen weil sie als organisatorische Grundeinheit der Institution Schule bestimmte Aufgaben zugewiesen und Verhaltensweisen abverlangt bekommt (vgl. Ulich, 2001). Als Bezugsgruppe des einzelnen Schülers ist die Jahrgangsklasse immer Vergleichsgruppe für seine Leistung, seine Kleidung, sein Aussehen usw., hat eine normative Funktion für sein schulisches und außerschulisches Verhalten (vgl. Anpassungszwänge) und ist von der 1. Jahrgangsstufe an für ihn ein wichtiges soziales Erfahrungsfeld (Freundschaften, Beliebtheit, Aggression, Identitätserleben, Anerkennung usw.). Infolgedessen hat sie großen Einfluss auf sein Selbstwertgefühl. Nachhaltig wirkt vom Schulanfang an vor allem die Konkurrenzstruktur der

Jahrgangsklasse; sie ist z. T. auch die Ursache für Schulangst und Schulversagen. Den jugendlichen Schülern ist ab 12–16 Jahren daneben auch die Klassengemeinschaft wichtig. Insgesamt gesehen sind die Jungen konkurrenzorientierter als die Mädchen, denen mehr an freundschaftlichen Beziehungen und Sympathien liegt. Die Auflösung des Klassenverbands in der Sekundarstufe II bringt soziologischen Untersuchungen zufolge Vor- und Nachteile (Beispiele bei Ulich, 2001, S. 62 f.).

Als Vorteile gelten, dass

- die Schüler/Schülerinnen ihre sozialen Kontakte erweitern
- vorangegangene negative Rollenfixierungen aufgehoben werden und die Schüler/Schülerinnen eine neue Chance erhalten, sich in der Lerngruppe zu platzieren
- Schulwechsler leichter integriert werden können.

Als Nachteile werden genannt, dass

- die sozialen Beziehungen der Schüler/Schülerinnen oberflächlich und unpersönlich werden, das Kontaktknüpfen also schwerer ist
- die Solidarität zum Durchsetzen gemeinsamer Interessen schwindet
- weniger Hilfsbereitschaft und Zusammenarbeit praktiziert wird
- schüchterne und wenig kontaktfreudige Schüler/Schülerinnen den Verlust der früheren Klasse bedauern.

3. Funktionen und Aufgaben der Schule

Die Schule ist – wie mehrfach erwähnt – ein Subsystem der Gesellschaft mit einem pädagogischen Auftrag. Dieser Auftrag ist einerseits kodifiziert in Gesetzestexten, Ordnungen und Verwaltungsvorschriften, andererseits konkretisiert in Lehrplänen und ausgesprochen in offiziellen und inoffiziellen Erwartungen wie sie Eltern, Lehrer, die Schulaufsicht, Wissenschaftler, Verbände, Organisationen und die Medien äußern. Die Liste solcher Funktionen, Aufgaben und Erwartungen ist lang und offen. Schon vor 30 Jahren erfasste Th. Ballauff (1984) 31 Funktionen der Schule, die der Bildung und Erziehung der Kinder und Jugendlichen in der Schule dienen sollten. Heutzutage sind manche seiner Funktionsbezeichnungen nicht mehr geläufig, dafür gibt es andere: unterrichtliche, erzieherische, beratende, integrierende, zivilisierende, sozialisierende, utilitäre, qualifizierende, beurteilende, custodiale (bewahrende, betreuende), unterhaltende, animative, präventive, kompensatorische, ideologische, u. U. doktrinierende, therapeutische, ... werden genannt (Kozdon, 2000) und ihre Zahl würde gewiss die von Ballauff noch übersteigen. Prioritäten sind deshalb zu setzen, unterschiedliche Grade von Verbindlichkeiten zu bedenken und zwischen rechtlich gebotenen und erwünschten Aufgaben ist zu differenzieren. Solche Differenzierungen werden erleichtert, wenn – was in der schulpädagogischen Fachliteratur selten geschieht – zwischen Funktionen und Aufgaben der Schule unterschieden wird.

3.1 Begriffliche Unterscheidungen

Im allgemeinen Sprachgebrauch meint *Funktion* eine auszuführende Tätigkeit, ein Amt, einen Zweck oder eine Obliegenheit. Die mathematische Fachsprache sieht darin eine „Zuordnungsvorschrift", die die Abhängigkeit eines veränderlichen Faktors von einem anderen Faktor ausdrückt (vgl. y = f[x]). Überträgt man diese Vorstellungen auf die Schule als Subsystem der Gesellschaft, so spricht man von Funktionen im Sinne von Leistungen, die die Schule in Abhängigkeit von der Gesellschaft und für diese erbringt. Schule wird dabei als „Instrument des Staates" betrachtet und von den gesellschaftlichen Anforderungen her gesehen. Funktionen „beantworten" Fragen wie: Was leistet die Schule „offiziell" für die staatliche Gemeinschaft, die sie organisiert? Oder: Welchen Nutzen zieht die Gesellschaft aus den Schulen?

Die Funktionen der Schule sind im wesentlichen in den staatlichen Regelungen (Verfassung, Schulgesetz, Verordnungen) kodifiziert oder aus ihnen ableitbar. So heißt es beispielsweise in der Verfassung des Freistaates Bayern zu den Zielen der Bildung in Art. 131:

> „(1) Die Schulen sollen nicht nur Wissen und Können vermitteln, sondern auch Herz und Charakter bilden.
>
> (2) Oberste Bildungsziele sind Ehrfurcht vor Gott, Achtung vor religiöser Überzeugung und vor der Würde des Menschen, Selbstbeherrschung, Verantwortungsgefühl und Verantwortungsfreudigkeit, Hilfsbereitschaft und Aufgeschlossenheit für alles Wahre, Gute und Schöne und Verantwortungsbewusstsein für Natur und Umwelt.
>
> (3) Die Schüler sind im Geiste der Demokratie, in der Liebe zur bayerischen Heimat und zum deutschen Volk und im Sinne der Völkerversöhnung zu erziehen.

Art. 135 ergänzt für den Bereich der öffentlichen Volksschulen, dass sie an den Grundsätzen des christlichen Bekenntnisses orientiert sind. Und in Art. 128 legt die Verfassung Wert darauf, dass die Schule den Fähigkeitsprofilen der Schüler/Schülerinnen Rechnung trägt.

Das Grundgesetz für die Bundesrepublik Deutschland hat in den Artikeln 1–19 den diesen Bildungszielen korrespondierenden Grundrechten Schutz der Menschenwürde, Freiheit der Person, Gleichheit vor dem Gesetz, Glaubens- und Gewissensfreiheit, freie Meinungsäußerung, Erziehungsrecht der Eltern, Staatsaufsicht über das Schulwesen, Versammlungs- und Vereinigungsfreiheit verfassungsrechtlichen Rang verliehen. Die Schulgesetze und die Lehrplanpräambeln der Bundesländer nehmen meist auf diese Gesetzesartikel Bezug und konkretisieren sie zu Zielen für Schule, Unterricht und Lehrerverhalten. So auch das *Bayerische Erziehungs- und Unterrichtsgesetz.* Es zitiert in Art. 1 nicht nur Art. 131 der Verfassung des Freistaates, sondern ergänzt noch: „Bei der Erfüllung ihres Auftrags haben die Schulen das verfassungsmäßige Recht der Eltern, auf Erziehung ihrer Kinder zu achten" (s. Kap. 1.1).

Wie wichtig dem Gesetzgeber die Durchführung dieser Ziele für Schule, Unterricht und Lehrerverhalten ist, beweist das Bayerische *Erziehungs- und Unterrichtsgesetz*, wenn es in Art. 63 schulische Ordnungsmaßnahmen als Erziehungsmaßnahmen versteht und in Satz (1) verfügt:

> „Zur Sicherung des Bildungs- und Erziehungsauftrags oder zum Schutz von Personen und Sachen können nach dem Grundsatz der Verhältnismäßigkeit Ordnungsmaßnahmen gegenüber Schülern getroffen werden, soweit andere Erziehungsmaßnahmen nicht ausreichen."

Die besondere Bedeutung des Lehrers/der Lehrerin für die Erfüllung des schulischen Erziehungsauftrags kommt in der *Dienstordnung für Lehrer an staatlichen Schulen* deutlich zum Ausdruck. Hier heißt es in § 2:

> „Die Lehrkraft trägt im Rahmen der Rechtsordnung und ihrer dienstlichen Pflichten die unmittelbare pädagogische Verantwortung für die Erziehung und den Unterricht ihrer Schüler. Dabei sind insbesondere die in der Verfassung und im Bayerischen Gesetz über das Erziehungs- und Unterrichtswesen (BayEUG) niedergelegten Bildungsziele und Aufgaben der Schulen bestimmend für ihre Arbeit. Sie trägt mit an der Verantwortung für die Schule."

Das *BayEUG*, auf das sich die Lehrerdienstordnung hier bezieht, hat darüber hinaus im Bezugsartikel 38 („Lehrer") noch auf die Unteilbarkeit des schulischen Erziehungsauftrags hingewiesen und formuliert:

> „Der Lehrer erfüllt seine Aufgaben im vertrauensvollen Zusammenwirken mit den Schülern und den Erziehungsberechtigten, bei den beruflichen Schulen außerdem mit den Ausbildenden, den Arbeitgebern und den Arbeitnehmervertretern der von ihm unterrichteten Schüler" (Art. 38, [2]).

Die *Lehrpläne*, Konkretionen dieser Aufgabenstellung für Schulformen, Schulstufen und Schulfächer, beziehen ihre Legitimität in erzieherischer Hinsicht aus diesem Verfassungsauftrag.

Die Funktionen, die die Schule in Abhängigkeit vom Staat durch Unterricht und Schulleben ausübt, lassen sich aus solchen Gesetzesformulierungen ableiten. Es sind das:

1. *die Qualifikation der jungen Gesellschaftsmitglieder* durch Vermittlung von Wissen und Können, Kenntnissen, Fertigkeiten und Fähigkeiten; Vorbereitung auf Arbeitswelt und Beruf usw.

2. *die Personalisation der jungen Gesellschaftsmitglieder* durch Erziehung (Außenbezug) und Bildung (Innenbezug) (vgl. die Formulierungen „Herz und Charakter bilden", von der Ehrfurcht vor Gott bis zu Hilfsbereitschaft, friedlicher Gesinnung, Völkerverständigung und Umweltverantwortung sowie verantwortlichem Gebrauch der Freiheit und Toleranz)

3. *die Sozialisation der jungen Gesellschaftsmitglieder* als deren Einführung in das Leben in der Demokratie und als Sicherung der bestehenden Gesellschaftsform (vgl. Denken und Handeln im Geiste der Demokratie und der Liebe zur bayerischen Heimat, Einsatz für den freiheitlich-demokratischen und sozialen Rechtsstaat sowie dessen Verteidigung nach innen und außen, Übernahme von Rechten und Pflichten in Staat und Gesellschaft)

4. *die Enkulturation der jungen Gesellschaftsmitglieder* als Erlernen und Weiterentwickeln der Traditionskultur (vgl. die Aufgeschlossenheit für alles Wahre, Gute und Schöne, die Kenntnisse von Geschichte, Kultur, Tradition und Brauchtum, die Anerkennung kultureller Werte)

5. *die Selektion der jungen Gesellschaftsmitglieder,* sofern damit deren möglichst optimale Förderung geleistet wird (vgl. das Recht jedes Gesellschaftsmitglieds auf Ausbildung entsprechend seiner erkennbaren Fähigkeiten).

Aus diesen Funktionen ergeben sich bestimmte *Aufgaben,* die die Lehrerinnen und Lehrer im Unterricht und im Schulleben zu erfüllen haben. Die Aufgaben variieren und verändern sich in Entsprechung zu gesellschaftlichen Transformationen. Denn sie sind zum einen zeitbedingte Realisierungen der juristisch formulierten Grundfunktionen und ergeben sich zum anderen aus Erfordernissen und Erwartungen, die die veränderte Lebenspraxis der Gesellschaftsmitglieder mit sich bringt. Dienen die Funktionen im Letzten der gesellschaftlichen Stabilisierung und Steuerung und sind sie aus der Perspektive der Gesellschaft entworfen, so richtet sich der Blick bei den Aufgaben mehr auf das konkrete Handeln des Lehrers/der Lehrerin in den schulischen Strukturen. Die Aufgaben der Schule konkretisieren also teilweise deren Funktionen für die jeweilige gesellschaftliche Wirklichkeit, teilweise erwachsen sie auch aus dieser. Bleibende Aufgaben wie Unterricht, der Erziehung und Bildung anstrebt, oder Förderung stehen dabei neben solchen, die aus gesellschaftlichen Veränderungen der letzten Jahre erwachsen sind wie Interkulturelles Lernen oder Betreuung.

3.2 Die Grundfunktionen der Schule

Werden im Folgenden Funktionen und Aufgaben unterschieden, so soll dennoch bedacht werden, dass

– nicht alle Autoren schulpädagogischer Fachliteratur diese Unterscheidung vornehmen, Funktionen und Aufgaben also auch bedeutungsgleich verwendet werden

– die Funktionen nur logisch und theoretisch voneinander getrennt dargestellt werden können, dass sie in der Schulpraxis aber immer zugleich realisiert werden müssen, wobei sich deren spannungsreiches Verhältnis zeigt (vgl. z. B. Personalisation – Selektion, Enkulturation – Qualifikation, Sozialisation – Personalisation usw.)

– dass die Begriffe Enkulturation, Sozialisation und Personalisation miteinander vernetzte Grundbegriffe der Pädagogik sind, deren Bedeutungsgehalte nicht trennscharf separiert werden können; das wird deutlich, wenn man sie nach ihrem Inhalt einerseits und nach ihren Intentionen andererseits unterscheidet – je nachdem ob man Erziehung und Sozialisation eng oder weit definiert und wie man Enkulturation und Personalisation begrifflich bestimmt, zeigen sich die Überschneidungsbereiche.

Die Qualifikationsfunktion
Oder: Der Zusammenhang zwischen Schule und Produktivität (i. w. S. d. W.)

Die Schule hat die Funktion, Kindern und Jugendlichen die Kenntnisse, Fertigkeiten, Fähigkeiten und Einstellungen zu vermitteln, die sie für weitere Lernprozesse, für den späteren Eintritt in den Arbeitsprozess und für die allgemeine Lebensbewältigung benötigen.

Bei der Qualifikationsaufgabe der Schule denkt man spontan an die Vermittlung der Kulturtechniken (Lesen, Schreiben, Rechnen, Umgehen mit dem Computer), an den mündlichen und schriftlichen Sprachgebrauch in der Muttersprache und in Fremdsprachen, an Kenntnisse in den Natur-, Sozial- und Geisteswissenschaften mit lebens- und berufspraktischer Relevanz (= materiale Dimension). Man assoziiert ferner praktische Fertigkeiten und Tätigkeiten, über die jemand verfügen soll, der erfolgreich in einen Beruf einsteigen können soll: Lern- und Arbeitstechniken wie sich selbstständig Informationen beschaffen und auswerten, Experimente und Beobachtungen durchführen, sich mündlich und schriftlich korrekt ausdrücken, Ergebnisse dokumentieren und präsentieren, mit anderen im Team lernen usw. sowie Arbeitstugenden wie Pünktlichkeit, Zuverlässigkeit, Konzentration, Anstrengungsbereitschaft usw. (= formale Dimension). Es geht bei der Qualifikation in der Schule also um Wissen, Können und Einstellungen. Systematisch betrachtet umfasst die Qualifikationsfunktion:

1. *inhaltliches Wissen/Fachkenntnisse*

Damit sind nicht mechanisch auswendig gelernte Einzelkenntnisse oder passives Verfügen über Faktenmengen gemeint, sondern „ein wohlorganisiertes, disziplinär, interdisziplinär und lebenspraktisch vernetztes System von flexibel nutzbaren Fähigkeiten, Fertigkeiten, Kenntnissen und metakognitiven Kompetenzen. Voraussetzung dafür und Resultat davon ist ein sachlogisch aufgebautes, systematisches, inhaltsbezogenes Lernen, das grundlegende Kenntnislücken, Verständnisdefizite und falsche Wissenselemente vermeidet" (Weinert, 1998, S. 115).

2. *lebenspraktisches Anwendungswissen*

Sachlogisches, systematisches Wissen reicht nicht aus, hinzukommen muss situiert-anwendungsbezogenes Wissen, damit das in der Schule Gelernte nicht nur in der Institution und für die Institution Gelerntes ist bzw. bleibt (= träges Wissen). Dazu braucht es lebensnahe Lernumgebungen mit realistischen Aufgabenstellungen mit Projekten, Lernteams, Anwendungsaufgaben und Erkundigungen.

3. Schlüsselqualifikationen/metakognitive Kompetenzen

Die Liste der heute so genannten Schlüsselqualifikationen, verstanden als Qua_lifikationen allgemeiner Handlungsfähigkeit und Merkmale mündigen Verhaltens, über die Schüler am Ende ihrer Schulzeit verfügen sollen, ist lang: Lernen lernen, vernetztes Denken, Hypothesenbildung, Kommunikationsfähigkeit, Kooperationsfähigkeit, Argumentationsfähigkeit, Kreativität, Beweglichkeit im Denken, Ausdrucksfähigkeit, Reflexionsfähigkeit und Selbstkritik, Distanzierung durch Theoretisierung, Einfühlungsvermögen, Verminderung von Entfremdung, Mitverantwortung, Wissensmanagement, Informationsverarbeitungskompetenz usw. Nur wer über metakognitive Kompetenzen verfügt, kann das am konkreten Fall Gelernte erfolgreich transferieren.

4. Handlungs- und Wertorientierungen

Aus und zusammen mit dem Wissen und den Kompetenzen, die in der Schule erworben werden, muss durch reflexive Diskurse und Gemeinschaftserfahrungen deren Wertgehalt für den Einzelnen und die Gemeinschaft thematisiert werden, um so verantwortliche Einstellungen und Verhaltensweisen anzubahnen.

Aus der Qualifikationsfunktion erklären sich die systematische Strukturierung der Schule in Fächer/Lernbereiche mit verbindlichen Lehrplänen, in Jahrgangsklassen mit Leistungsbewertungen und Versetzungsordnungen und in Abschlussprüfungen nach bestimmten Jahren Lernzeit.

Die Personalisationsfunktion
Oder: Der Zusammenhang zwischen Schule und gesellschaftlich nutzbaren Fähigkeiten der Gesellschaftsmitglieder

Die Schule hat die Funktion, dem einzelnen Kind und Jugendlichen zur höchstmöglichen Entfaltung seiner persönlichen Anlagen und Befähigungen zu verhelfen, systematisch die geistigen und seelischen Kräfte zu entfalten und ihm dabei Erziehung und Bildung zukommen zu lassen.

Person ist der Mensch von Geburt an, mit Hilfe von Lernprozessen der Personalisation soll er seine Personalität entfalten. Darunter versteht man das Erlernen von Individualität im Kontext sozialer Verbindlichkeiten, Selbstand bei gleichzeitiger Vernunft- und Verstandesentfaltung, Empathie und Sympathie, Selbstbestimmung und Selbstverantwortung, Selbsterziehung und Selbstbildung. Diese Dimensionen der menschlichen Persönlichkeitsentwicklung können durch Sozialisation allein nicht erlangt werden, bedürfen also besonderer, personorientierter Lernhilfen.

Mit der Personalisation sind demnach Lernprozesse gemeint, die zur Ausbildung der individual-sozialen Persönlichkeit des Menschen führen, Lernprozesse also, mit deren Hilfe er seine individuellen Kompetenzen entfaltet und zur Um- und Mitwelt in Beziehung setzt, damit er selbstbestimmt, selbstverantwortlich, selbsttätig, sich selbst verpflichtend und sittlich autonom zu handeln imstande ist. Die demokratische, differenzierte und globalisierte Informationsgesellschaft hat ein Interesse an der Ausschöpfung aller Begabungspotenziale ihrer Mitglieder; denn Wissen, Kreativität und Bildung sind entscheidende „Standortfaktoren" im internationalen Wettbewerb geworden. Durch die Personalisation kommt es zum Erschließen und Aktualisieren dispositioneller Lern- und Leistungsmöglichkeiten auf Seiten der nachwachsenden Generation. Diese helfen nicht nur, die Grundlagen demokratischen und humanen Denkens und Handelns zu sichern (wie die personale Würde und die Menschenrechte); sie bringen auch insofern einen gesellschaftlichen „Mehrwert", als durch die Förderung der individuellen Möglichkeiten der jungen Menschen ungeahnte und unplanbare Innovationsprozesse ausgelöst werden können. In materialer Hinsicht fördert die Schule dies durch ein breites Fächerangebot, das möglichst alle Bereiche der Lebenspraxis thematisiert und auf diese Weise den jungen Menschen erlaubt herauszufinden, welchen dieser Bereiche ihr besonderes Interesse gilt und in welchem sie ihre persönlichen Stärken entwickeln können. In formaler Hinsicht beachtet sie dies, indem sie das Lernen der Kinder und Jugendlichen in allen Dimensionen herausfordert (im Kognitiven, im Motorischen, im Praktischen, im Ästhetischen, im Emotionalen, im Sozial-moralischen und im Volitionalen), damit sie sich möglichst in allen menschlichen Erfahrungs- und Erlebnismöglichkeiten mit ihren Dispositionen erproben können.

Die bei der Personalisation erfolgenden Lernprozesse betreffen sowohl den Außenbezug des Menschen, für den die Erziehung wichtig ist, als auch den Innenbezug des Menschen, der seine Bildung ausmacht.

● Erziehung

Erziehung und Erziehen kommen wortgeschichtlich von „ziehen", „aufziehen", „züchten" und „züchtigen". Daran zu erinnern, führt indes vom heute geläufigen Begriffsverständnis eher weg. Dieses nämlich trifft eine Reihe von Unterscheidungen und versteht Erziehung

– sowohl als Vorgang (Prozess) als auch als Ergebnis (Produkt)
– als intentionales Handeln (d. h. zweck- und zielgerichtet in der Form planmäßiger erzieherischer Aktivitäten) einerseits und als funktionales Geschehen (d. h. unbeabsichtigte, zufällige oder nebenbei durch Institutionen, Systeme und Lebensumwelten ablaufende Einflüsse) andererseits
– als direkte Erziehung (d. h. unmittelbare Förderung des Zöglings durch persönliche Einwirkungen des Erziehers) und indirekte, auch extensional genannte Erziehung (d. h. mittelbare Förderung des Zöglings durch ein bestimmtes Arrangement seiner Umweltverhältnisse)
– als aktives Tun (positive Erziehung) und als passives Erfahrenlassen (negative Erziehung)
– als deskriptiver wertneutraler Begriff für Handlungen und Verhaltensweisen von Erziehern/Erzieherinnen und Eltern oder als programmatisch-präskriptiver Begriff, der Erziehung auf bestimmte Ziele und entsprechende Verhaltensweisen festlegt.

Im Alltagssprachgebrauch ist „Erziehung" nach wie vor stark mit Disziplin, Verboten, Geboten, Restriktionen und Verhaltenskorrekturen verknüpft und mit der Vorstellung verbunden, Erzogenwerden sei ein leidvoller Prozess und Erziehung eine beschwerliche, aufreibende Tätigkeit, bei der alles darauf ankomme, Unerzogenheit zu verhindern bzw. zu korrigieren. Assoziationen dieser Art stehen im Widerspruch zum heute gebräuchlichen Begriffsverständnis. Demzufolge wird der Begriff heute mehrheitlich wie folgt definiert:

Erziehung ist eine notwendige, absichtsvolle und intergenerative Hilfe bei der Entwicklung des Heranwachsenden zu seiner Mündigkeit.

Diese Definition legt sich fest:

- Erziehung ist notwendig – was gegen die Theorie der alles von allein bewirkenden Selbstentfaltungs- und Selbstregulierungskräfte beim Menschen spricht.
- Erziehung ist absichtsvoll – was die so genannte „funktionale Erziehung" auch als Sozialisation zu interpretieren erlaubt.
- Erziehung ist eine Hilfe der Erwachsenen für Kinder und Jugendliche – was als Unterstützung bei deren Erlernen von Verantwortung und Selbstbestimmung zu verstehen ist.
- Erziehung hat die Mündigkeit der Kinder und Jugendlichen zum Ziel – was Zwang, Manipulation und Indoktrination ausschließt.
- Erziehung ist nicht erfolgssicher – was die Subjektivität und Unverfügbarkeit des Zöglings ernst nimmt und Erzogensein als eine Ko-Konstruktion von Zögling und Außeneinwirkungen versteht.

Will man den Erziehungsbegriff im Blick auf seine unterschiedliche Verwendung in der pädagogischen Fachsprache noch stärker differenzieren, so kann man mit E. Weber (1999, S. 219) folgende Unterscheidung treffen:

„Erziehung im weiten, umfassenden Sinne ist das Insgesamt aller pädagogisch gemeinten bzw. pädagogisch bedeutsamen Lern- und Enkulturationshilfen, die auch sämtliche Sozialisations- und Personalisationshilfen mit einschließen. Erziehung im engeren, spezifischen Sinne ist die moralische Erziehung, die alle Fragen der sozialen, kollektiven Gesittung betrifft und alle Sozialisations- und Personalisationshilfen einschließt, die dem Kind/Jugendlichen zur personalen, autonomen Sittlichkeit verhelfen."

Das Ziel aller erzieherischen Bemühungen ist die Mündigkeit des Zöglings/ Schülers. Mündigkeit hat den Begriff „Emanzipation" (von lat: ex manicipio patris dare) verdrängt. In den 60er/70er Jahren des letzten Jahrhunderts war dieses Ziel vorherrschend, das im Unterschied zu Mündigkeit stärker auf Veränderung von gesellschaftlichen Aufwuchsbedingungen, die Benachteiligung, Abhängigkeiten und Einschränkungen verursachen, abhob und die Befreiung von deren Strukturen intendierte. Demgegenüber umfasst die Zielvorstellung Mündigkeit (vgl. mhd. „munt" in Vormund, Mündel, Entmündigung), dass der Mensch

- sein Leben weitest möglich selbstbestimmt, vernünftig und verantwortlich zu führen bereit und fähig ist
- imstande ist, selbstständig zu denken, kritisch und selbstkritisch zu urteilen
- sich bei seinen Entscheidungen und Handlungen an soziale und rational-altruistische Werte bindet und sich den Fragen nach dem Sinn von Leben und Zusammenleben stellt.

Die Mündigkeit des Schülers/der Schülerin als regulative Idee für alles pädagogische und didaktische Handeln in der Schule ist nicht wie ein Produkt herstellbar und auch nicht ein für allemal und endgültig erwerbbar. Vielmehr ist Mündigkeit ein lebenslanger Lernprozess, den Erziehung und Bildung unterstützen und fördern.

Das Erziehungsziel Mündigkeit bedarf der Konkretisierung im und für den Schulalltag. Eine Hilfestellung dazu geben beispielsweise Operationalisierungsversuche, wie sie das Bayerische Staatsinstitut für Schulqualität und Bildungsforschung, München, zu den Obersten Bildungszielen des Art. 131 der Bayerischen Verfassung erarbeitet hat. Dort heißt es zum Beispiel für das Erziehungsziel „Achtung vor der Würde des Menschen" (1995, S. 12–14):

„Entfaltung der eigenen Person

(...)

Die Schule muss im Schüler das Bewusstsein wecken und stärken, dass er nicht ein auswechselbarer und anonymer Bestandteil einer Menge ist, sondern eine unverwechselbare und unersetzbare Einzelexistenz.

Der junge Mensche soll

- versuchen, sich selbst zu erkennen;
- sich selbst gegenüber aufrichtig sein;
- Selbstvertrauen gewinnen;
- erfahren, dass es glücklich machen kann, Schwierigkeiten zu meistern und etwas zu leisten;
- Selbstkontrolle und Selbstbeherrschung üben;
- lernen, Schuld einzugestehen und anzunehmen;
- zu eigenen Überzeugungen gelangen und zu einer Sinngebung seines Lebens finden;
- zu seinen Gewissensentscheidungen stehen;
- den Anforderungen anderer gerecht werden, aber auch nach ihrer Berechtigung fragen und sie gegebenenfalls abweisen;
- eigene Wünsche, Ansprüche, Rechte gegen Angriffe verteidigen, aber auch auf sie verzichten können;
- über die eigene Rolle in verschiedenen Sozialbeziehungen und die damit verbundenen Anforderungen nachdenken.

Leben mit anderen; soziale Verantwortung

(...)

Die Schule muss diesen Gefahren (= Überbewertung des eigenen Ich, Flucht in Anonymität, Gleichgültigkeit und Trägheit und kritiklose Anpassung an andere, W. W.) entgegenwirken und ihren Beitrag dazu leisten, die jungen Menschen zum Leben miteinander zu befähigen und Verantwortungsfreudigkeit zu stärken.

Der junge Mensch soll

- Würde und Wert eines jeden Individuums achten;
- versuchen, andere zu verstehen, ihnen ohne Vorurteile zu begegnen und sich selbst ihnen verständlich zu machen;
- wagen, anderen zu vertrauen;
- lernen, mit eigenen Unzulänglichkeiten und denen anderer zurechtzukommen;
- fähig werden, soziale Bindungen auf Dauer einzugehen;
- lernen, ein verlässlicher Partner seiner Mitmenschen zu werden und in diesem Sinne sorgfältig, pünktlich und taktvoll zu sein;
- eine positive Einstellung zu Arbeit und Beruf gewinnen und die nötigen Arbeitstugenden entwickeln;
- einsehen, dass das eigene Arbeitsverhalten Auswirkungen auf das Leben aller hat und dass deshalb der Einzelne im Rahmen seiner Arbeit mitverantwortlich ist.

Der junge Mensch soll bereit sein,

- die Wahrheit zu sagen, auch wenn ihm Nachteile daraus erwachsen;
- sein Reden und Handeln in Einklang zu bringen;
- Kritik anzunehmen und zu verarbeiten;
- zu helfen und selbst Hilfe anzunehmen;
- sich freiwillig in den Dienst gemeinsamer Ziele zu stellen;
- mit Konflikten fertig zu werden und Kompromisse zu suchen;
- darauf zu verzichten, über andere zu verfügen, sie zu bevormunden oder zu manipulieren;
- sich für ein menschenwürdiges Leben anderer einzusetzen;
- im Hinblick auf die Lebensbedingungen künftiger Generationen verantwortlich zu handeln."

Bei der Erziehung agiert der Erwachsene (Lehrer) in einer Doppelrolle. Er ist

1. Entwicklungshelfer des Heranwachsenden, dessen Tun darauf gerichtet ist, die individuelle Selbstentwicklung des Zöglings anzuregen und zu fördern. Aus dieser Rolle muss er sich zum erzieherischen Einschreiten veranlasst sehen, wenn das Kind/der Jugendliche seine eigene humane Selbstverwirklichung dadurch verhindert, dass es/er sich fremd bestimmen lässt oder dass es/er durch sein Verhalten die eigene Entwicklung (z. B. in gesundheitlicher Hinsicht) negativ beeinflusst.
2. Anwalt eines humanen Zusammenlebens in der Gesellschaft, der darauf achtet, dass der Heranwachsende sich nicht egozentrisch gegen die legitimen Ansprüche und Rechte anderer durchsetzt oder durch Aggressionen die Würde anderer Menschen verletzt.

Bei der Art seines Eingreifens wiederum darf er nie aus den Augen verlieren, dass er als Erzieher Vorbild/Modell für „wertvolles" Leben ist und dass der Zögling zu freier und verantwortlicher Selbstverwirklichung gelangen soll.

Im Hintergrund dieses Erziehungsverständnisses steht ein ganzheitliches, an der Aufklärungsphilosophie orientiertes, personalistisches Menschenbild. Demzufolge kommt jedem Menschen von seiner Geburt an Personalität zu, nämlich personale Würde, Entscheidungs- und Wahlfreiheit, Weltoffenheit und Gerichtetheit auf die Gemeinschaft mit anderen Menschen und auf Werte. Um sich zur individuellen Persönlichkeit entfalten zu können, braucht er Hilfen durch die Erziehung. Diese lassen sich einteilen in solche, die sein Verhältnis zu sich selbst, sein Verhältnis zu den Mitmenschen und sein Verhältnis zur Welt (im Sinne von Kultur) betreffen. Denn der Mensch ist dem Grundkonzept zufolge ein individuelles Wesen, ein soziales Wesen und ein Kulturwesen zugleich. Differenziert man den Erziehungsauftrag aus, so braucht die sich zur Individualität entfaltende Person erzieherische Hilfestellung zum Erwerb von Ich-Kompetenz, von sozialer und kommunikativer Kompetenz (Sozialkompetenz) sowie von Sachkompetenz. Das folgende Schema veranschaulicht das zugrunde gelegte Erziehungsverständnis:

Erziehung als Hilfe bei der Entfaltung des individuellen Menschen zur Persönlichkeit steht in enger Beziehung zur Sozialisation und zur Enkulturation. E. Weber sieht in Enkulturation, Sozialisation und Personalisation „drei miteinander verbundene Dimensionen (Teilaspekte, Teilsachverhalte bzw. Teilvorgänge) eines komplexen Gesamtphänomens" (Weber, 1999, S. 116), denn Kultur, Gesellschaft und Person stehen in einem interdependenten Zusammenhang, in dem Lernprozesse ablaufen, für die eine pädagogische Hilfestellung erforderlich ist. Da der Kulturbegriff (zusammen mit dem Lernbegriff) der weitest definierbare und umfassendere ist, schlägt E. Weber Enkulturation als Oberbegriff für die beiden anderen vor und ordnet Sozialisation und Personalisation der Enkulturation unter und ein (ausführlicher: Wiater 2002).

● Bildung

Die Schule gilt gemeinhin als Bildungsinstitution. Sie verleiht Bildungsabschlüsse und erfüllt Kindern, Jugendlichen und jungen Erwachsenen gegenüber einen Bildungsauftrag, den ihr die Gesellschaft kraft Gesetzes erteilt hat. Allen Schulformen des so genannten Allgemeinbildenden Schulwesens ist die Allgemeinbildung der Heranwachsenden gemeinsame Aufgabe. Nach der Grundschule, die grundlegende Bildung vermittelt, ermöglicht die Hauptschule eine fundierte, dem praktischen Leben zugewandte Allgemeinbildung, die Realschule eine umfassende Allgemeinbildung mit Vorbereitung auf theoretisch und praktisch anspruchsvollere Berufe und das Gymnasium eine theoretisch abstrakt und modellhaft vertiefte allgemeine Bildung als Voraussetzung für ein Hochschulstudium und für hochrangige berufliche Ausbildungen außerhalb der Hochschule. Was unter allgemeiner Bildung zu verstehen ist, nennt E. Liebau „Laienbildung" und fordert als „Bildungsminimum" für jeden Schüler/jede Schülerin gleich welcher Schule:

– den vollständigen Erwerb der zivilisatorischen Basisqualifikationen im Sinne einer für alle verbindlichen Mindestausstattung (Lesen, Schreiben, Rechnen, mit dem Computer arbeiten, eine Fremdsprache [i. d. R. Englisch])
– historische Grundorientierung, Förderung der leiblich-sinnlichen und ästhetischen Kompetenzen und eine ethische bzw. religiöse Grundorientierung
– Förderung nicht nur der sprachlichen bzw. symbolischen, sondern auch der praktischen Kompetenzen und der Gesundheit des Schülers/der Schülerin
– aktive und, soweit möglich, auch mitbestimmende Teilhabe am unterrichtlichen und schulischen Geschehen (1997, S. 292 f.).

W. Klafki (1993) versteht unter Allgemeinbildung

– Bildung für alle, d. h. als demokratisches Bürgerrecht und Bedingung der Selbstbestimmung, die jedem Kind/Jugendlichen ermöglicht werden muss und derentwegen besondere Fördermaßnahmen zum Ausgleichen von Bildungsbenachteiligungen durchzuführen sind (Chancengerechtigkeit im Schulsystem)
– Bildung im Medium des Allgemeinen, d. h. als Aneignung von Frage- und Problemstellungen, die in der Gegenwart und für die Zukunft alle Menschen gemeinsam angehen wie z. B. die epochaltypischen Schlüsselprobleme Krieg und Frieden, Kulturalität und Interkulturalität, die ökologische Frage, die gesellschaftlich produzierte Ungleichheit, o. Ä.
– Bildung in allen Grunddimensionen menschlicher Fähigkeiten im Sinne des Grundrechts auf freie Persönlichkeitsentfaltung, d. h. als Bildung der kognitiven, handwerklich-technischen, sozialen, emotionalen, ästhetischen, ethischen und politischen Handlungsmöglichkeiten des Menschen.

Grundelemente jeder heutigen Allgemeinbildung sind nach Klafki die Fähigkeit des Menschen zur Selbstbestimmung, zur Mitbestimmung und zur Solidarität.

Mitte des 18. Jh. kommt das Wort Bildung in der deutschen pädagogischen Fachsprache zum älteren Wort Erziehung hinzu. Es leitet sich von „Bild" (Bildnis, Abbild, Ebenbild) ab, wird zunächst im Sinne von „sich bilden", später auch

„andere bilden", verwendet und ist – zumindest bis zur Mitte des 20. Jh. – eng mit den geistigen Gehalten der deutschen Kultur verknüpft. Bildung ist ein sehr komplexer, mehrdeutig verwendeter Grundbegriff der Schulpädagogik.

- Bildung als Vorgang (vgl. Absolvieren des Bildungswegs im Schulsystem)
- *und* Bildung als Ergebnis (vgl. Gebildetsein, „jemand ist gebildet")
- Bildung als Selbstbildung (auf Grund selbst motivierten, reflexiven Lernens)
- *und* Bildung als Fremdbildung (durch Schule, Lehrer, Unterricht)
- Bildung als regulative Idee für Schulen und Bildungseinrichtungen (vgl. Gymnasialbildung)
- *und* Bildung als trivialisierend-funktionalistischer Fachausdruck (vgl. Bildungspolitik, Bildungswesen, Bildungsstatistik, Bildungsnotstand, Bildungsforschung usw.)
- formale Bildung als Entwicklung und Formung der inneren Kräfte und Befähigungen des Heranwachsenden wie z. B. selbstständiges Denken, Problemlösen, Urteilen und Argumentieren, methodisches Vorgehen, Selbstbeherrschung, Zivilcourage, Teamfähigkeit, Kooperationsbereitschaft, Flexibilität, permanente Lernbereitschaft usw. im Sinne inhaltsfreier Schlüsselqualifikationen (bildungstheoretischer Subjektivismus)
- *und* materiale Bildung als Verfügen über kulturell wertvolle und bedeutsame „klassische" Wissensinhalte wie z. B. Kenntnisse aus den Bereichen Literatur, Geschichte, Sprachen, Ästhetik, die gesellschaftlich als Bildungswissen akzeptiert sind (bildungstheoretischer Objektivismus)
- *und* kategoriale Bildung als Integration formaler und materialer Bildung im Sinne einer „doppelseitigen Erschließung" (W. Klafki), d. h. der Mensch erschließt sich ausgewählte, für das Verstehen der Weltwirklichkeit strukturell bedeutsame Inhalte; gleichzeitig öffnet er sich für diese Inhalte, was ihm selbst wiederum wichtige Einsichten, Erlebnisse und Erfahrungen für und über sein Denken, Fühlen und Handeln vermittelt, die ihn veranlassen, entsprechend verantwortlich in der Welt zu handeln.

Der moderne Bildungsbegriff, sofern er nicht als Leerformel abgetan oder unpräzise mit Kompetenz bzw. Qualifikation gleichgesetzt wird, umfasst als zentrale Bestimmungsstücke:

- *sachgerechtes Weltverstehen,*
- *Verstehen der individual-sozialen Personalität des Menschen (Selbstverstehen und Fremdverstehen)*
- *verantwortliche Weltgestaltung*
- *mithilfe kritischer Vernunft*
- *und auf der Basis humaner Wertsetzungen.*

Die gebildete Persönlichkeit kennzeichnet eine Verbindung von kulturellem Allgemeinwissen mit wertgeleiteten Haltungen (Einstellungen) und entsprechendem Handeln.

Wissen allein macht noch nicht Bildung aus, schon gar nicht Fach- oder Spezialwissen. Es muss vielmehr eine grundlegende Kenntnis aller wichtigen Bereiche der heutigen Lebenswirklichkeit vorhanden sein, ergänzt um die Fähigkeit zum eigenen Wissensmanagement und die Bereitschaft zur Auseinandersetzung mit neuen Fragestellungen und kulturell anderen Positionsnahmen. *Haltungen* erwachsen aus der kritischen Beschäftigung mit der Lebenswirklichkeit und den Anforderungen, die sich daraus für den ergeben, der sie durchschaut; sie sind grundsätzlich dem Humanum verpflichtet und werden als Einstellungen handlungsrelevant. *Verhalten* ist gewissermaßen die Außenseite der Bildung; Wissen und Haltungen bedürfen des „Ausdrucks" im praktischen Handeln, das einerseits kulturadäquat sein muss und andererseits tätiger Einsatz für eine bessere (d. h. humanere, friedvollere, ökologischere, gerechtere) Welt ist.

Bildung ist infolgedessen ein subjektiver, persönlicher Vorgang, den das Individuum bei der geistigen und tätigen Auseinandersetzung mit den „Dingen der Welt" und mit seinen Mitmenschen für sich selbst vollzieht.

Mit der Aufklärungspädagogik des 17./18. Jh. bekommt der Begriff „Bildung" Konturen, die bis heute die Diskussion bestimmen. Bildung als gottgewirkte Ebenbildlichkeit des Menschen mit seinem Schöpfer und als mystisch-religiöses Einswerden des Menschen mit Gott, wie das Spätmittelalter und die Mystik sie verstanden, wird abgelöst und ersetzt durch ein realistisch-rationalistisches und kulturbezogenes Bildungsverständnis. Bildungsideal der Philanthrophen war der vernunftbestimmt handelnde, brauchbare und glückliche Mensch; Schulen – und vor allem die zu dieser Zeit neu gegründeten Realschulen, Armen- und Industrieschulen, Fachschulen und Gewerbeschulen – sollten Kindern und Jugendlichen dazu verhelfen, die eigenen Kräfte zu entfalten, vernunftgemäß zu denken, tugendhaft zu handeln und dadurch gemeinnützlich zu sein. Die Lerninhalte dazu waren berufsständisch und berufsbezogen gedacht.

Zwischen 1770 und 1830, zur Zeit der Deutschen Klassik, liegt die Hauptepoche der deutschen Bildungstheorie. In ihr prägen sich zwei Grundkonzeptionen heraus: Die eine, die Bildung subjektivistisch an der Humanisierung des Individuums durch Entfaltung seiner individuellen inneren Formkraft festmacht, ist mit dem Namen W. v. Humboldt († 1835) verbunden; für die andere, die Bildung objektivistisch durch die Arbeit des Individuums an den geistigen Objektivationen der Kultur und als rückwirkende Selbstgestaltung erreicht sieht, steht der Name G. W. F. Hegel († 1831). Dem Neuhumanisten Humboldt ging es primär um die höchste und vielseitige Bildung des Individuums, um seine Selbstbildung und Selbstvollendung, und nicht um die gesellschaftliche Wirkung; letztere könne dann die Folge seines Gebildetseins sein. Für Hegel, den Geistphilosophen und Dialektiker, steht hingegen alle menschliche Bildung im Dienst des überindividuell Allgemeinen. Nach Humboldt gewinnt der Mensch seine individuelle Einzigartigkeit dadurch, dass er seine inneren Kräfte, persönlichen Fähigkeiten, Neigungen und Interessen in ihrer Ganzheit (Totalität) entfaltet (formaler Aspekt), und zwar indem er sich nach dem Vorbild des klassischen Griechentums für alle Lebens- und Kulturbereiche seiner Welt öffnet (materialer Aspekt) (Weber 1999, S. 389). Anders G. W. F. Hegel. Seiner Meinung nach ist mit Bildung nicht das Individuellwerden des Menschen gemeint, sondern sein Allgemeinwerden (Ballauf/Schaller 1970, S. 528), der Einzelne muss sich die Erscheinungsformen des Geisteslebens erarbeiten, muss an ihnen (und an der herstellenden Arbeit!) Anderssein (und Entfremdung) kennen lernen, um so alle Möglichkeiten des Menschseins zu erfahren. „Durch das Andere zu sich selber kommen" lautet die Formel für seinen Bildungsprozess (Weber 1999, S. 393). Prototypisch steht hier also W. v. Humboldt für „Selbstbezug" und „individuelle Selbstbestimmung" und G. W. F. Hegel für „Weltbezug" und „allgemeine Verbindlichkeit" bei der Bildung. Im modernen Bildungsbegriff schließen sich beide allerdings nicht aus, sondern sind stets „in ihrer wechselseitigen Verflechtung sichtbar zu machen" (Marotzki 1988, S. 147).

Die Konsequenzen dieser beiden Bildungstheorien für die Schule zeigen sich ab Mitte des 19. Jh. Im Gymnasium, das am stärksten unter dem Einfluss Humboldts stand, und sich mehr und mehr zu einer Standesschule für das aufstrebende Bürgertum entwickelte, reduzierte sich Bildung auf rein kulturelle Bildung und wurde zum standespolitischen Gütezeichen. Bildung wurde mit Gymnasialschulwissen und mit der Ansammlung von vorwiegend historisch-philosophisch-philologischem Lernstoffwissen gleichgesetzt. Gleichzeitig erfolgte – ganz im Humboldtschen Sinne – eine strikte Trennung von Bildung und Ausbildung und Berufsbildung. Diese Trennung hat bis in die Gegenwart Geltung. Zwar bemühten sich schon Anfang des letzten Jahrhunderts Reformpädagogen (vgl. Kerschensteiner) um deren Überwindung, zwar gab es in den 60er/70er Jahren Versuche, in der Sekundarstufe II Allgemeinbildung und Berufsbildung zu integrieren und die Gleichwertigkeit von Schulabschlüssen und Berufsschulabschlüssen zu propagieren, an der Trennung selbst hat sich bis heute nicht viel geändert. Verfallserscheinungen der Bildungsidee wurden zur gleichen Zeit von Th. W. Adorno (1978) festgestellt und als „Halbbildung" kritisiert, da sie zur Kultivierung und Emanzipierung des Menschen in einer freien und gerechten Gesellschaft, was ihre ursprüngliche Absicht gewesen sei, nicht beitrage. Halbbildung, ein „vom Fetischcharakter der Ware ergriffener Geist" (Adorno, 1978, S. 89), ist seiner Meinung nach der „Todfeind von Bildung", erst recht wenn sie mit einem „kollektiven Narzissmus" einhergehe. Adorno sieht für die Zeit der 70er Jahre des 20. Jh. die Tendenz zur Halbbildung sogar noch verstärkt. Umso mehr fordert er das, was als Bildung unter den gegebenen gesellschaftlichen Bedingungen nur noch möglich, zugleich aber überlebensnotwendig ist: die kritische Selbstreflexion jedes Einzelnen auf seine Halbbildung.

Die Schule versucht, den Schülerinnen und Schülern zur Bildung zu verhelfen, indem sie sie

1. bildungsrelevante Inhalte/Themen/Problemstellungen erarbeiten und bearbeiten lässt. Dabei handelt es sich häufig um exemplarische (im Sinne W. Klafkis) Unterrichtsstoffe, an denen die Schüler grundlegende Einsichten und Erkenntnisse über die Weltwirklichkeit gewinnen können (vgl. „Weltverstehen"). Alle Unterrichtsfächer, die gewissermaßen „Fenster zur Welt" sind, die Weltwirklichkeit unter einer bestimmten Perspektive und mit bestimmten Methoden betrachten, tragen auf ihre spezifische Weise dazu bei: materialiter durch das

Verfügen über fachlich-fachwissenschaftliche Kenntnisse und Vorgehensweisen, formaliter durch die Ausbildung der Sinne, des Intellekts, der Rationalität, der Kreativität, der Sensibilität, der Kooperation, der Reflexivität, der Konzentration, der Kontemplation, der Gemeinschaftlichkeit usw.

2. bildungrelevante Erfahrungen machen lässt. Dazu arrangiert die Schule Anlässe und ermöglicht Situationen, in denen die Schülerinnen/Schüler Einstellungen und Verhaltensweisen wie Verantwortungsübernahme, Selbstverpflichtung, Teamfähigkeit, Verständigungswille, Hilfsbereitschaft und Empathie, Flexibilität, Ideenproduktion und Innovationsbereitschaft als sinnstiftend und identitätsfördernd erleben können. Möglichkeiten dazu gibt es in allen Fächern, aber auch in fächerübergreifendem Unterricht oder bei Projekten, vor allem aber in einem gestalteten Schulleben und bei außerunterrichtlichen Aktivitäten der Schulgemeinschaft.

Allerdings besteht in der Schule die Gefahr, dass Stofffülle, Notendruck und eine Konzentration auf abfragbares Faktenwissen die Realisierung der Bildungsfunktion beeinträchtigen.

Die folgende Grafik fasst zusammen:

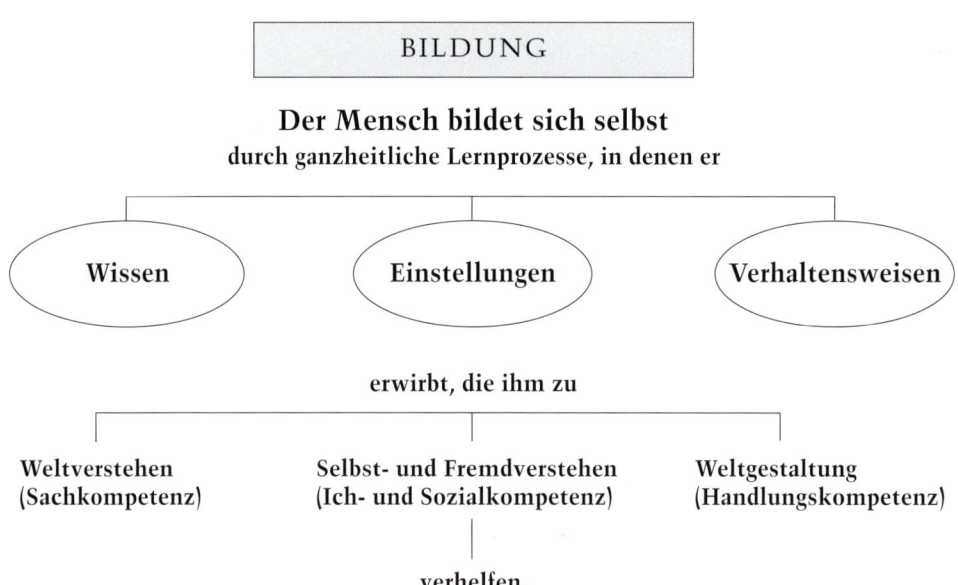

Die Sozialisationsfunktion
Oder: Der Zusammenhang zwischen Schule und gesellschaftlicher Loyalität

Die Schule hat die Funktion, Kindern und Jugendlichen die soziokulturellen Ordnungen und Maßstäbe (Normen) der Gesellschaft, der sie angehören, zu vermitteln, damit das von der Sozietät gewünschte oder erlaubte Verhalten möglichst gewährleistet ist.

Die Schule wirkt bei der Sozialisationsfunktion stabilisierend, reproduzierend und legitimierend für die Gesellschaft. Sie offeriert den Schülerinnen und Schülern über Unterrichtsinhalte, Unterrichtsmethoden, Lehrerverhaltensweisen und die Formen des Miteinanderlebens Verhaltensentwürfe, mit denen diese gesellschaftlich handlungsfähig werden. In einer Demokratie ist die Sozialisation stets unter Mitwirkung der Betroffenen zu sehen und begreift deshalb auch die grundsätzliche Möglichkeit und Notwendigkeit der Weiterentwicklung der Gesellschaft zu mehr Humanität ein.

Bei der Sozialisationsfunktion richtet sich der Blick auf den Menschen als Gemeinschaftswesen und auf seine Vergesellschaftung. Es geht konkret um die Übernahme der kulturspezifischen Normen und Werte, um das Erlernen gesellschaftlich zugewiesener Rollen bei gleichzeitiger Rollendistanz und um die Weitergabe gesellschaftlich relevanter Erfahrungen durch die ältere an die jüngere Generation.

Sozialisation lässt sich heute – Nuancen und wissenschaftstheoretische Akzentuierungen beiseite lassend – wie folgt definieren:

Sozialisation ist ein Lernprozess, bei dem der Mensch ein Verhalten und Erleben ausbildet, das den üblichen und akzeptierten Normen und Werten der sozialen Gruppe und Gesellschaft entspricht, der er angehört oder angehören will.

Dieser Prozess lässt sich aus zwei Perspektiven betrachten. Aus der Perspektive der auf den Menschen Einfluss nehmenden Personen, Gruppen und Institutionen handelt es sich dabei eher um eine „Sozialmachung", bei der soziale Erwartungen, gesellschaftliche Lebensformen und dinglich-materielle Lebensbedingungen das Individuum in seinen Entwicklungsmöglichkeiten fördern und hemmen. Die Erwartungen bedingen das Lernen bestimmter Rollen unterschiedlicher Verbindlichkeit (vgl. Rollen mit Muss-Erwartung, Rollen mit Soll-Erwartung, Rollen mit Kann-Erwartung). Der Einzelne hat dabei grundsätzlich drei Möglichkeiten: Er kann diese Rollenerwartungen übernehmen und sich entsprechend konform verhalten (role-taking) oder sie abweisen und sich an den sozialen Rand der Gemeinschaft manövrieren oder ihnen zunächst entsprechen, um sie dann weiterzuentwickeln und zu verändern (role-making). Aus der Perspektive des lernenden Menschen ist Sozialisation eine „Sozialwerdung", die sich aus seinem bewussten oder unbewussten Anliegen ergibt, sozial handlungs- und gesellschaftsfähig zu werden, die angebotenen Verhaltensweisen und Einstellungen der ihn umgebenden Personen und Sozialisationsinstanzen zu übernehmen oder auch zurückzuweisen bzw. abzuändern. Die moderne Sozialisationstheorie versucht, diesen Vorgang genauer zu analysieren und zu beschreiben (vgl. Hurrelmann/Ulich 1995) und bedient sie sich dazu des Begriffs „Mitgliedwerdung". Sie sieht im Menschen ein „produktiv realitätsverarbeitendes Subjekt", das im Laufe seiner Lebensgeschichte durch die aktive Auseinandersetzung mit den ihn umgebenden Menschen und Dingen eine ganz persönliche Organisation von Verhaltensmerkmalen, Eigenschaften, Einstellungen, Handlungskompetenzen und Selbstkonzepten erlangt. Allerdings ist der Mensch dabei nicht völlig unvoreingenommen und voraussetzungslos. Denn die Umwelten, in denen er aufwächst und lebt, legen ihm spezifische Kommunikations-, Wahrnehmungs-, Deutungs- und Verhaltensmuster nahe. All seine Sozialisationsumwelten – die Kleingruppe und die sozialen Netzwerke (wie Familie und Freundeskreis), die organisierten Sozialisationsinstanzen (wie Kindergarten, Schule, Heim), die sozialen Organisationen der Gesellschaft (wie Ämter, Betriebe, Kirchen, Vereine) oder die politische, ökonomische, soziale und kulturelle Struktur der Gesellschaft – favorisieren bestimmte grundlegende Denk-, Gefühls- und Handlungsmuster, Sprach- und Interaktionsstile. Sie bieten ihm „Mitgliedschaftsentwürfe" an. Will er in ihnen leben, will er bei ihnen akzeptiert sein, also „Mitglied" sein, muss er sehen, wie er seine inneren Bedürfnisse mit den Erwartungen, die diese an ihn als Mitglied stellen, zusammen- und in Übereinstimmung bringt. Seine Möglichkeiten reichen hier von totaler Unterordnung bis zum Verzicht auf die Mitgliedschaft, dazwischen liegen Versuche, sich mit seinen Fähigkeiten einzubringen und die soziale Gruppe seinerseits zu beeinflussen. Es handelt sich also um eine persönliche Reaktion des Einzelnen gegenüber den angetragenen Mitgliedschaftsentwürfen, die aus Aneignungen, Distanzierungen, mitgestaltender Teilnahme und eigenen Initiativen besteht.

Sozialisation erfolgt über Sozialisationsinstanzen. Dazu zählen zunächst das Elternhaus und die Familie als primäre Phase der Sozialisation, bei der die Voraussetzungen für alle folgenden soziokulturellen Lernprozesse im Bereich der Werte, Normen und akzeptierten Verhaltensweisen gelegt werden. Als sekundäre Phase folgen dann Kindergarten und Schule, in denen Kinder und Jugendliche auf Grund von deren Struktur und von den dort ablaufenden Interaktionsprozessen lernen, sich vom Elternhaus abzulösen, selbstständig zu werden, erworbene soziale Rollen und Verhaltensweisen zu hinterfragen und ggf. zu korrigieren, Bedürfnisbefriedigung zugunsten der Erledigung von Aufgabenstellungen aufzuschieben, Aufgaben zu übernehmen und vollständig zu erledigen sowie eigene Vorstellungen, Erfahrungen und Erlebnisse zu erweitern und zu objektivieren. Die tertiäre Phase der Sozialisation, die mit dem frühen Erwachsenenalter beginnt und die gesamte Lebensspanne des Menschen umfasst, hat zur Aufgabe, seine Selbstsozialisation und sein Engagement zugunsten einer humanen, innovativen Weiterentwicklung seiner soziokulturellen Lebensbedingungen zu fördern; sie geschieht nicht nur in der Erwachsenenbildung, sondern auch in allen anderen gesellschaftlichen Erfahrungsfeldern der Erwachsenengesellschaft (Arbeit, Freizeit, Medien usw.).

Die Pluralität der soziokulturellen Erfahrungsfelder ist indes nicht allein Kennzeichen der Erwachsenengesellschaft, eine Pluralisierung der Sozialisationsinstanzen ist heute bereits für die Kinder zu konstatieren. Dazu zählen Peer-groups, Massenmedien, Video, Internet, Freizeit- und Erlebnisaktivitäten, Konsum u. a. m., die sehr wirksame Sozialisationsfelder sind und Erfahrungen vermitteln, die nicht selten mit den Normen und Werten anderer, pädagogisch organisierter Sozialisationsfelder nicht übereinstimmen. Denn die Entwicklung von Einstellungen und Verhaltensweisen erfolgt als Erlernen spezifischer Deutungsmuster, Werthaltungen, Motivationen, Volitionen, Wissensstände, Fertigkeiten usw.

In den ersten Lebensjahren dominieren konditionierende Lernformen (Reiz-Reaktion, Verstärkung), Versuch-und-Irrtum-Lernen und Imitationslernen. Mit dem Fortschritt der kognitiven Entwicklung werden diese durch Einsichtslernen und kritische Reflexion ergänzt bzw. ersetzt, sodass ein bewussteres Entscheiden möglich wird. Am Ende des Jugendalters ist der Ausbau der Fähigkeit zur Selbstreflexion und der grundlegenden Kommunikations- und Interaktionskompetenzen abgeschlossen.

Sozialisationseffekte ergeben sich in der Schule aus deren Struktur, d.h. ihrer institutionellen Organisationsform einerseits und aus den Interaktionsprozessen zwischen Lehrern und Schülern sowie Schülern und Schülern andererseits.

1. Zu den sozialisationsrelevanten Strukturen zählt beispielsweise die Schulpflicht, der Ablauf des Schultags, die Einteilung in Jahrgangsklassen, die Gruppierungen innerhalb der Klasse, die Größe und Lage der Schule, die Form der Benotungen, der Zeugnisse und Versetzungen sowie alle mit dem Unterricht in der Schule verbundenen Verpflichtungen.

2. Zu den sozialisationsrelevanten Interaktionen gehören zum einen die Art und Qualität der unmittelbaren verbalen und nonverbalen Aktionen und Reaktionen von Schülern und Lehrern bzw. Schülern und Schülern, zum anderen alle Regeln und Rituale des Miteinanderumgehens, die vereinbart oder vorgegeben sind, und schließlich auch die Inhalte (z.B. wertorientierte Themen, gesellschaftliche Problematiken usw.), die Methoden (z.B. Gruppenarbeit, Partnerarbeit, Projekte usw.), die im Unterricht thematisiert bzw. praktiziert werden.

Die Enkulturationsfunktion
Oder: Der Zusammenhang zwischen Schule und Kulturentwicklung

Die Schule hat die Funktion, Kinder und Jugendliche kulturelle Traditionen, die dem Überleben und dem „guten Leben" der Menschen im europäischen, christlich-humanistisch geprägten Raum dienen, aneignen zu lassen, um so einerseits kulturelle Rückschritte zu vermeiden und andererseits die Kulturentwicklung voranzubringen.

Der heranwachsende Mensch tritt bei der Enkulturationsfunktion der Schule als Kulturwesen in den Blick, was bei den bisher behandelten Funktionen nicht der Fall ist. Es handelt sich bei der Enkulturation um den Versuch, „den individuellen Menschen von Geburt an auf der Basis seiner durch die biologische Evolution gewordenen, erbbedingten Voraussetzungen während seiner Ontogenese (= Individualentwicklung) an die von ihm zu erlernende, althergebrachte Tradtion der phylogenetisch (= menschheitsgeschichtlich) im Verlauf einer langen soziokulturellen Evolution entstandenen mentalen Informationen ‚anzuschließen‘. Das heißt, die bewahrenswerten, überlieferten Informationsprozesse sind durch Lernhilfen in zeitverkürzender Weise so selektiv wie nötig und so effektiv wie möglich zu vermitteln, damit der Lernende bereit und fähig wird, sich die kulturellen Traditionen derart anzueignen, dass er sie lebendig zu erhalten und, wenn erforderlich, auch zu erneuern und weiterzuführen vermag" (Weber, 1999, S. 82 f.).

Eine kurze Definition von Enkulturation besagt:

Enkulturation ist das Erlernen der tradierten Kultur bzw. der regional und temporär vorhandenen kulturellen Lebensformen und deren produktive Weiterführung.

Inhaltlich geht es dabei um vorfindbare Kulturgüter, Ordnungs- und Lebensformen, institutionalisierte Kulturgebiete (wie Wissenschaft, Kunst, Religion, Moral, Wirtschaft, Technik, Recht und Politik) sowie um alle Aktionen und Aktivitäten, deren Ergebnis solche Kulturgüter, Ordnungs-/Lebensformen und Kulturgebiete sind. In und mit diesen „Kulturbereichen" macht der Mensch Erfahrungen, er erlernt sie synchron und diachron in und durch die Kulturgemeinschaft, in der er heranwächst. Diesen Lernvorgang bezeichnet man als „Enkulturation" und meint damit: „das Erlernen der kulturentsprechenden Symbole und Sprache, der Gedanken, Gefühle und Ausdrucksweisen, Kenntnisse und Fertigkeiten, der Praktiken des Produzierens und Konsumierens, der Formen des Spielens und Feierns, des Herstellens und Gebrauchens von Werkzeugen und Maschinen, der Methoden und Strategien der Daseinserhaltung und Daseinsbereicherung, des Alltagswissens und der Wissenschaften, der sozialen, rechtlichen und politischen Ordnungen, der moralischen Verhaltensmuster und Normen, der Wertvorstellungen und Sinnhorizonte, der Sitten und Bräuche, der Gestaltungs- und Erlebnisweisen der Künste und Kulte, der Lebenspläne, -wege und -gehäuse, der Emotionen, Motivationen und Interessen, des Bildes von sich selbst und des Umgangs mit sich selbst" (Weber 1999, S. 109). Erlernt werden diese Einstellungen und Verhaltensweisen entweder ungeplant bei Gelegenheiten, in denen sind routiniert eingesetzt werden und für die Situationsbewältigung notwendig sind wie z. B. das Verhalten am Arbeitsplatz oder das in nicht organisierten gesellschaftlichen Institutionen wie beispielsweise in der Familie oder aber geplant und formell-institutionalisiert wie etwa in Schulen, die vorwiegend zu diesem Zweck eingerichtet wurden.

Der Schule kommt es vor allem zu, Kindern und Jugendlichen zu helfen, in die Kultur ihres Lebenskreises hineinzufinden, dessen kulturelle Werte aufzunehmen und an deren fortschreitender Humanisierung gestaltend mitzuwirken – also Enkulturationshilfe zu leisten. Sie tut das erstens, indem sie die Schülerinnen und Schüler zentrale Inhalte der eigenen Traditionskultur sich aneignen und resubjektivieren lässt. Zweitens ermöglicht sie ihnen die Enkulturation durch kulturelle Tätigkeiten wie Sammeln (Sammlungen anlegen), Anschauen und Wahrnehmen der eigenen Lebensumwelt, Lesen, Schreiben, Rechnen und Umgehen mit dem Computer, Spielen und Bewegen, Musizieren und Malen/Gestalten – Tätigkeiten, die von jeher elementare Formen der Kulturaneignung sind (Duncker 1994). Drittens bietet sie ihnen ein vielfältig gestaltetes Schulleben (s. T. 3, Kap. 3) an, das sowohl unterrichtliche und schulische als auch außerunterrichtliche und außerschulische Aktivitäten umfasst (Spiele und offene Unterrichtformen, Erkundungen, Klassenzimmer- und Schulhaus-/Schulgeländegestaltung, fächerübergreifender Unterricht, Arbeitsgemeinschaften, freie Interessengruppen, Feste und Feiern, Projekte, Theater- und Musikaufführungen, Ausstellungen usw.). Die Enkulturationshilfe der Schule gelingt am nachhaltigsten durch eigentätige Kulturaneignung und durch eigenes kulturelles Schaffen der Schülerinnen und Schüler. Materialiter gehören dazu:

– grundlegende Kenntnisse und Fertigkeiten, die für das Verstehen des europäisch-abendländischen Entwurfs von Mensch und Welt zentral sind (vgl. die Leitvorstellungen einer individuell-sozialen Personalität, der Freiheit, Gleichheit und Mitmenschlichkeit, der Personwürde und der allgemeinen Menschenrechte sowie der persönlichen und gesellschaftlichen Mündigkeit)
– grundlegende Kenntnisse, die für die Entwicklung einer muttersprachlichen Identität wesentlich sind (dazu zählen die sichere mündliche und schriftliche Beherrschung der Muttersprache, solide Lesefertigkeit, Nutzung des Computers, Medienkompetenz)
– mathematische Kenntnisse
– Kompetenz im Erfassen und Bearbeiten natur- und sozialwissenschaftlicher Probleme (auf dem neuesten Stand der Forschung!)
– die Kenntnis mindestens einer Fremdsprache
– Wissen um die Bedeutung von Religion und Ethik sowie
– das Beherrschen von Formen ästhetischer Gestaltung, Bewegung und des körperlichen Ausdrucks.

Unverzichtbar ist ein solides Fundament an Faktenwissen, an Grundstrukturen, -begriffen und -methoden der einzelnen Schulfächer und – in höheren Jahrgangsstufen – die Kenntnis wissenschaftlicher Paradigmen.

Die heutige Globalisierung und Vernetzung verlangt des weiteren die Bereitschaft und Fähigkeit des Schülers, Kultur als ein weltumspannendes Phänomen zu verstehen und sich mit fremden Wirklichkeiten vorurteilsfrei zu befassen. Der Kulturbegriff, wenn er im eigenen Lebensbereich gesichert ist, muss deshalb international definiert werden, fremde Kulturen, landeskundliche Themen anderer Völker und Nationen müssen verstärkt Eingang in die Curricula finden. Das bringt eine Veränderung des Fremdsprachenunterrichts mit sich. Englisch wird als „Weltumgangssprache" selbstverständliche Kompetenz aller Schülerinnen und Schüler werden, also den Charakter einer Fremdsprache verlieren. Hinzukommen müssen dann tatsächlich „fremde Sprachen", um bei der globalen Enkulturation weiterzukommen.

Diese Öffnung der Enkulturationsaufgabe muss in einer Weise geschehen, die den Kindern und Jugendlichen die Sorge um ihre eigene europäisch-regional definierte Identität, um ihr „Im-Vertrauten-zu-Hause-Sein", ebenso nimmt wie ihre Angst vor Überfremdung im eigenen Lebensbereich und vor dem „In-der-Welt-zu-Hause-Sein".

Eine stärkere Akzentuierung erhält die Enkulturation heute ferner im Bereich des Erwerbs von und des Umgangs mit Wissen. In der Wissens- und Informationsgesellschaft benötigen Schülerinnen und Schüler Kategorien zur verantwortlichen Sichtung und Nutzung von Daten. Solche Kategorien könnten sein:

– die Frage nach dem Sinn, den das Wissen für den Einzelnen, die Gruppe, die Gemeinschaft aller Menschen hat,

- die Frage nach den Folgewirkungen, die sich daraus für den Einzelnen, die Gruppe, die Gemeinschaft aller Menschen ergeben sowie
- die Frage nach dem Gebrauch, den der Einzelne, die Gruppe und die Gemeinschaft aller Menschen davon machen kann.

Dabei steht die Beantwortung dieser Fragen unter der ethischen Maxime der allgemeinen Menschenrechte und des demokratischen Ethos.

Formaliter ist zur Enkulturation zu sagen: Enkulturation muss grundsätzlich durch Kulturaneignung und Kulturpraxis angebahnt werden. Problemorientiertes Lernen, selbsttätig-entdeckendes Lernen, verstehendes Lernen und kommunikatives Lernen gewinnen deshalb zentrale Bedeutung, direkte, lehrergesteuerte Instruktion verliert ihre Vorrangstellung und sollte auf die Bereiche reduziert werden, in denen so genanntes „intelligentes Wissen" erworben werden muss. Mit Hilfe dieses Wissens sind dann Tiefenwissen, d. h. Erkennen von Zusammenhängen, Verständnis, Anwendungs- und Transferkenntnis, metakognitive Kompetenzen und Wertorientierung durch selbstständiges und selbstverantwortliches Lernen leichter möglich (Weinert 1998).

Die Enkulturationsfunktion stellt die Schule vor drei Probleme:

- das Selektionsproblem: Welche kulturellen Informationen sind bewahrenswert?
- das Aneignungsproblem: Wie lässt sich Enkulturation effektiv vermitteln?
- das Innovationsproblem: Auf welche Weise und mit welchen Zielen soll die kulturelle Tradition weiterentwickelt werden?

Auch für die Funktion der Kulturüberlieferung und Kulturweiterentwicklung ergibt sich ein enger Zusammenhang mit den anderen Funktionen der Schule; gleichermaßen gibt es termiologische Abgrenzungsprobleme und inhaltliche Überschneidungen zu diesen (vgl. besonders zur Personalisation und zur Sozialisation).

Die Selektionsfunktion
Oder: Der Zusammenhang zwischen Schule und Berufs- bzw. Sozialstruktur

Die heutige Gesellschaft ist eine weitgehend hierarchisch strukturierte arbeits- und funktionsteilige Gesellschaft, bei der es für die oberen beruflichen und sozialen Positionen nur eine begrenzte Aufnahmefähigkeit gibt. Der Zugang zu höheren beruflichen und gesellschaftlichen Positionen wird deshalb durch Selektion gesteuert; meist (aber nicht immer) erfolgt die Zuteilung zu diesen Positionen durch Zertifikate nachgewiesener Leistungen und Qualifikationen. Die Schule beteiligt sich durch die Überprüfung des Wissens und Könnens der Schüler/Schülerinnen an dieser Selektion und trägt infolgedessen zur Platzierung (oder Allokation) der jungen Menschen innerhalb des Gesellschaftssystems bei. Sie erfüllt dadurch einen außerpädagogischen Zweck, insofern sie für Rangstellen in der Berufs- und Sozialstruktur der Gesellschaft ausliest.

Die Schule hat die Funktion, in Anlehnung an das Leistungsprinzip der Gesellschaft durch ihr Benotungs-, Zeugnis- und Berechtigungssystem Kinder, Jugend-

liche und junge Erwachsene für die Platzierung im Gesellschaftssystem auszulesen.

Allerdings basiert das Leistungsprinzip in der Gesellschaft auf drei Grundannahmen, dass nämlich (erstens) das Einkommen sowie die berufliche und soziale Position des Einzelnen von dessen individueller Leistung abhängig ist, dass es zweitens genaue, anerkannte und objektive Maßstäbe gibt, mit deren Hilfe die Leistung des Einzelnen gemessen und verglichen werden kann, drittens dass jeder die gleiche, soziale Chance hat, in Konkurrenz mit anderen die jeweilige Leistung zu erbringen, und viertens, dass es einen erwiesenen Zusammenhang zwischen dem Leistungsverhalten eines Jungen/Mädchen in der Schule und der späteren Leistungsfähigkeit im Beruf gibt. Angenommen, diese Grundannahmen träfen tatsächlich zu, dann wäre der Betonung des Leistungsprinzips dennoch entgegenzuhalten, dass es in Wirklichkeit nicht das einzige Verteilungsprinzip in der heutigen Gesellschaft ist. Neben dem Leistungsprinzip gibt es nämlich noch derzeit sechs andere Prinzipien für die Platzierung und Allokation. Nach wie vor gibt es in der Gesellschaft das *Vorrecht der Geburt*, insofern schichtspezifische Vor- bzw. Nachteile beim Zugang zu den höheren Gesellschaftspositionen vorhanden sind. Ferner wird auch heute noch nach dem *Anciennitätsprinzip* zugeteilt, d. h. Bewerbern werden bestimmte Posten und Arbeitsstellen danach gegeben, wie alt sie sind oder wie lange sie in einer Institution oder Arbeitsstelle tätig sind. Das *Ideologieprinzip* findet sich ebenfalls noch, wenn nämlich der Berufs- oder Lebenserfolg eines Gesellschaftsmitglieds von seiner Zugehörigkeit zu einer politischen oder weltanschaulichen Gruppierung abhängig gemacht wird. Auch Beziehungen, Popularität oder private Kontakte verhelfen manchmal zu einer besonderen Position im Beruf oder in der Öffentlichkeit, es herrscht hier das *Bekanntheits- oder Beliebtheitsprinzip* vor. Beim *Sozialprinzip* als Ver- und Zuteilungsprinzip wird eine gesellschaftliche Position nach Alter oder Bedürftigkeit vergeben, beim *Subventionsprinzip* sind es Gründe staatlicher oder wirtschaftlicher Opportunität, warum jemand eine bestimmte Position in der Gesellschaft erhält. Hinzu kommt noch, dass im Zeitalter der Globalisierung und der vernetzten Systeme Leistung nicht bloß als individuelle Handlungsqualität verstanden wird und dann selbst der Leistungsfähigste sich seines Arbeitsplatzes nicht mehr sicher sein kann (vgl. Ziegenspeck, 1999, S. 48).

Für die Schule, die sich mit der Selektionsfunktion an der Allokation in der Gesellschaft beteiligt, hat das wichtige Konsequenzen:

1. Sie setzt mehr auf Segregation als auf Integration der Schüler, wenn sie z. B. durch äußere Differenzierung bei der Schulstruktur und innere Differenzierung bei der Leistungsförderung das gemeinsame Lernen zugunsten relativ leistungshomogener Lerngruppen aufgibt.
2. Sie intensiviert und verobjektiviert Leistungsüberprüfungen und Verfahren des Vorrückens; sie wird bürokratischer.
3. Sie sieht im Lehrer zwar den Lernhelfer und Lernförderer, zugleich aber auch den, der die Lernleistung kontrolliert bzw. benotet und auf diese Weise die Schulkarriere des Schülers mit steuert.

4. Sie wirkt sich auf das Verhalten und das Selbstwertgefühl der Schüler aus, da Lernen weniger um der Inhalte und der Bildung willen geschieht, sondern vorrangig der verliehenen Qualifikation wegen, und weil die erreichten Notenwerte nachgewiesenermaßen das Selbst- und Fremdbild der Schüler in hohem Maße bestimmen.

Die Selektionsfunktion steht daher in vielen Fällen gegen die Personalisationsfunktion.

3.3 Die zentralen Aufgaben der Schule heute

Von den Aufgaben der Schule zu sprechen, ist in der schultheoretischen Literatur geläufig; mehr als die Redeweise von deren Funktionen. Der Aufgabenbegriff erscheint dabei allerdings recht weit und unpräzise. Aufgabe der Schule ist es beispielsweise, die „Aufklärung und Ordnung der Vorstellungswelt" zu leisten (Wilhelm 1969), „Lebens- und Erziehungsgemeinschaft" und „Modell einer zukünftigen Erwachsenenwelt" zu sein (Kramp 1973), „die Distanz zum Leben" zu wahren (Sauer 1981), „die Verantwortung der Wahrheit gegenüber" nicht aus dem Auge zu verlieren (Ballauff 1984), aber auch Schüler das Lernen lernen zu lassen, die Selbstständigkeit der Schüler zu steigern, über AIDS zu informieren, gegen Gewalt von rechts und links vorzugehen u. v. m. Dabei ist noch nicht davon gesprochen, dass jeder Lehrer und jede Lehrerin eine eigene Vorstellung von ihrem Beruf und ihren hauptsächlichen Aufgaben in der Schule hat. Die oben (T. 1, Kap. 2.2) ausgeführten Leitbilder heutiger Schule ergänzen die Vielfalt noch. Konzentriert man sich auf die Aufgaben, die sich aus den Funktionen und den gesellschaftlichen Ansprüchen ergeben und die sich aktuell stellen, so kommt man zu folgender Zusammenstellung:

Unterrichten

Von jeher ist Unterricht zu erteilen eine selbstverständliche Aufgabe der Schule. In der Schule soll das Lernen der Kinder und Jugendlichen planmäßig organisiert werden und gemeinschaftlich erfolgen. Heute versteht man Unterricht als ein Interaktionsgeschehen, bei dem die Schüler/Schülerinnen unter Anleitung professionell agierender Lehrer/Lehrerinnen die gesellschaftlich erforderte Qualifikation, Personalisation, Sozialisation und Enkulturation erlernen. Diese Interaktion ist dialektisch zu nennen, insofern als das Miteinander von Lehrern und Schülern sich zum einen dialogisch gestaltet, zum anderen eine Polarität von Rezeption und Selbsttätigkeit enthält und drittens grundsätzlich unplanbare und unverfügbare Effekte bei den Beteiligten hat. Des weiteren ist Unterrichten ein theoriegeleitetes Handeln, bei dem die Bedürfnisse und Belange der Schülerinnen/Schüler und die Erfordernisse einer sachgerechten Aneignung von Lerninhalten zusammengebracht werden müssen. Prinzipiell ist die Unterrichtstätigkeit des Lehrers/der Lehrerin deshalb an den heute diskutierten didaktischen Theorien (Bildungstheoretische Didaktik, Berliner/Hamburger Didaktik, Curriculare Didaktik, Konstruktivistische/Subjektive Didaktik) zu orientieren. Bei der Planung von Unterrichtseinheiten und Unterrichtsstunden ist ebenfalls der derzeitige Diskussionsstand um die Prinzipien eines erfolgreichen und qualitativen Unterrichts (vgl. Selbsttätigkeit, Differenzierung, Veranschaulichung, Ganzheitlichkeit ...) zu beachten. Von solchen theoretischen Vorgaben geleitet, muss der Lehrer die konkrete, situative und offene Unterrichtspraxis zu bewältigen versuchen. Das verlangt vom ihm eine „Übersetzung" des theoretischen Wissens in didaktisch und pädagogisch verantwortliches Handeln unter den Bedingungen je verschiedener Lehr- und Lern-Ausgangslagen. Dabei erweist es sich, dass die Theorie nur „im Prinzip" Recht hat und nur als „regulative Idee" dienen kann.

Da die Schule eine pädagogische Institution ist, es in ihr also um Erziehung und Bildung geht, unterscheidet sich ihr Unterricht von dem anderer Institutionen, in denen ebenfalls gelernt wird (Musikschule, Tanzschule, Volkshochschule, Internetangebote usw.).

● **Erziehender Unterricht**

Erziehender Unterricht weckt Erinnerungen an J. F. Herbart († 1841) und seine programmatische Aussage aus der „Allgemeinen Pädagogik" (1806): „Und ich gestehe gleich hier, keinen Begriff zu haben von Erziehung ohne Unterricht; so wie ich ... keinen Unterricht anerkenne, der nicht erzieht" (1965, Bd. 2, S. 22). Herbarts Ziel der Erziehung ist allerdings – anders als heute – die Sittlichkeit. Dazu braucht es Erziehung, die aus den drei Tätigkeiten Unterricht, Regierung und Zucht besteht. Durch den Unterricht sollen beim Zögling vielseitige Interessen geweckt und Vorstellungen hervorgerufen werden, die dem sittlichen Wollen die richtige Richtung weisen. Regierung dagegen meint die Bewirkung der äußeren Ordnung und die Regelung des sittlichen Verhaltens, wofür der sittliche Wille geformt werden soll. Dessen Festigkeit erreicht man durch die Zucht, d. h. durch den direkten pädagogischen Umgang mit dem Erzieher, wobei Letzterer dafür sorgt, dass der Zögling sich die sittlichen Ideen durch praktisches Tun und Erfahrungslernen aneignet. Entscheidet sich der Zögling selbsttätig zugunsten der sittlichen Forderungen, dann braucht es nur noch den Unterricht, um auf ihn Einfluss auszuüben.

Spricht man allerdings heute von „erziehendem Unterricht", so in anderer Bedeutung, nämlich dass Unterricht Möglichkeiten bietet und Gelegenheiten enthält, die erzieherisch genutzt werden können bzw. sollen. Ob dabei wirklich erzieherische Einwirkungen auf Schüler und Schülerinnen erfolgen, hängt einerseits vom Willen und der Befähigung des Lehrers/der Lehrerin dazu ab und andererseits von der inneren Bereitschaft des Schülers, sich darauf einzulassen. Die Möglichkeiten, die der Lehrer dazu im Unterricht nutzen kann, sind:

1. Erzieherisch reflektierte didaktische Entscheidungen

a) die Durchführung eines klar strukturierten, zügig und schülerorientiert konzipierten Unterrichts in angemessener Zeit, wodurch Schüler zu einer sachbezogenen und sich selbst verpflichtenden Lern- und Arbeitshaltung kommen

b) die Beachtung erzieherisch wirksamer Unterrichtsprinzipien im lehrergesteuerten und lehrgangsorientierten Unterricht wie beispielsweise Schülerorientierung, Selbsttätigkeit/Aktivierung der Schüler, angst- und repressionsfreie Unterrichtsgestaltung und Leistungsüberprüfung, Differenzierung zur Vermeidung von Über- und Unterforderung der Schüler

c) die Nutzung offener Unterrichts- und Lernformen wie Freiarbeit, Wochenplanarbeit, Projektarbeit, Lernzirkel o. Ä., um Schülern Eigenverantwortlichkeit, Kooperationsbereitschaft, Kreativität, Selbstständigkeit und ein Lernen mit allen Sinnen zu ermöglichen

d) die Auswahl von Unterrichtsinhalten, die zu Wertklärungen und Wertorientierungen Anlass geben, bei denen Recht und Unrecht, epochale menschliche Schlüsselprobleme, Pflicht und Neigung, Verantwortung und Freiheit thematisiert werden (vgl. beispielsweise Dilemmageschichte, Schullektüren, Schulbuchtexte) und zu denen Schüler sich eine verantwortliche eigene Position erarbeiten müssen

e) die Nutzung von Unterrichtsmethoden für das Erlernen solidarischen und kommunikativen Verhaltens (wie z. B. Partnerarbeit, Gruppenarbeit, Rollenspiel, Debatte, Projekte, Diskussionen usw.) sowie von fachspezifischen und fächerübergreifenden Arbeitsweisen, die zu Sachgerechtigkeit, Genauigkeit, Hypothesenbildung und -überprüfung, Pro-Contra-Argumentationsfähigkeit, Respektierung von Natur und Umwelt usw. veranlassen.

2. *Erzieherisch reflektierte Maßnahmen des Verhaltensmanagements*

a) Unterrichtssituationen zu normativer Orientierung nutzen, indem man Konflikte, Störungen, positive Verhaltensweisen aufgreift und bearbeitet

b) reziproke Umgangsformen und dialogische Interaktionsformen zwischen Lehrer und Schüler sowie Schüler und Schüler durch Regeln, Rituale und Delegation von Verantwortlichkeiten konsequent praktizieren

c) die Modifikation des Schülerverhaltens im Unterricht durch gemeinsam erstellte Regeln, Ordnungen und Vereinbarungen zum Gemeinschaftsverhalten, die kontrolliert und bei Übertreten sanktioniert werden

d) die Einübung von Haltungen wie Selbstständigkeit, Rücksicht- und Anteilnahme, Hilfsbereitschaft, Zuverlässigkeit, Sorgfalt bei der Aufgabenbewältigung, Sachlichkeit oder Redlichkeit sowie eine konsequente Verhaltensregulierung und Disziplinierung der Schüler im Unterricht, wenn sie die Rechte und die Würde ihrer Mitschüler und ihrer Lehrer missachten

e) die Gestaltung eines Lern- und Schulklimas, das Schülern im Unterricht und im Schulleben Geborgenheits-, Vertrauens- und Selbstwerterfahrungen möglich macht,

f) die Öffnung des Schulunterrichts für neue Formen der Zusammenarbeit mit den Schülereltern und mit den pädagogischen und sozialen Institutionen ‚vor Ort‘, so dass die Lebensbedeutsamkeit der schulischen Erziehung den Kindern und Jugendlichen besser vor Augen geführt wird.

3. Erzieherisch reflektiertes personales Engagement

a) als Lehrer/Lehrerin akzeptieren und pädagogisch nutzen, dass man nolens volens Vorbild bzw. Verhaltensmodell für Schüler/Schülerinnen ist, d. h. sich um ein authentisches und nachahmenswertes Modellverhalten bemühen

b) die Selbstreflexivität und Selbstkontrolle (bei der Lehrersprache und dem Lehr- und Allgemeinverhalten) vergrößern sowie eine erfolgreiche Klassenführung praktizieren.

Erfolg können solche Erziehungsversuche über den Unterricht nur haben, wenn sie in die „Erziehungsphilosophie" der ganzen Schule eingebettet sind und wenn sich möglichst alle Lehrerinnen und Lehrer auf sie verpflichtet haben. Ferner hängt ihr Erfolg davon ab, ob die Schülerinnen/Schüler ähnliche Erfahrungen in außerunterrichtlichen und außerschulischen Aktivitäten und Aktionen des Schullebens machen können. Gerade das Schulleben – verstanden in dem Sinne, dass Schule ein Ort gelebten Lebens und ein Ort für wichtige Lebenserfahrungen ist – muss die lebens- und lernbejahende Grundausrichtung der Erziehungsarbeit unterstützen (Köck 2000, S. 167 ff.).

● Bildendes Lernen

Dass in der Schule gelernt wird (bzw. werden soll), ist selbstverständlich. Im Unterschied zu anderen Lerninstitutionen (z. B. Lernstudios, Sprachkurse, …) verbindet das schulische Lernen aber nicht nur Unterricht mit Erziehung, sondern hat auch die Bildung der Schülerinnen und Schüler zum Ziel, ist also bildendes Lernen. In offenen und lehrgangsorientierten Unterrichtsformen arrangieren und organisieren die Lehrerinnen und Lehrer für die Schüler Lernerfahrungen, die ihnen helfen, die Welt zu verstehen, sich selbst als Individuum und Gemeinschaftswesen zu verstehen und aus diesem Verstehen heraus in die Welt verantwortlich gestaltend einzuwirken.

E. Weber sieht im bildenden Lernen das Spezifische einer pädagogischen (im Unterschied zur psychologischen) Lerntheorie. Denn Pädagogen fragen nicht nur, wie Lernen zustande kommt, sondern ob, wie und warum das Lernen von Kindern und Jugendlichen förderlich beeinflusst werden kann oder soll; sie betrachten Lernen und Lehren unter dem Aspekt der Aufgabe.

Merkmale solch bildenden Lernens sind nach Weber:

- Bildendes Lernen ist freiheitliches und befreiendes Lernen, womit spontanes, selbsttätiges, selbstbestimmtes, selbstverantwortliches, selbstständiges und autodidaktisches Lernen gemeint ist.
- Bildendes Lernen ist kognitives und reflexives Lernen, fördert also den Aufbau kognitiver Strukturen und Wissensstrukturen, ist bewusstes, strukturiertes, argumentatives, problemlösendes Lernen und schließt das Nachdenken über sich selbst und das eigene Lernen ein.
- Bildendes Lernen ist identitätsstiftendes und wert- bzw. sinnorientiertes Lernen, worunter der Aufbau eines positiven Selbstbildes und Selbstwertgefühls, eines Bewusstseins für die eigene Verantwortung und die Orientierung durch Wertklärung und Sinnklärung zu verstehen ist.

- Bildendes Lernen ist ganzheitliches und gegenwarts- bzw. zukunftsbezogenes Lernen, bei dem der Mensch alle seine Kräfte und Fähigkeiten durch kognitive, motorische, praktische, ästhetische, emotionale, sozial-moralische und volitionale Lernangebote entfalten kann; dabei darf das Lernen nicht nur traditionsorientiert sein, sondern muss dazu anleiten, mit Neuem und Ungewohntem fertigzuwerden (Weber 1999, S. 52–92).

H. Schröder macht zum bildenden Lernen darauf aufmerksam, dass es in einen personalen Prozess eingebettet ist, der der Selbstverwirklichung, der personalen Einheit und der Würde des Menschen dient. Es erfolgt durch Erfahrungen des Schülers, mit deren Hilfe er seine Persönlichkeit selbst formen kann. Insofern gilt: Bildendes Lernen

- erfasst den Schüler in seinem Personsein
- betrifft alle Bereiche seiner individuellen Entfaltung
- verhilft ihm zur Welt- und Wertorientierung
- trägt bei ihm zur Gesinnungsbildung bei
- führt zur Förderung seines Denkens und seiner Fähigkeiten und
- wirkt sich motivierend und steuernd auf sein Handeln aus (Schröder, 2000, S. 55–57).

Integrieren

Zwei Ursachenbereiche machen die Integration zu einer zentralen Aufgabe der heutigen Schule:

- erstens gesellschaftliche Gründe wie die Ermöglichung und Sicherung eines humanen Miteinanderlebens aller Mitglieder der Gesellschaft und
- zweitens pädagogische Gründe wie die Entfaltung der Individualität und Sozialität zur Ermöglichung einer (objektiv und subjektiv) befriedigenden Lebensweise für jedes Kind und jeden Jugendlichen.

Das Wort „Integration" ist, wie ein Blick in die Wortgeschichte zeigt, noch nicht lange geläufig. Als Ableitung des lateinischen „integrare" („wiederherstellen, ergänzen"), des mittellateinischen „integralis" („ein Ganzes ausmachend") und des lateinischen Substantivs „integratio" („Wiederherstellung eines Ganzen") – allesamt rückführbar auf „integer", „integritas" und „integrare" – haftet dem Wort im 19./20. Jahrhundert ursprünglich die Vorstellung an, dass ein einheitliches Ganzes, das durch irgendwelche Umstände angetastet und versehrt ist, wiederhergestellt und erneuert werden müsse. *Wer integriert, ergreift also Maßnahmen, um eine gestörte und/oder verloren gegangene Ganzheit wieder entstehen zu lassen.* Allerdings hat der Begriff Integration eine aktive und eine passive Dimension. Die aktive meint, dass der zu Integrierende dies selbst wollen und betreiben muss, die passive bedeutet, dass gesellschaftlich und schulisch organisatorische Möglichkeiten bestehen müssen, die die Integration ermöglichen und erleichtern.

In jüngerer Zeit wird der Begriff Integration durch den Begriff Inklusion (1994 UNESCO-Konferenz von Salamanca erstmals) ersetzt. Er verdeutlicht den Gedanken der untrennbaren Gemeinschaft aller Kinder – mit und ohne Behinderung.

Die schulische Integration/Inklusion betrifft vor allem drei Gruppen von Schülerinnen und Schülern:

- Schülerinnen/Schüler aus sozial belasteten, bildungsfernen Elternhäusern mit Verhaltensweisen und Einstellungen, die als auffällig und schwierig bezeichnet werden
- Schülerinnen/Schüler aus Migrantenfamilien, mit anderen Nationalitäten, mit nichtdeutscher Muttersprache, aus nichteuropäischem Kulturraum und oftmals mit ungeklärter Aufenthaltsdauer
- Schülerinnen/Schüler, die körperlich oder geistig behindert sind.

Die schulische Integration begründet sich:

1. aus dem Anspruch jedes Menschen auf prinzipielle Gleichwertigkeit
2. aus der Fähigkeit des Menschen, einen eigenen aktiven Beitrag zu seiner Integration zu leisten
3. aus dem Recht jedes Menschen auf Teilhabe, Zugehörigkeit und persönliche Entwicklungsmöglichkeit in der Gesellschaft
4. aus der biografischen, kulturellen oder sozialen Heterogenität als „Normalfall" des Menschseins
5. aus der demokratischen Gesellschaft, die Stigmatisierung und soziale oder typologisierende Ausgrenzung nicht hinnehmen darf.

Die Integration ist als partnerschaftliche Interaktion zu gestalten, wofür die Schule strukturell die Voraussetzungen schaffen muss (vgl. die Blickveränderung: von der Integrationsfähigkeit des Kindes auf die Integrationsfähigkeit der Schule).

Soll die Integration gelingen, ist infolgedessen nicht die Erfüllung von vorgegebenen Rollenerwartungen vonnöten, sondern erforderlich sind auf Seiten der Schule Strukturen, die Autonomie, Handlungsfähigkeit und Individualität in repressionsfreier Interaktion möglich machen, und auf Seiten aller beteiligten Schüler die Grundqualifikationen Frustrationstoleranz, Ambiguitätstoleranz, Rollendistanz, Sprachkompetenz und Empathie. Der systemangepassten Integrationsvorstellung steht heute die systemkritische Vorstellung von der individuellen Identitätsbildung gegenüber. Diese bedarf in der Schule sowohl des gemeinsamen Unterrichts aller Schüler einer Klasse als auch der inneren und äußeren Differenzierung, bei der spezifische Förderung erfolgen muss. Des weiteren ist eine Öffnung der Schule nach innen wie nach außen nötig: hin zu selbsttätigem Lernen, zu neuen Methoden der Differenzierung und Individualisierung, zur Schülermitwirkung bei der Auswahl der Lerninhalte (auch und vor allem solcher, mit denen sich zu integrierende Schüler identifizieren können), zur Gestaltung des Klassenzimmers als anregende Lernumgebung und hin zu intensiver Elternarbeit (einschließlich Kursen für die Eltern der Integrationsschüler), zur Kooperation mit sozialen und kulturellen Institutionen des schulischen Umfeldes, mit Experten und Künstlern anderer Ethnien, zu Kulturfesten, zur Mitarbeit von Sonderpädagogen und Sozialarbeitern usw. Nur so kann Integration als Prozess gegenseitiger Akzeptanz und als Entwicklung einer neuen Gemeinschaft auf der Basis gemeinsam erarbeiteter Bedeutungsgehalte gelingen.

Interkulturelles Lernen ermöglichen

Der Anteil ausländischer Schülerinnen und Schüler an allgemeinbildenden Schulen beträgt zur Zeit etwa 12 % (bei unterschiedlicher Verteilung auf die Schulformen); in den 60er Jahren des letzten Jahrhunderts lag er bei 1 %. Das hat die deutsche Schule in den letzten Jahrzehnten entscheidend verändert.

Das interkulturelle Lernen als Aufgabe der Schule knüpft deshalb an die Enkulturationsfunktion an. Heutige Konzeptionen des Interkulturellen Lernens haben die frühe kompensatorische Ausländer-Pädagogik überwunden, die vorwiegend auf das Spracherlernen und auf Assimilation der Ausländer in die deutsche Gesellschaft drang. Beim interkulturellen Lernen geht es seitdem um ein Miteinander- und Voneinander-Lernen der deutschen und ausländischen Schüler, bei dem Fremdheit als Bereicherung und nicht als Bedrohung erlebt werden soll und bei dem das Leben mit Unterschieden gelernt wird. Dabei lernen beide Schülergruppen die Kultur der anderen kennen, beide werden neugierig auf die Herkunftskultur der Mitschülerinnen/Mitschüler. Dazu brauchen die ausländischen Schüler ihre Herkunftskultur (Sprache, Lebensweise, Religion) nicht zu verleugnen. Das ist für deren Persönlichkeitsentwicklung wichtig, weil es ihr kulturelles Selbstbewusstsein und Selbstverständnis stärkt und der Umorientierung in der „neuen Kultur" hilft. Umgekehrt lernen die deutschen Schüler diese Herkunftskulturen kennen und akzeptieren; sie werden kritisch und selbstkritisch auch der eigenen Kultur gegenüber und machen die Erfahrung, dass Menschen in ihrer Kultur leben wollen und gern leben und dass dies Toleranz, Verständnis, Respekt und auch Solidarität beansprucht, wenn ein friedliches und humanes Miteinander gelingen soll.

Für die Schulpraxis bedeutet das:

- Ausländische Schülerinnen/Schüler müssen besondere Gelegenheiten bekommen, nicht nur fundiert die deutsche Sprache zu erlernen, sondern auch ihre Muttersprache weiterzuentwickeln (ggf. als Ersatz für die 1. Fremdsprache).
- Im Unterricht sollte durch geeignete Unterrichtsinhalte und soziale Lernformen der kulturelle Dialog praktiziert werden, der Kulturerziehung mit Kulturkritik verknüpft.
- Die Wertorientierung des Unterrichts sollte besonderes Augenmerk auf Antirassismus, auf die Erziehung zu Werten des humanen Miteinanderumgehens und auf den Abbau der Angst vor dem Fremden legen (Marburger 1991, Borelli 1991).

Fördern, Kompensieren und Betreuen

Fördern dient in der Schule zwei Zielen: der Herstellung von Chancengleichheit (im Sinne von Ausgleich vorhandener Benachteiligungen) und dem Vorbeugen von Schulversagen. Das Wort bedeutet wortgeschichtlich (mhd.) soviel wie *weiter nach vorn bringen"* und umfasst zeitlich begrenzte und personbezogene Sondermaßnahmen, wodurch die eigenen Bemühungen des Schülers/der Schülerin unterstützt werden. Die Förderung eines Schülers wird notwendig, wenn er in seinem Lern- und Allgemeinverhalten von den Zielen und Verhaltensweisen abweicht, die zu einem bestimmten Zeitpunkt in bestimmten Situationen und Zusammenhängen gemeinhin von Altersgleichen erwartet werden kann. Man bezeichnet die Förderung als

- remedial, wenn dem Schüler zusätzliche Hilfen gegeben werden müssen, damit er Lernziele besser erreicht (z. B. zusätzliche Übungen) oder Handlungen korrekter ausführen kann (z. B. Funktionstraining)
- kompensatorisch, wenn nicht akzeptablen Verhaltensweisen oder psychosozialen Belastungen des Schülers, die ihm und der Lerngruppe Probleme bereiten, abgeholfen werden muss
- präferenziell, wenn Schüler mit quantitativen oder qualitativen Leistungsexzellenzen (z. B. hochbegabte oder speziell begabte Schüler), die die vorgesehenen Lernziele weit übertreffen, zusätzliche herausfordernde Aufgaben gestellt bekommen.

Die Schule hat in diesem Bereich unterschiedliche Möglichkeiten der Förderung:

1. Fördern durch äußere Differenzierung: Überweisung in spezielle Förderschulen/Sonderschulen, zusätzlicher Förderunterricht, Inanspruchnahme der Mobilen Sonderpädagogischen Dienste, zeitweilige Kooperation zwischen Regelschule und Förderschule, Zuweisung zu einer bestimmten Schulart im gegliederten Schulwesen, Beschulung in Spezialklassen für leistungsstarke Schüler innerhalb der bestehenden Schulformen mit freiwilligen Zusatz-Arbeitsgemeinschaften, Plus-Kursen, Wettbewerben, Schülerakademien oder auch durch „Überspringen" einer Jahrgangsstufe.
2. Fördern durch innere Differenzierung: durch Gruppenarbeit mit zeit-, mengen- und leistungsheterogenen Aufgabenstellungen, durch Einzelarbeit mit Addita (Zusatzlernstoffe) zum herkömmlichen Unterrichtsstoff, durch Individualisierung des Lehr-Lern-Prozesses.
3. Fördern durch besondere Angebote der Schule: Hausaufgabenbetreuung, AGs zu Freizeitbeschäftigungen, freiwillige Nachhilfekurse von Lehrern für Schüler mit Lernproblemen, sozialpädagogische Aktivitäten am Schulnachmittag, Schülertutorien und Schülerpatenschaften, Streitschlichterbüro, Schülerparlament usw.

Voraussetzung für eine gezielte Förderung des Schülers/der Schülerin ist eine genaue *Förderdiagnostik* durch den Lehrer/die Lehrerin. Sensibel für die Individuallage des Schülers und überzeugt davon, dass sein vorrangiges Interesse der Verbesserung der Kompetenzen des Schülers gelten muss, statt seine Defizite hervorzuheben, betreibt der Lehrer dazu eine systematische Informationssammlung und -auswertung der Lern- und Allgemeinverhaltensweisen des Schülers. Er geht dabei in folgenden Schritten vor:

1. Schritt: Beobachtungen zum Verhalten des Schülers/der Schülerin und dessen systematische Analyse

2. Schritt: Detaillierte Informationsphase
- Gespräche
- Kind-Umfeld-Analyse
- Fehleranalyse bei mündlichen und schriftlichen Arbeiten
- Analyse von Handlungsprodukten des Schülers/der Schülerin
- Tests
- Stärken-Schwächen-Analyse beim Schüler/bei der Schülerin

3. Schritt: Förderkonferenz
- Brainstorming über Fördermöglichkeiten unter Beteiligung möglichst aller, die mit dem Schüler/der Schülerin zu tun haben (Lehrer, Therapeuten, Sozialpädagogen, Lernberater, Eltern, …)
- gemeinsames Erstellen eines Förderplans

4. Schritt: Kooperative Lernbegleitung
- Umsetzen des Förderplans durch die beteiligten Personen
- prozessbegleitende Reflexion über den Erfolg der Fördermaßnahmen
- flexible Anpassung des Förderplans bei neuer Sachlage oder Ineffektivität der Fördermaßnahmen (vgl. Mutzeck 1998).

Da sich die Lebensprobleme vieler Schüler/Schülerinnen bestimmend vor ihre Lernprobleme schieben (v. Hentig), muss die Schule bei ihrer Förderaufgabe häufiger die *Kompensation allgemeingesellschaftlicher Defizite* leisten. Denn in den letzten beiden Jahrzehnten ist der Schule in zunehmendem Maße die Aufgabe einer „Reparaturanstalt" für Defizite der Gesellschaft zugewachsen. Angesichts gravierender gesellschaftlicher Veränderungen (Anstieg der Scheidungsrate, psycho-physisch gestörte Kinder, Erziehungsdefizite im Elternhaus usw.) kommt die Schule nicht umhin, Kindern und Jugendlichen Bewältigungsstrategien für ihre übergroß gewordenen Lebensprobleme mitzuvermitteln. Maßnahmen der inneren Schulreform (Projektunterricht, Kommunikationsschulung, Strategien der Konfliktlösung usw.) und der äußeren Schulreform (Nachmittagsbetreuung von Kindern und Jugendlichen in der Schule, Hort an der Schule, Ganztagsschule) sind die Folge.

Immer mehr wird von den Lehrern/Lehrerinnen die Notwendigkeit gespürt, eine intensive emotionale Beziehung zu den Kindern/Jugendlichen aufzubauen, sich als deren Anwalt für sie einzusetzen und bei der Unterrichtsplanung deren physische und psychische Grundbedürfnisse (vgl. Maslow) zu berücksichtigen. Zugleich erwarten mehr und mehr Eltern von der Schule, dass sie eine full-service-Institution ist, die ihnen die Erziehung, Unterrichtung und Freizeitbetreuung ihrer Kinder/Jugendlichen abnimmt und die man dafür verantwortlich machen kann, wenn es in diesen Bereichen Schwierigkeiten gibt. Diesbezüglich kann man von einer regelrechten *Betreuungsaufgabe* der Schule heute sprechen. Sie nimmt je nach Sprengel der Schule unterschiedliche Intensität an, beginnt oft genug mit dem gemeinsamen Frühstück in der Schule, weil die Schüler unterversorgt sind, geht weiter mit Arztbesuchen, zu denen die Lehrkräfte das Kind begleiten (müssen) und endet mit gemeinsamen Aktivitäten zwischen Lehrern und Schülern am Nachmittag und am Wochenende.

Beraten

Unter Beratung versteht man eine professionelle Hilfestellung, die jemand bei einem Problem/einer Entscheidung in Anspruch nimmt bzw. erhält, um sein Problem einer Lösung zuzuführen. Zur Aufgabe des Beratenden gehört es, dass der Ratsuchende während des Gedankenaustauschs seine individuellen Ressourcen zur Problemlösung entdeckt und anschließend aktiviert. Beratung hat deshalb die Form des Dialogs, der vom Berater in der Regel so gelenkt wird, dass der Ratsuchende durch Umorganisation seiner bisherigen Denkweise selbstständig die für ihn passende und von ihm durchführbare Lösung herausfindet. Es ist ein *„konsensualer Dialog"*, bei dem sich nicht der Berater mit seinen Überlegungen und Ratschlägen aufdrängt oder durchsetzt! Der Ratgebende benötigt dazu kognitive Kompetenz, emotional-soziale Kompetenz und die pragmatische Kompetenz der Gesprächsführung. Beratung muss stets *Hilfe zur Selbsthilfe* sein.

Die Beratungsaufgabe der Schule betrifft

- die Lernberatung von Schülern (und deren Eltern) bei Lernschwierigkeiten, Lernstörungen und Lernexzellenzen (Einzelfallhilfe)
- die Verhaltensberatung in Konfliktfällen, wie sie durch inadäquates Schülerverhalten entstehen (Einzelfallhilfe)
- die Beratung in Erziehungsfragen, da die „Unteilbarkeit der Erziehung" zwischen Schule und Elternhaus mit Eltern erörtert werden muss (Einzelfallhilfe)
- die Schullaufbahn- und Berufsberatung für Schüler (und deren Eltern) beim Übertritt von der Grundschule in die weiterführenden Schulen, bei Schulabgängern als berufliche Orientierung oder bei Schulabbrechern, die den Anforderungen der besuchten Schulform nicht gewachsen sind
- die Kollegenberatung bei Maßnahmen zur Verbesserung des Unterrichts, des Lehrer-Schüler-Verhältnisses, bei Supervision oder bei Coaching sowie beim Schulentwicklungsprozess (Systemberatung).

Nach M. Pfitzner (2007) nimmt Beratung in der Schule folgende Formen an: Information (z. B. bei Berufsberatung), Prävention (z. B. durch Behandlung des Themas Drogenkonsum), Intervention (z. B. bei Verhaltensproblemen), Rehabilitation (z. B. zwecks Aufholen von Lernrückständen), Kooperation (z. B. bei Fällen, in denen schulexterne Experten einbezogen werden müssen), Innovation (z. B. bei Schulentwicklung) und Konsultation/Supervision (z. B. Kollegiale Fallberatung).

Da die Schule durch die Beobachtung und die *Bewertung* des Lern- und Allgemeinverhaltens eines jeden Schülers wichtige Informationen über ihn gesammelt hat und da die Schule eine pädagogische Institution ist, muss sie die Beratungsaufgabe gegenüber Schülern und Eltern erfüllen. Dabei sollte die Beratung grundsätzlich nicht an den Defiziten und Fehlern des Schülers orientiert sein, sondern an seinen Kompetenzen, die nach Möglichkeit erweitert werden sollten. Denn das Ziel aller Beratung ist die Selbstaktualisierung und die Selbstmodifikation des Ratsuchenden. In den Fällen, in denen der einzelne Lehrer mit dieser Aufgabe überfordert ist, bietet die Schule die Schulpsychologischen Beratungsdienste an (Lüttge 1981).

3.4 Die Ziele der schulischen Arbeit

Allgemein gesprochen geht es bei der schulischen Arbeit um Erziehung und Bildung durch Unterricht und Schulleben. Die Funktionen und die Aufgaben der Schule werden also durch erziehenden Unterricht mit bildendem Lernen (s. voriges Kapitel) und durch ein pädagogisch und didaktisch konzipiertes Schulleben (s. T. 3, Kap. 3) verwirklicht. Dafür müssen Ziele formuliert werden. Im Unterricht handelt es sich um Globalziele/Richtziele, Teilziele und Feinziele, die die Sachkompetenz, die Sozialkompetenz, die Selbstkompetenz und die Methodenkompetenz der Schüler/Schülerinnen betreffen und die in kognitive, emotional-soziale und pragmatische Lernziele unterteilt werden. Sie dienen dem Aufbau von Fachwissen, Fähigkeiten, Einstellungen und Verhaltensweisen beim Schüler.

Diese Ziele der schulischen Arbeit können

- schulfachbezogen definiert werden (z. B. beim Fach Deutsch: Sprechen, Schreiben, Sprachbetrachtung, Textarbeit, Literatur, Medienanalyse, usw.)
- fächerübergreifend/fächerverbindend angegeben werden (z. B. Gesundheit, Medien, Umwelt, Europa, Freizeit, Frieden, Ökonomie-Ökologie usw.) oder
- überfachlich betrachtet werden (z. B. Leistungsbereitschaft, Verantwortungsübernahme, Konzentrationsfähigkeit, Informationsbeschaffung, Präsentationstechnik usw.)

3.5 Verdeckte Ziele der Schule

Die Schule als öffentliche und staatlich normierte Institution beeinflusst die Persönlichkeitsentwicklung der Schüler und Schülerinnen auf intentionale und funktionale Weise.
Abgesehen davon, dass jedes Kind/jeder Jugendliche auf Grund des Schulpflichtgesetzes zur Schule gehen muss, sind aus sozialpsychologischer Sicht „in der Institution folgende Aufgaben bzw. aus der Sicht der Schüler/innen Anforderungsbereiche vorgegeben und normiert:

- die Vermittlung und Aneignung weitgehend vorgeschriebener Lerninhalte,
- die Reproduktion dieser Lerninhalte und ihre qualitativ-vergleichende Bewertung
- die Sicherung sozial-situativer Bedingungen, unter denen diese Prozesse möglichst effizient und reibungslos ablaufen können" (Ulich 2001, S. 37).

Unabhängig davon, wie die Lehrerinnen und Lehrer im Unterricht und im Schulleben die in den vorigen Kapiteln genannten Funktionen und Aufgaben erfüllen, ergeben sich durch die Sozialstruktur der Schule verdeckte Ziele, Nebenwirkungen und unbeabsichtigte Auswirkungen auf die Einstellungen und Verhaltensweisen der Schülerinnen/Schüler. Diese lernen im System Schule und durch dieses

- Konkurrenz- und Dominanzstreben
- Angst vor dem Scheitern, Leistungsdruck und Resignation bei erfolglosem Bemühen
- Strategien, Taktiken und Tricks, sich zu verstellen, Leistungsmängel zu kaschieren und sich gegenüber dem Lehrer/der Lehrerin geschickt zu präsentieren, um daraus Vorteile bei der Leistungsbeurteilung und für die eigene soziale Position in einer Gruppe zu erlangen
- Selbstwertgefühl, Selbstbild, Selbstvertrauen von der benoteten Leistung in Schulfächern abhängig zu machen
- Arbeiten nach dem Minimalprinzip, d. h. die eigene Anstrengung allein danach auszurichten, wie man – erstens – mit möglichst geringem Einsatz möglichst große Leistungsergebnisse erzielt und – zweitens – die Anstrengung nur so lange aufrecht zu erhalten, wie es zum Erreichen eines Notenwerts nötig oder erfolgversprechend ist
- Lernen auf abstrakte, lebensferne Leistungsbeurteilungen zu orientieren (vgl. die Redeweise vom „Realitätsverlust der Schule")
- den Herrschaftscharakter der schulischen Interaktionen zu akzeptieren, um keine Nachteile auf Grund der Machtmittel des Lehrers zu erleiden.

3. Teil: Die Mesoebene
Die Schule
als gestaltete Handlungseinheit

Zwischen der Ebene der staatlichen Vorgaben für die Schule und dem konkreten schulischen Handeln des einzelnen Lehrers oder Schülers „vor Ort" liegt eine Systemebene, hier als Mesoebene bezeichnet, die die einzelne Schule nach außen und innen repräsentiert. Was das Besondere der jeweiligen Einzelschule ausmacht, zeigt sich in ihrer Schulkultur, ihren Initiativen zur Schulentwicklung sowie in den Aktionen und Aktivitäten ihres Schullebens. Die Mesoebene macht das Programmatische einer Schule aus, dem sich jeder Lehrer/jede Lehrerin öffnen und an dem sie mitwirken sollen.

1. Die Schulkultur

Seit Beginn der 90er Jahre des letzten Jahrhunderts ist in der Schulpädagogik wieder verstärkt von „Kultur" die Rede, von Schulkultur, von Lernkultur und von Lehrkultur. Alltagssprachlich wird darunter einerseits verstanden, dass alle in der Schule „kultiviert" (d.h. human, kommunikativ, kooperativ, ehrlich und offen) miteinander umgehen, und andererseits dass die Schule mit der Kultur zu tun hat. Sie ist selbst ein Ergebnis der Kulturentwicklung, und es wurde ihr von der Gesellschaft die Funktion der Enkulturation zugewiesen (s. T. 2, Kap. 3.2). Kulturfähigkeit und Kulturmündigkeit (im Sinne einer verantwortungsvollen, die Humanität fördernden Weiterentwicklung der einzelnen Kulturbereiche) sind die Ziele dieser Enkulturation. Die Schule ist ein Praxisfeld von Kultur, ein Ort für „Gestaltetes" (im Unterschied zu Naturwüchsigem) und „Wertbehaftetes" (im Sinne von „kultiviertem" Miteinanderhandeln). Doch kommen beim Begriff Schulkultur noch andere Aspekte hinzu, die es rechtfertigen, ihn als eigenen schulpädagogischen Fachbegriff zu verwenden.

1.1 Begriffsklärung

„Schulkultur" hat zunächst einen wirtschaftswissenschaftlichen Begriffskontext. In der internationalen Ökonomiediskussion wurde Anfang der 80er Jahre des letzten Jahrhunderts der Begriff Kultur mit Unternehmen verknüpft. Der Grund dafür war die Suche nach den Ursachen für den damaligen rasanten Markterfolg japanischer Unternehmen, den man zunächst auf die Besonderheiten der japanischen Kultur zurückführte, später auf die „organizational clans" in den japanischen Firmen. Von diesen „Corporate clans" mit ihren spezifischen,

142

Markterfolge garantierenden Systemen gemeinsamer Werte und Verhaltensweisen war es nicht weit zum Begriff „Corporate Culture" als Bezeichnung für den wichtigsten Faktor bei Erfolg oder Misserfolg eines Unternehmens. Was die Kultur erfolgreicher Unternehmen kennzeichnet, sind vor allem drei Elemente:

1. systemspezifische Werte und Normen
2. die Erkennbarkeit dieser Werte und Normen im Unternehmen und außerhalb des Unternehmens auf Grund von besonderen Symbolen, Ritualen und Interaktionsformen
3. die höchstmögliche kognitive und emotionale Identifikation der Organisationsmitglieder mit dem Unternehmen und seinen Werten und Normen zwecks gemeinsamer Erreichung des Marktziels.

In der Wirtschaftswissenschaft heißt es seitdem: „Eine Organisation ist Kultur" und „eine Organisation hat Kultur" (Wollnik, 1988, S. 59). Im ersteren Falle interessiert sich die Organisationssoziologie für den Zusammenhang, der zwischen kulturellen Sachverhalten innerhalb eines Unternehmens (wie z. B. Arbeitszufriedenheit, Leistung der Mitglieder, Führungsstil, Gruppenverhalten usw.) und den davon abhängigen Variablen (z. B. Umsatz) besteht und ermittelt sie vorwiegend mit quantitativen Verfahren. Demgegenüber fragt die andere Grundrichtung mit ethnomethodologischen Verfahren, teilnehmenden Beobachtungs- und Interaktionsanalysen danach, wie die Kenntnisse über die Organisationskultur den einzelnen Mitgliedern zu größerer Selbstreflexion verhelfen können.

Ein wichtiges Element dieser Weiterentwicklung ist „Corporate Identity" oder auch „Corporate Image", d. h. „die Arbeit am Charakter der Unternehmenspersönlichkeit" (Regenthal/Boehlke, 1991, S. 186–191). Corporate-Identity-Politik ist die strategisch geplante und operativ eingesetzte Selbstdarstellung und Verhaltensweise eines Unternehmens nach innen und außen. Die einzelnen Handlungsbereiche des Unternehmens – Unternehmenserscheinungsbild, Unternehmenskommunikation, Unternehmensverhalten – müssen dafür zielgerichtet zu einem „Identitäts-Mix" kombiniert werden. Dazu sollen Verhaltensmerkmale definiert werden, die zur Unverwechselbarkeit des Unternehmens, d. h. zum Profil des Unternehmens beitragen und den im Unternehmen Beschäftigten vermittelt werden, also z. B. freundlich, unkompliziert, hilfsbereit, auch in kritischen Situationen überlegen und souverän, kompetent sein usw. Dauerhafte Erfolge machen dazu einen regelmäßigen „Soll-Ist-Vergleich" nötig.

„Schulkultur" hat zweitens einen *kulturtheoretischen Kontext*. Zwar ist es schwierig, Kultur (lat: cultus: Verehrung, Pflege, Bildung; colere: verehren, pflegen, bebauen, ausbilden) zu definieren, denn Kultur umfasst sowohl Tätigkeiten als auch Gegenstände, geistige Elaborate wie ästhetische Produktionen, Alltägliches und gleichermaßen national/international außergewöhnliche Kreationen, alles, was das Naturhafte transzendiert, oder auch besondere Errungenschaften aus Zivilisation und Technik. Kultur hängt mit den ökonomischen, sozialen und politischen Bedingungen einer Epoche zusammen, ist einerseits deren jeweiliger Spiegel, enthält andererseits aber immer auch Indizien und Elemente einer neuen

Sicht des gesellschaftlichen Lebens der Epoche (vgl. Assmann/Harth, 1991). Zur Kultur zählen

- alle zu einer bestimmten Zeit in einem bestimmten geographischen Raum vorfindlichen Kulturgüter wie geistige und künstlerische Produktionen, Sprache, Bauwerke, Brauchtum, Rituale usw.
- die Ordnungs- und Lebensformen einer Zeitepoche und deren institutionalisierte Kulturgebiete, als da wären Wissenschaft, Wirtschaft, Recht/Gesellschaftsordnung, Kunst, Moral, Religion/Weltanschauung sowie
- alle Aktionen und Aktivitäten, deren Ergebnis solche Kulturgüter, Ordnungs-/Lebensformen und Kulturgebiete sind.

„Schulkultur" hat drittens noch einen *didaktischen Kontext*. Unterricht als Lehr-Lern-Interaktion ist das zentrale Bestimmungsstück von Schule und infolgedessen vielfach mit dem Begriff Schulkultur verwoben. Denn im Unterricht (aber nicht nur hier!) kommt es zur Aneignung der wesentlichen Inhalte der eigenen Traditionskultur, einschließlich der Kulturtechniken, es werden kulturelle Tätigkeiten ausgeübt und kulturelle Produkte geschaffen, und Schüler erfahren den Sinn und Wert kulturadäquater Verhaltensweisen.

Überlegungen zur neuen Lehr-Lern-Kultur machen heute einen wesentlichen Teil der Diskussion um die Schulkultur aus. Sie erstreckt sich auf drei Bereiche:

- die Lehrkultur: Lehrer lassen Schüler durch ein adaptiv gestaltetes, differenzierendes Lernarrangement Lerninhalte aneignen, statt sie diese einfach rezipieren zu lassen. Lernen durch Erfahrung und im sozialen Miteinander erhalten – wenn immer möglich und gerechtfertigt – Vorzug vor direkter Instruktion (vgl. neue Unterrichtsformen, Individualisierung, Neue Medien usw.).
- die Lernkultur: Das Lernen der Schüler soll in einer offenen, vertrauensvollen und ermutigenden Atmosphäre stattfinden. Es soll „vom Schüler her" und mit ihm geplant werden, soll in weitgehender Selbsttätigkeit und mit Wahlmöglichkeiten bei den Lernmaterialien, der Lernzeit, den Lernorten und den Lernpartnern geschehen (vgl. Aufgabenkultur, Fehlerkultur, Konfliktkultur usw.).
- die Kultur der respektvollen Beziehungen beim Lernen: Lehrer und Schüler praktizieren kultivierte Formen des Gesprächs, der Fehlerkorrektur, der Konfliktanalyse, der Leistungsbewertung, des Zusammenlebens in der Klasse und in der Schule, im interkulturellen Dialog, in den Hierarchien usw. (Lemnitzer/Wiater 2001).

1.2 Konzepte der Schulkultur

Der schulpädagogische Wert des Begriffs Schulkultur liegt in seiner Integrationsleistung. Er führt bislang abgegrenzte, sachlich aber aufeinander bezogene Begriffe wie Schulprofil, Schulqualität, Schulleben oder Schulklima zusammen. Schulkultur ist durch das Gesamt von Konsens, Kooperation und Aktivitäten an der Schule definiert; diese zu entwickeln, zu verbessern oder auszugestalten ist der Schulleitung (als Impulsgeber), dem Lehrerkollegium, den Schülerinnen/ Schülern und der Elternschaft gemeinsam aufgetragen.

1. Das *Profil* einer Schule im Sinne der Corporate identity kann sich an der gemeinsamen „Erziehungsphilosophie" aller Beteiligten und an besonderen Aktionen und Aktivitäten des Schullebens herausbilden, die dem Leitbild der Schule entsprechen und jeweils im Schulprogramm festgelegt werden (s. Kap. 2). Die Unterschiedlichkeit der Schulverhältnisse und der äußeren Bedingungen, unter denen die jeweilige Schule organisiert werden muss (von der Zusammensetzung des Lehrerkollegiums bis zum Sozialstatus der Schülereltern, von der jahrhundertealten Tradition einer Schule bis zur Neugründung im Neubaugebiet einer Stadt usw.), eröffnet ihr spezifische Möglichkeiten zur Profilierung. Was eine einzelne Schule in den Augen der Öffentlichkeit charakterisiert und unverwechselbar macht, erlaubt es Lehrern, Schülern und Eltern, von „ihrer Schule" zu sprechen. Es fördert das Gefühl einer gemeinsamen Identität. Das Profil einer Schule hängt also sowohl von strukturellen als auch von personellen Faktoren ab. Das Wahl- und Wahlpflichtangebot, die freien Arbeitsgemeinschaften, themenbezogene Projekte und Aktionen, besondere Fördermaßnahmen für lernschwache Kinder oder für ausländische Schüler, sozialpädagogische Kursangebote für Eltern und Lehrer, gemeinsame Freizeitaktivitäten von der Schule organisiert, besondere Themenschwerpunkte bei der Jahresplanung usw. machen die einzelne Schule zu einem besonderen Lernort. Vorausgesetzt ist dabei, dass alle – Schulleitung, Lehrer, Schüler und Eltern – gemeinsam dieses Profil mittragen und nach außen repräsentieren. Oftmals bietet auch die Benennung der Schule Gelegenheit, ein spezifisches Profil auszuarbeiten (z. B. Kerschensteiner-Schule, Pestalozzi-Schule usw.). Der pädagogische Konsens ist somit ein entscheidender Faktor bei der Ausprägung der Schulkultur. Ihn herzustellen und über die Zeit zu erhalten, scheint deshalb die wichtigste und zugleich schwierigste Aufgabe zu sein. Hierzu müssen sich alle Beteiligten zusammentun. Schulinterne Fortbildungen, Pädagogische Konferenzen, gemeinsame Projektplanungstage könnten vom Schulleiter dazu genutzt werden, mit dem Kollegium, den Eltern- und den Schülervertretern die besonderen Ziele der Schule herauszuarbeiten und deren konkrete Umsetzung im Handeln und Verhalten mit- und zueinander zu erarbeiten. Diese Schulkultur wird wegen der unterschiedlichen Schulverhältnisse nie einheitlich sein bzw. sein sollen. Vielmehr muss es jeder Schule gelingen, ihre eigene Schulkultur auszubilden.

2. Eine *Unterrichtsgestaltung*, die selbstständiges Lehren und Lernen ermöglicht, ist ebenfalls ein bedeutendes Element der verbesserten Schulkultur. Selbsttätigkeit fördert nicht nur die Lehr-/Lernmotivation, die Lehr/Lerneffizienz und die Kreativität, sie entspricht auch den Anforderungen des Lebens in einer Demokratie. Hinzu kommt noch didaktische und fachwissenschaftliche Sachkompetenz sowie persönliche Kompetenz auf Seiten der Lehrerinnen und Lehrer, mit den Schülern andere Formen des Lernens und

Lehrens zu praktizieren, ihnen Mitwirkungsmöglichkeiten einzuräumen, sie in ihren Interessen ernst zu nehmen, sie zu ermutigen und ihnen Zeit und für das Lernen zu gewähren. Das ist im lehrgangsorientierten Unterricht durch didaktische Mitentscheidung der Schüler und Handlungsorientierung durchaus möglich, verstärkt aber in allen Formen des Offenen Unterrichts.

3. Das *Schulleben*, verstanden als „belebende Gestaltung von Schule und Unterricht", als „Verbindung der Schule zur außerschulischen Wirklichkeit" und als „außerunterrichtliche und außerschulische Veranstaltungen" (s. Kap. 3), bietet besondere Möglichkeiten, Schulkultur entstehen zu lassen. In der Tat ist der Begriff „Schulkultur" in den 80er Jahren des letzten Jahrhunderts auch fast ausschließlich auf ästhetische und soziale Aktivitäten an der Schule bezogen worden, wofür allerdings „Schülerkultur" der treffendere Ausdruck wäre. Als solche Aktivitäten sind zu nennen: Literaturproduktion in Schreibwerkstätten mit Schriftstellern, Theater- und Kabarettaufführungen mit Regisseuren zusammen, Tanz, Musik und Musiktheater, Kunst und Textilarbeiten, Architekturstudien und Stadtplanungen, Filme und Hörspielproduktionen, aber auch Projekte zur Stadt- und Zeitgeschichte, und dies alles meist in Kooperation mit den bestehenden Institutionen der Kultur- und Sozialarbeit im Umfeld der Schulen. Der Gedanke des Kulturaneignens durch eigenes Kulturmachen steht dahinter, wobei keineswegs die Auswirkungen für das soziale Lernen der Schüler, für das bessere Kennenlernen durch eine Kooperation zwischen Lehrern, Schülern und Eltern, die frei von Leistungsdenken ist, übersehen werden sollen.

4. Schließlich hängt das *Schulklima*, das von der emotionalen Befindlichkeit und der Stimmungslage der an der Schule beteiligten Personen (Lehrer, Schüler, Eltern) abhängt, ebenfalls entscheidend von den genannten Faktoren Konsens, Kooperation und Aktivitäten ab. Als positiv oder negativ empfundenes Miteinanderleben und -arbeiten hat das Schulklima unmittelbare Auswirkungen auf die Erwartungen, die Motivation, die Arbeitszufriedenheit und die Leistungsergebnisse aller Beteiligten. Nachgewiesenermaßen hängt das Schulklima entscheidend mit dem Verhalten der Schulleitung zusammen. Denn über die Lehrer kann sich der Leitungsstil des Schulleiters auf die Schüler auswirken. Aus Untersuchungen kennt man die für das Schulklima entscheidenden Faktoren: die Offenheit und das authentische Bemühen um ein Vertrauensverhältnis zu den Schülern und Eltern, Vorbildlichkeit, Fürsorglichkeit und Rücksichtnahme den Schülern gegenüber, großes eigenes Interesse an der Schule, am Unterrichten und am Schüler, ein engagiertes Arbeitsverhalten sowie Teamgeist. Schulklima hat daher sehr viel mit Qualitätsmanagement zu tun, Schulleben mit Kulturaneignung und Unterrichtsgestaltung mit Lernkultur.

Dies alles zusammenzubringen, eignet sich der Integrationsbegriff „Schulkultur".

2. Die Schulentwicklung

In den letzten Jahren wurde die schulpädagogische Diskussion um den Begriff „Schulentwicklung" erweitert. Mittlerweile hat sich dieser Begriff schnell und gründlich etabliert.

2.1 Begriffsklärung

„Schulentwicklung" muss von „Schulgeschichte" und „Schulreform" unterschieden werden. Seit ihrem Entstehen hat sich die Schule – gesellschaftlich bedingt – stets verändert, sie wurde reformiert, sie hat sich weiterentwickelt. Das meint der neue Begriff „Schulentwicklung" jedoch nicht. Er zielt vielmehr darauf ab, dass mit „Entwicklung" ein Prozess gemeint ist, der die Schule (und zwar jede einzelne Schule und nicht das Schulsystem!) weiterbringt bei der Lösung ihrer je spezifischen Probleme und bei der Bewältigung der ihr von der Gesellschaft gestellten Aufgaben unter den vorfindlichen, besonderen Bedingungen. So lässt sich definieren:

Unter Schulentwicklung versteht man einen Prozess, bei dem Lehrerkollegien (einschließlich der Schulleitung) oder Lehrerteams initiativ werden und die Unterrichts-, Erziehungs- und Organisationsarbeit der eigenen Schule so verändern, dass sie zum einen den spezifischen Gegebenheiten vor Ort besser entspricht und zum anderen besondere pädagogische und didaktische Akzente enthält. Diese Aktivitäten finden im gemeinsam vereinbarten Leitbild der Schule und dem danach konzipierten Schulprogramm eine verbindliche Form, deren Umsetzung das Schulprofil der einzelnen Schule ausmacht.

Das *Leitbild der Schule* ist so etwas wie eine „Vision", die Schulleitung, Lehrer, Schüler und Eltern für die Weiterentwicklung ihrer Schule in den nächsten (meist) 5 Jahren entwerfen. Es bedenkt die Stärken und Schwächen der Schule und ihrer Beteiligten, basiert auf einem Ist-Soll-Vergleich aller wichtigen Bedingungen des Arbeitens an der Schule und beantwortet Fragen wie: Was wollen wir verbessern? Was ist uns dabei besonders wichtig? Was ist unser pädagogisches Selbstverständnis? Was ist eine gute Schule unserer Meinung nach? usw. Am Ende dieses kommunikativen Prozesses steht dann ein ausformuliertes, kurzes Leitbild (wie z. B.: „Unsere Schule ist ein Ort der gegenseitigen Toleranz, an dem sich alle Beteiligten wohl und angenommen fühlen").

Im *Schulprogramm* wird dieses Leitbild konkretisiert und für einen begrenzten Zeitraum (Schuljahr) planerisch umgesetzt. Zur Erstellung des Schulprogramms werden in der Regel Arbeitsgruppen aus Vertretern der Schulleitung, der Lehrkräfte, der Schülerschaft, des helfenden Personals und der Eltern gebildet. Diese machen Vorschläge für Schwerpunktsetzungen und Zusatzaktivitäten an der Schule, wobei sie die rechtlich-organisatorischen Rahmenbedingungen, die Wünsche und Interessen der gesamten Schulgemeinde und das innere und äußere Erscheinungsbild der Schule bedenken. Ihre Überlegungen zur Umsetzung des

Leitbilds in die didaktische, pädagogische und organisatorische Praxis werden von der ganzen Schulgemeinde diskutiert, und dann wird über das Schulprogramm eine Vereinbarung erzielt. Das Schulprogramm ist also ein schriftlich fixiertes Handlungskonzept der jeweiligen Schule für einen bestimmten Zeitraum, deren präzise Entwicklungsplanung mit Verpflichtungen und Verbindlichkeiten für alle Beteiligten. Nach einer Erprobungsphase wird es zusammen mit dem Leitbild als „Visitenkarte der Schule" den Eltern, Schülern und der Schulaufsicht bekannt gegeben. Gleichzeitig klärt die Schulgemeinde noch, wer wann und mit welcher Forschungsmethode die Realisierung des Schulprogramms evaluiert (vgl. Miller, 1999, S. 30–33).

„Schulentwicklung" hat vier zentrale Ziele:

- die Vergrößerung der Kompetenz von Schulleitung und Lehrerkollegium im Erkennen und Lösen schulinterner Probleme
- die Verbesserung des Arbeitsplatzes Schule für Lehrer, Schüler und Hilfspersonal in pädagogischer, didaktischer und organisatorischer Hinsicht
- die Selbstorganisation und Selbstevaluation von schulischen und unterrichtlichen Entwicklungsprozessen und
- die Steigerung der Attraktivität der Einzelschule.

Für die Idee der „Schulentwicklung" lassen sich drei Quellen ausmachen:

1. *Die Organisationssoziologie:* Sie hat in den letzten $1^1/_2$ Jahrzehnten betont, dass der Erfolg und Ertrag eines Betriebs/einer Institution/einer Organisation entscheidend davon abhängt, ob die Mitglieder bereit und fähig zum Um- und Mitlernen sind und sich vorbehaltlos für eine permanente Qualitätsverbesserung der „Produkte" engagieren (Gairing, 1996). Das „top down" anzuordnen erweist sich als uneffektiv, da alle Organisationen spezifische Kulturen und Subkulturen haben, da ihre Mitglieder subjektiv differierende „Cognitive maps" aufweisen und da es in ihnen „natural systems" und Machtspiele gibt (Türk 1989). Effektiver sind demnach Maßnahmen, die „bottom up" unter Beteiligung der Betroffenen erfolgen. Die Organisation sollte deshalb eine „lernende" sein, deren Mitglieder sich ihrer Selbstorganisationsmöglichkeiten bewusst werden und die im Konsens Problemlösungen anstreben.

2. *Didaktische Reformtendenzen:* Seit Ende der 70er Jahre des 20. Jahrhunderts entwickelten engagierte Lehrerinnen und Lehrer in ihren Schulen – teils unter Rückbesinnung auf die Reformpädagogische Bewegung (1880/90–1933) – von sich aus neue Methodenkonzeptionen, die allesamt die Schülerselbsttätigkeit, die Differenzierung und die Ganzheitlichkeit beim Lernen betonen. Die seit Jahren anhaltende Schul- und Unterrichtskritik, die vielen Schwierigkeiten, Frustrationen und Friktionen auf Lehrer- und Schülerseite im heutigen Schulalltag, die allgemein hohe Wertschätzung von Subjektivität, Individualität und Aktivität sowie eine neoromantische Suche nach Innerlichkeit, Erlebnis und Stimmung waren die Auslöser dafür. Das führte sie zu einer Erweiterung des Methodenrepertoires der Lehrerinnen und Lehrer um neue Unterrichtsmethoden, die

– didaktische Entscheidungen dezentralisieren (vom Lehrer weg zur Mitbeteiligung der Schüler),
– die Lernvorgänge stärker individualisieren,
– im Unterricht Kognition, Emotion und Motorik im Sinne eines erfahrungsorientierten Lernbegriffs eng verknüpfen.

3. Bildungspolitische Überlegungen: Jüngste Erfahrungen mit der geringer werdenden Steuerbarkeit komplexer Systeme, verbunden mit den Erkenntnissen der Systemtheorie (vgl. Autopoiesis, Selbstreferenz, Homöostase von Systemen), förderten die Einsicht der Schulverwaltungsebenen (Kultusministerien, Bezirksregierungen, unmittelbare Schulaufsicht, Schulleitung), dass Schulprobleme und Schulorganisationsfragen nicht mehr durch einheitliche verbindliche Vorschriften für alle Schulen in allen Regionen gelöst werden können. Es setzte sich die Erkenntnis durch, dass den Schulen Gestaltungsfreiräume zugestanden werden müssen und dass sie – wie andere gesellschaftliche Institutionen auch – entbürokratisiert und dereguliert werden sollten.

2.2 Konzepte der Schulentwicklung

Die Gestaltungsstrategien der Schulentwicklung beziehen sich auf zwei große Bereiche: die Organisation und das pädagogische Konzept.

1. *Organisatorische oder äußere Schulentwicklung*

Organisationsentwicklung im Bereich der Schule ist ein offenes, planmäßiges, zielorientiertes und längerfristiges Berücksichtigen der Veränderungsforderungen und Veränderungsabsichten, so dass sich die Mitglieder weiterentwickeln und sich die Organisation selbst erneuert (Rolff 1999). W. Korinek sieht entsprechend die Schule auch als eine „lernende Organisation", die erstens spezifische Ziele verfolgt und dafür Programme festlegt, deren Realisierung kontrolliert wird, die zweitens sich über eine spezifische Kommunikationsstruktur definiert und Betroffene zu Beteiligten werden lässt, bei der drittens ausgewählte Personen auf Grund ihrer Kompetenzen die Gesamtstruktur und die Leistung/den Erfolg der Organisation bestimmen, die viertens die individuellen Bedürfnisse ihrer Mitglieder durch Transparenz und Partizipation bei den Entscheidungsverfahren berücksichtigt und so die Beteiligten zum Bewusstsein für das Ganze, zur Kooperation und zu vorausschauendem, verantwortlichem Handeln bringt (2000, S. 96).

2. *Pädagogische oder innere Schulentwicklung*

Unter „Pädagogischer Schulentwicklung" versteht man hingegen ein Schulerneuerungskonzept, das von einer Reform des Unterrichts ausgeht. Pädagogische Schulentwicklung definiert J. Bastian als einen „Selbstbildungsprozess der Institutionsmitglieder, in dem der Zusammenhang von gutem Unterricht, einer an Mündigkeit orientierten Subjektentwicklung und den dafür angemessenen institutionellen Bedingungen bearbeitet wird. Ausgangspunkt ist das Interesse an einer Erneuerung des Unterrichts und den daraus folgenden institutionellen und individuellen Veränderungen" (1998, S. 34). Im Zentrum der pädagogischen Schulentwicklung steht also die Unterrichtsreform mit den Kernzielen:

(1) Intensivierung und Erweiterung des fachlichen Lernens der Schüler und zwar durch fachliche Souveränität, durch Beherrschung der Arbeitstechniken, durch Verbesserung der Kommunikationsfähigkeit und durch Förderung der Teamfähigkeit bei ihnen

(2) Entlastung der Lehrerinnen und Lehrer durch mehr eigenverantwortliches und selbstaktives Schülerlernen einerseits und durch Kooperation bei den Lehrkräften und Unterstützung durch die Schulleitung

(3) Ausstrahlung der Unterrichtsreform auf die ganze Schule, d. h. auf die Stoffpläne, den Lehrereinsatz, die Klassen- und Schulgestaltung, das Schulprogramm, die Elternarbeit usw.

(4) Entlastung der Schulträger durch ein verbessertes Schülerverhalten (nach Klippert 2000, S. 50 ff.).

Die pädagogische Schulentwicklung basiert auf einem Menschenbild, demzufolge das Selbst des Menschen und sein Bestreben, sich aktiv zu verwirklichen, der entscheidende Motor seines Tuns ist.

Bei der Schulentwicklung greifen äußere und innere Prozesse der Schule ineinander. Dadurch entstehen drei getrennt zu thematisierende Handlungsfelder:

1. *die Organisationsentwicklung*
   Hierunter sind beispielsweise zu verstehen
   – die Organisation des Schulbetriebs, des Schultags, des Schuljahrs
   – bürokratische Abläufe, Schulmanagement, Organogramm
   – Leitbildentwicklung
   – Schulprogramm
   – Schulprofil
   – Schulkultur und Schulklima
   – Qualitätszirkel
   – die Kooperation mit Eltern und außerschulischen Institutionen

2. *die Personalentwicklung*
   Hierzu zählen z. B. Initiativen aus den Bereichen
   – Kommunikations- und Konfliktlösungstraining
   – Selbstreflexion und Selbstevaluation
   – Teamentwicklung für den Unterricht und die Gestaltung des Schullebens
   – Fortbildung/Selbstlernen der Lehrerinnen/Lehrer
   – Delegation von Verantwortlichkeiten an einzelne Lehrkräfte
   – Supervision und Coaching
   – gemeinsame Erarbeitung pädagogischer und professioneller Zielsetzungen
   – Auswahl der Lehrkräfte durch die einzelne Schule
   – Förderung spezifischer Kompetenzen bei einzelnen Lehrkräften

3. *die Unterrichtsentwicklung*
   Hier ist zu denken an Beispiele wie:

- Erweiterung methodischer Kompetenzen
- Öffnung des Unterrichts
- fächerverbindender und überfachlicher Unterricht
- Teamteaching
- Entwicklung einer nachhaltigen Lernkultur auf Seiten der Schüler durch selbsttätiges, eigenverantwortliches, reflexives Lernen
- Berücksichtigen der Heterogenität der Schüler

Bei der Schulentwicklung wird Schule – wie dargestellt – als gesellschaftliches System verstanden, das lebendig und dynamisch ist, also zur Selbstveränderung fähig. Ausgelöst wird der Entwicklungsprozess an der Schule in der Regel auf Grund eines bei vielen Lehrerinnen/Lehrern der Schule gleichen Problembewusstseins. Ganz gleich ob die Lehrer daraufhin einen auswärtigen Berater zu Hilfe nehmen oder eine eigene Steuergruppe einrichten, sie selbst werden in jedem Falle aus der Rolle von Betroffenen in die von Beteiligten wechseln. Dabei spielt die Klärung von Sachproblemen unter ständiger Beachtung der Beziehungs- und Kommunikationsprobleme eine wichtige Rolle. Das Lernen während des Schulentwicklungsprozesses ist ein erfahrungsorientiertes Lernen, das stets die kognitive Ebene mit der emotionalen, der aktionalen und der volitionalen verbindet. Dabei stellt sich recht bald heraus, dass der Schulentwicklungsprozess, der Weg, ebenso bedeutsam und belangvoll ist wie die Veränderung der Schule am Schluss, das Ziel.

Erfolgreich verlaufen solche Entwicklungen im Bereich der Schule, wenn Lehrer und Lehrerinnen die neuen Ideen und Konzepte nicht standardisiert und „von oben" zum Implementieren aufoktroyiert bekommen, sondern wenn sie an deren Generierung und Ausarbeitung selbst beteiligt sind. Das Potential und der Wille zur pädagogischen Selbsterneuerung bei Schulleitung und Lehrerkollegium ist nämlich der entscheidende Faktor und Motor bei der Schulentwicklung. Die größte Schwierigkeit bei der Umsetzung der Schulentwicklung ist auf Lehrerseite das notwendige Umdenken, näherhin die Bereitschaft und Fähigkeit, die eigene Schule neu zu denken, sich der eigenen „déformations professionelles" bewusst zu werden und Zeit, Kraft und auch persönliche Verunsicherungen in Kauf zu nehmen, um diese kooperativ zu beheben.

3. Das Schulleben

Um die Wende vom 19. auf das 20. Jahrhundert und mit der Reformpädagogik (vgl. G. Kerschensteiner, B. Otto, P. Oestreich, P. Petersen, H. Lietz, G. Wyneken, P. Geheeb) ändert sich die Rolle der Schule als Lernschule hin zur Schule als lebensnahe und erlebnisorientierte Schulgemeinde. In dieser Zeit gewinnt auch die Vorstellung vom Schulleben neue Konturen, die bereits von J. H. Pestalozzi († 1827) und F. Fröbel († 1852) angedacht worden waren.

3.1 Begriffsklärung

Die Beziehung, in der die Schule zum Leben steht, ist zwiespältig: Auf der einen Seite heißt es „non scholae sed vitae discimus", auf der anderen Seite trifft die Schule vielfach der Vorwurf, nicht lebensnah (genug) zu sein und einen vom Leben abgelösten Schonraum darzustellen. Die im Begriff Schulleben enthaltenen Bedeutungsdimensionen und erzieherischen Absichten sind:

- die lebendige Schule, in der Aktivität, Erleben und Gemeinschaft zum Lernalltag gehören
- die lebensnahe Schule, die von den Herausforderungen handelt, die das wirkliche Leben stellt, die den Ernst des real gelebten Lebens in das schulische Lernen aufnimmt, ohne die Heranwachsenden dadurch zu überfordern
- die Schule, die das soziale, humane Zusammenleben und Zusammenarbeiten aller in der Gesellschaft einübt und fördert
- die Schule, die in ihren Mauern ein kind- und jugendgemäßes Leben erlaubt und möglich macht
- die Schule, die im Unterricht und außerhalb des Unterrichts Interesse, Fähigkeiten und Kreativität fördert
- die Schule, die Lebenshilfe für die Heranwachsenden gibt.

Im Terminus „Schulleben" erweist sich die Schule als eine lebendige Gemeinschaft von Lehrern, Schülern, Eltern und schulnahen externen Personen mit dem Ziel einer Sozialerziehung, Werterziehung und Kreativitätserziehung. In diesem Sinne kann definiert werden:

Unter „Schulleben" versteht man alle von der Schule mit erzieherischer Absicht arrangierten oder verantworteten Situationen und Veranstaltungen, in denen Schülerinnen/Schüler wichtige Lebenserfahrungen machen können; diese können unterrichtlich, außerunterrichtlich und außerschulisch veranlasst sein (vgl. Köck 2005; Weber 1999, S. 357 ff.).

Theoretisch begründet wird das Schulleben zum einen mit der Einheit von Erziehung und Unterricht, zum anderen mit der Schule als einem zeitweiligen Lebensraum für Kinder und Jugendliche, zum dritten mit der pädagogischen Kontinuität schulischer und außerschulischer (familiärer, sozialinstitutionalisierter, öffentlicher) Erziehung, da die Schule immer nur ein Teil der Lebenswelt der Schüler ist, und viertens mit der Theorie des situierten Lernens, derzufolge alles Lernen eng mit dem Lernort und der Anwendungssituation verhaftet ist, in dem und für die es erworben wurde.

3.2 Konzepte des Schullebens

Das Schulleben soll Leben in die Schule bringen, Schule und Leben miteinander verbinden und das Leben im realen Alltag und in der Gemeinschaft mit anderen fördern. Deshalb sollen Lebendigkeit und Leben grundsätzlich den Schultag bestimmen. Dazu gibt es folgende Möglichkeiten:

- *die belebende Gestaltung des Schultags*

Schulleben realisiert sich nicht nur in aufwändigen Sonderveranstaltungen der Schule, sondern auch im alltäglichen Miteinander, im Klassenzimmer, im Schulhaus und auf dem Schulgelände. Beispiele dazu sind

- selbsttätige und handlungsorientierte Unterrichtsformen
- anwendungsorientiertes und fächerverbindendes/fächerübergreifendes Lernen
- das Klassenzimmer als von den Schülern mitgestalteter Lebensraum
- das Schulhaus als „Marktplatz" der Ideen und Produktionen und Ort der Präsentation von Schülern, Lehrern und Eltern
- Schulhof und Schulgelände als Orte des Spiels, der Aktivitäten und der Geselligkeit
- ein von Schülern initiiertes Zusatzangebot an Lern- und Freizeitaktivitäten
- die Klassen- und Schulordnung als Ergebnis gemeinsamer Ordnungsvorstellungen von Schülern und Lehrern
- die Mitbeteiligung der Schüler an Entscheidungen über Themen und Probleme, bei denen sie betroffen sind (einschließlich der Konfliktlösungen z. B. durch Klassenräte und Streitschlichtereinrichtungen), institutionalisiert in der SMV (Schülerparlament)
- eine Atmosphäre und ein Kommunikations- und Interaktionsstil, die Vertrauen, Aufrichtigkeit und Verantwortlichkeit auf Schüler- und Lehrerseite fördern.

- *außerunterrichtliche und außerschulische Veranstaltungen*

Traditionell gehören besondere Gemeinschaftsveranstaltungen zu den Elementen des Schullebens wie z. B.

- Spiele (Schulspiel, Theater- und Kabarettaufführungen, Klassen- und Schulmeisterschaften in Sport, Spielenachmittage mit Schachspielen oder Gesellschaftsspielen, Moped-/Fahrradralley, ...)
- Feste (Schulfeste, Klassenfeste, Tag der Offenen Tür, Mitwirkung bei Festen der Kommune, Mitgestaltung kirchlicher Feste, Tanz, ...)
- Feiern (Jahresfeier/Feiern zum Schulanfang und Schulende, Klassenfeiern [Fasching, Disco], ...)
- Arbeitsgemeinschaften, Kurse und Freizeitangebote, die von Lehrern, Schülern oder Eltern angeboten und organisiert werden (Tanzkurs, Computerkurs, Hobby-Kurse)
- Wettbewerbe (Lesewettbewerb, Rechenwettbewerb, Jugend-forscht-Teilnahme, ...)
- Aktivitäten im Rahmen von Schulpartnerschaften und internationalen Kooperationen (z. B. Comenius-Projekte)
- Schülerzeitung
- ...

- *Verbindungen der Schule zur außerschulischen Lebenswelt*

Gerade die Gemeinwesenorientierung, die Öffnung der Schule nach außen, fördert die Lebensnähe des schulischen Lernens und zwar durch

- Unterrichtsgänge, Erkundungen und Exkursionen
- Praktika in Betrieben und sozialen Einrichtungen
- Besuche von Museum, Theater, Zoo, Kunstausstellungen usw.
- Schulfahrten und Schulwanderungen
- Aufenthalte im Schullandheim
- Experten, die in die Schule zum Referat und zur Diskussion kommen
- Mitwirkung der Eltern in der Schule
- Öffentlichkeitsarbeit der Schule zur Darstellung dessen, was sie mit den jungen Menschen plant und gestaltet
- Zusammenarbeit mit Vertretern außerschulischer Lernorte (von der Museumsleitung bis zur Leitung der Kläranlage, vom Bauern am Ort bis zum Vorsitzenden des örtlichen Geschichtsvereins, von der Gemeindeverwaltung bis zum Vorsitzenden des Schützenvereins usw.) und Aufbau eines Lernorte-Netzwerks für jede Schule
- Projektwochen, Fachtage, Gesprächskreise unter Beteiligung der sozialen, kulturellen und freizeitlichen Institutionen vor Ort
- …

Im Schulleben hat jede einzelne Schule je spezifische Möglichkeiten, ihre Aufgaben und Funktionen adressaten- und situationsgerecht zu verwirklichen. In ihm lebt der Schulgemeinde-Gedanke wieder auf, der in der Schule nicht nur Lehrer, Schüler und Eltern als Gemeinschaft sieht, sondern ebenso die Vertreter politischer, kirchlicher, sozialer und kultureller Gremien, Organisationen und Institutionen dazu zählt. Erzieherisch besonders bedeutsam wird das Schulleben durch die förderliche Atmosphäre, durch die soziale, kommunikative und kooperative Orientierung, durch das humane Verhalten und eine den Mitmenschen und dem Leben zugewandte Einstellung bei allen Beteiligten, durch Elemente einer Freizeit-, Gesundheits- und Berufserziehung sowie durch die Möglichkeit einer echten Verantwortungsübernahme seitens der Heranwachsenden.

4. Teil: Die Mikroebene
Die Einzelschule als Ort der Erfahrung

Bei der Mikroebene der Schule richtet sich der Blick in die konkrete Einzelschule hinein. Hier wird die Schule als Wirklichkeit betrachtet, die von den Beteiligten durch direkte Interaktionen geschaffen und gestaltet wird. Wenngleich diese Innensicht der Schule höchst individuelle und heterogene Züge trägt und sich dadurch einer allgemeinen Darstellung widersetzt, so lässt sich doch Grundsätzliches und Strukturelles über die Einzelschule als Ort der Erfahrung für die in ihr Tätigen ausführen.

1. Die Schule als Lernort

Die Lernorttheorie unterscheidet drei Arten von Lernorten:

1. primäre Lernorte, die zu Lern- und Bildungszwecken öffentlich eingerichtet wurden, die dazu curriculare und rechtlich-institutionelle Rahmenbedingungen aufweisen und deren Funktion das Initiieren und Unterstützen von Lernprozessen bei Schülern/Schülergruppen ist; das trifft für die Schulen des öffentlichen Bildungswesens zu.
2. sekundäre Lernorte, in denen zwar auch Lernerfahrungen geschehen, deren Hauptzweck und Hauptaufgabe aber anderer Art sind (z. B. Berufstätigkeit, Jugendzentrum, Sporteinrichtungen, Bibliothek, Zoo, Museum, Theater, usw.)
3. temporäre Lernorte, die vorübergehend für spezifische Lernzwecke genutzt und aufgesucht werden (z. B. die Kläranlage, das Biotop, der Supermarkt, der Bauernhof, der Wald usw.).

Bei der Erfüllung ihrer Funktionen und Aufgaben nutzen die Schulen (als primäre Lernorte) auch andere, außerschulische Orte zum Lernen. Dadurch überwinden sie die Lebensferne und Distanz zu den Verwendungssituationen bei ihren Lernstoffen und öffnen sich nach außen. Sie erweitern ihr Methodenrepertoire um Konzeptionen des praktischen, projekt-, phänomen- und problemorientierten Lernens. Dabei ergeben sich Polaritäten wie die zwischen Geschlossenheit und Offenheit, jungen Menschen und alten Menschen, Laien und Experten, Eindruck und Ausdruck, Rezeption und Produktion, Erkunden und Gestalten, Erkennen und Erleben, Hinwendung zum Einzelfall und Erfassen des Ganzen, die für das Lernen fruchtbringend genutzt werden können (Salzmann 1993, S. 161–163).

Um den Lernort Schule genauer zu umschreiben, bedarf es zunächst einer Klärung des Begriffs Lernen, wie er heute dem Schulunterricht zugrunde gelegt wird.

1.1 Der neue Lernbegriff

Zur Erklärung, unter welchen Bedingungen es beim Menschen zum Lernen kommt, greift die heutige Schulpädagogik auf den Kognitivismus in Verbindung mit dem pragmatischen (nicht dem radikalen) Konstruktivismus zurück. Das hat zur Reduzierung behavioristischer und psychoanalytischer Ansätze geführt. Kognitionspsychologen und Vertreter der Humanistischen Psychologie (wie G. Kelly, A. Bandura, W. Mischel, C. Rogers, R. Colin u. a.) setzen auf das Selbst als aktiven Ich- oder Personkern, das sich weiterentwickeln will und sich dazu in letzter Konsequenz nur auf das Potential seiner eigenen Kräfte verlassen kann. Im Kontext einer solchen Akzentuierung in der Persönlichkeitstheorie kam es in den letzten Jahren zu einem neuen Verständnis des Lernvorgangs beim Menschen. Dieses verbindet sich noch mit wissenschaftstheoretischen Überlegungen der Systemtheorie und mit neueren neurophysiologischen Forschungsergebnissen. Der heute übliche systemisch-konstruktivistische (auch sozialkontruktivistisch oder kognitivistisch-konstruktivistisch genannte) Lernbegriff versteht dementsprechend *Lernen als eine individuelle Konstruktion von Denk-, Gefühls-, Handlungs- und Wollensstrukturen auf Grund von Erfahrungen, die der/die Einzelne mit sich, mit anderen Menschen und mit Sachverhalten, Situationen oder Dingen seiner Lebenswelt gemacht hat.*

Nach diesem Lernbegriff steht der Mensch der Umwelt als ein autopoietisches System gegenüber, das sich selbst organisiert und demzufolge selbstbezüglich an seine Außenwelt herangeht, das um personale Identität und Kontinuität bemüht ist und von außen nicht direkt oder unmittelbar beeinflusst werden kann. Lernen ist ein Vorgang, bei dem der Mensch als realitätsverarbeitendes Subjekt agiert, bei dem er sich sein individuelles Bild von der Welt konstruiert. Die Erfahrungen, die er mit sich, seinen Mitmenschen, den Gegenständen und Situationen um ihn herum macht, integriert er in seinen individuellen Personkern, sein Selbst, den Motor seines Denkens, Fühlens, Wollens, Handelns und Verhaltens. Im Selbst wirken auf einmalige, individuelle Weise die Erbanlagen, Umwelteinflüsse und bewussten/unbewussten Selbststeuerungskräfte des Menschen zusammen. Deshalb hat jedes Individuum seine eigene „Logik", denn seine Kognition, Emotion, Volition und Aktionalität ist – auf der jeweils erreichten Stufe – höchst subjektiv strukturiert. Und jeder Mensch kann seine Erfahrungen immer nur entsprechend dieser Strukturen in seinen Personkern integrieren, kann nur mit Hilfe seiner verfügbaren Strukturen Wissen hervorbringen, neue Teilstrukturen ausdifferenzieren und die Struktur transformieren. Wie der Einzelne mit Anregungen und Anforderungen aus seiner Umgebung umgeht, entscheidet sich an seiner internen Struktur. Diese aber ist für Außenstehende schwer zu erkennen und zu erschließen. Wenn der Mensch lernt, vollzieht er Prozesse der Konstruktion, indem er sich selbstständig und selbsttätig neue Informationen (im weiten Sinne) aneignet, Prozesse der Rekonstruktion, wenn er in sich vorgegebene Bedeutungen aus Informationen rekapituliert, die andere diesen Informationen (z. B. Texten) beigegeben hatten, und Prozesse der Dekonstruktion, insofern er merkt, dass er mit seinen bisherigen Konstruktionen, d. h. seinen kognitiven, emotionalen, volitionalen, aktionalen Strukturen, nicht oder nicht mehr zurechtkommt und diese deshalb verändern muss. Was also von der Außenwelt, von der sozialen Umwelt, der Familie oder der Schule zum Lernen der Kinder und Jugendlichen beigetragen werden kann, sind Instruktionen, strukturierte Anstöße, Anregungen, Problemstellungen, gelebte Verhaltensvorbilder, didaktisch aufbereitete Materialien und pädagogische und didaktische Situationen, die solche konstruierenden, rekonstruierenden und dekonstruierenden Lernprozesse bei ihnen auslösen. Zwar legen bestimmte Systemumwelten dem Menschen bestimmte Denk-, Gefühls- und Verhaltensmuster nahe (vgl. Bourdieus Habitustheorie) und auch sein geistiger, emotionaler und motorischer Entwicklungsstand lässt jeweils andere Lernarten stärker zu (Reiz-Reaktions-Lernen, Imitationslernen, Lernen durch Einsicht); doch bleibt das innere „Resultat" immer eine individuelle Weltkonstruktion. Der Mensch ist nicht das Produkt seiner Lebensumstände, sondern stets Mit-Akteur seiner Entwicklung.

Die Folgerungen, die aus der kognitivistisch-konstruktivistischen Vorstellung vom Lernvorgang zu ziehen sind, lassen sich wie folgt zusammenfassen:

Das Lernen der Schülerinnen und Schüler ist erfolgreich, wenn sie

- aktiv, selbsttätig lernen
- am Lernstoff aus sich und für sich Bedeutungen aufbauen (konstruieren)
- ihr Lernen selbst steuern
- die Lernsituation und das Lernumfeld unterstützend erleben und
- ihr Wissen und ihre Bedeutungen sozial aushandeln (ausführlicher: Wiater, 1999).

1.2 Die Besonderheiten des schulischen Lernens

Gelernt wird nicht nur in der Schule; Lernen als Sammelbegriff für alle pädagogischen Prozesse, bei denen Menschen ihr Denken, Fühlen, Wollen und Können aufbauen, findet an vielen Orten, zu vielen Gelegenheiten und auf viele Weisen statt, ganz gleich ob der Einzelne dabei bewusst, intentional oder zufällig beteiligt ist. Gegenüber all diesen Lernorten und Lernsituationen weist die Schule als primärer Lernort einige Besonderheiten auf:

1. Schulisches Lernen ist geplantes, systematisches, aufbauendes, reflektierendes, längerfristiges und vernetztes Lernen; es ist als solches sinnvoll und anregend für die jeweilige Altersstufe der Schüler (gegenwartsorientiert) und verweist zugleich auf zukünftige, noch unbestimmte Lebenssituationen der Kinder/Jugendlichen, auf die diese durch Förderung ihrer Basiskenntnisse, ihrer Selbsttätigkeit und ihrer Verantwortlichkeit vorbereitet werden (zukunftsorientiert).

2. Schulisches Lernen unterscheidet sich vom Lernen in und an anderen Lernorten dadurch, dass es Unterricht mit Erziehung verbindet und außer dem

Erwerb von Wissen und Können auch auf Einstellungen und Verhaltensweisen abzielt, die der individual-sozialen Persönlichkeitsentwicklung im Rahmen eines humanen und demokratischen Werthorizonts dienen.

3. Schulisches Lernen geschieht in einem Geflecht von Beziehungen, das zwischen Lehrer, Schüler, Mitschüler und Eltern aufgebaut wird und dessen Merkmale Dialog und Kooperation sind.

4. Schulisches Lernen ist nur begrenzt reales und realitätsnahes Handeln, meist ist es ein Lernen ohne direkten Verwendungsbezug, ein Probehandeln, ein ausprobierendes Handeln, das ohne Repression, Angst, Druck und Gefahr durchgeführt wird (vgl. „Schule als Schonraum").

5. Schulisches Lernen umfasst
   a) die Beherrschung von grundlegenden orientierenden Wissensbeständen; dabei sind die Unterrichtsfächer als „Fenster zur Welt" zu sehen, die einen Ausschnitt der Lebenswirklichkeit jeweils mit einer spezifischen Methodik analysieren und für den Schüler fächerübergreifend (vernetzend) zusammengeführt werden müssen.
   b) den Erwerb von Schlüsselqualifikationen, d. h. von allgemeinen Fähigkeiten, Einstellungen und Strategien, die zur Lösung von Problemen und beim permanenten Erwerb von neuem Wissen und neuen Kompetenzen auf Dauer nötig sind wie Wissensmanagement, vernetztes Denken, soziale Kompetenzen, Kooperationsfähigkeit, Verantwortungsbereitschaft und Empathie, Kreativität, Flexibilität im Denken und Handeln, Selbststeuerung, vernetztes Denken usw.
   c) den Erwerb von Offenheit gegenüber lebens- und gesellschaftsrelevanten Fragen (vgl. Klafki: epochaltypische Schlüsselprobleme) und die Befähigung zu wertorientiertem Urteilen und Handeln.

1.3 Gestaltung und Organisation effektiven Lernens in der Schule

Unter Berücksichtigung des oben ausgeführten, heute gültigen Lernverständnisses hängt die Effektivität des schulischen Lernens davon ab,

– dass die Einzelschule mehr und mehr die Verantwortung für die Gestaltung von Unterricht und Erziehung vor Ort übernimmt und die erforderlichen pädagogischen, curricularen und organisatorischen Entscheidungen trifft (vgl. teilautonome Schule – s. T. 1, Kap. 2.2) und dass alle Betroffenen (Lehrer, Schüler, Eltern) ein pädagogisch-didaktisches Gesamtkonzept für ihre Schule entwerfen und umsetzen

– dass die Schule als eine selbstwirksame Einrichtung gesehen wird, die ihre Probleme selbst sehen und ihren Handlungsbedarf selbst erkennen muss, um die eigenen Ressourcen und Potentiale zu mobilisieren und Lösungswege an Ort und Stelle zu finden

– dass die Schule als innovative und lernende Organisation agiert, die Veränderungen im Umfeld der Schüler/Schülerinnen wahrnimmt, deren Bedeutung für die eigenen Strukturen und Interaktionen überprüft und daraufhin entsprechende Maßnahmen zur problemangemessenen Weiterentwicklung von Lehren und Lernen ergreift.

Gestaltung und Organisation eines effektiven schulischen Lernens hängen allerdings maßgeblich von der Fähigkeit und Bereitschaft aller an der Schule ab, Kräfte, Ideen, Interessen und Zeit dafür einzusetzen.

2. Die Schule als Lebensraum

Die Schule ist ein Aufenthaltsort für Kinder und Jugendliche, der – zeitlich betrachtet – in den letzten Jahrzehnten mehr und mehr ausgedehnt wurde. Das begann mit der Verlängerung der Volks- bzw. Hauptschulzeit in den 60er Jahren des 20. Jh. von 8 Jahren auf 9 Jahre mit Ergänzung durch das 10. Schuljahr und erfährt zur Zeit einen Höhepunkt mit der Einrichtung von so genannten ganzen Halbtagsschulen (von 7 Uhr/7.30 Uhr bis 14.00 Uhr und mit Mittagsbetreuung) und von Ganztagsschulen. Die Zeit, die Schülerinnen/Schüler in der Schule verbringen, ist ihre Lebenszeit, ist für sie Zeit gelebten Lebens; sie macht teilweise $1/6$ und mehr ihrer voraussichtlichen Jahre Leben aus. Als Lebensort muss die Schule dann auch so organisiert und realisiert werden, dass

- Kinder und Jugendliche gerne in ihr leben
- Kinder und Jugendliche dort für sie selbst und ihr Leben wichtige Erfahrungen machen können
- Kinder und Jugendliche in der Schule mit ihren Lebensfragen ernst genommen werden
- Kinder und Jugendliche in ihr eine orientierende und haltgebende Lebenswelt finden.

Lebensvollzüge müssen dabei in Lernprozesse eingebettet sein, Selbsterfahrung und Sozialerfahrung zusammen mit Sacherfahrungen ermöglicht werden.

Wichtige Lebenserfahrungen kann man in der Schule in vier zentralen Bereichen machen:

- Erfahrungen der Schüler mit der Zeit
- Erfahrungen der Schüler mit dem Raum
- Erfahrungen der Schüler mit der Gemeinschaft und
- Erfahrungen der Schüler mit ihrer eigenen Persönlichkeit

Lebensraum als Ort und Gelegenheit für wichtige, individuelle und soziale Lebensvollzüge ist die Schule nicht durch das gestaltete Schulleben allein (s. Teil 3, Kap. 3), sondern zu jeder Zeit und an allen Orten während des Schultags bzw. Schulmorgens, in Formen absichtsvoll geplanter Lernprozesse ebenso wie bei funktionalen Sozialisationsprozessen.

2.1 Erfahrungen mit der Zeit

Sachwissen zur „Zeit" wird seit der ersten Grundschulklasse vermittelt: der Tag mit seinen Stunden, Minuten und Sekunden und der Einteilung in Morgen, Mittag, Abend und Nacht, die Woche mit ihren 7 Tagen, der Monat, das Jahr; ferner die Jahreszeiten und der durch Feste und Feiertage strukturierte Jahreskreis. Bald schon und verstärkt in höheren Jahrgangsstufen wird dieses Sachwissen zum Wissen um geschichtliche Entwicklungen und um die Kategorie Zeit im Leben des Menschen, im Leben von Menschengruppen, von Nationen und von der Menschheit insgesamt. „Das Zeitbewusstsein, zum Beispiel das Vertrautsein mit Zeitbegriffen, mit der Zeitmessung und mit Periodisierungen, bildet die grundlegende Voraussetzung der ‚Selbstbildung durch Zeiterfahrung'" (Filser 2001, S. 170).

Das Zeitbewusstsein wird erlernt und ist erlernbar. Die Erfahrungen, die das Kind/der Jugendliche beim Handeln und Verhalten mit zeitlichen Rahmenvorgaben macht, prägen seine eigene Zeitperspektive. Bei dieser handelt es sich um eine kognitive Struktur, aus der die Tendenz entsteht, Gedanken, Gefühle und Handlungen durch den vorgegebenen zeitlichen Rahmen bestimmen zu lassen, wie an gegenwartsorientierten (hedonistischen) und zukunftsorientierten (fernzielorientierten, anstrengungsbereiten) Menschen gezeigt werden kann. Der abendländisch-christliche Zeitbegriff hat ein Verständnis von Zeit grundgelegt, das durch Linearität, Abstraktheit, Messbarkeit und Teilbarkeit charakterisiert ist und das aufs engste mit der technischen, ökonomischen und zivilisatorischen Entwicklung in der westlichen Welt verknüpft ist. Dieses Zeitverständnis hat die beschleunigte kulturelle und zivilisatorische Entwicklung im Abendland ermöglicht, umgekehrt aber den Menschen immer mehr selbst zum Objekt dieses Zeittakts gemacht. Gegen die heutige „Nanosekunden-Kultur" und die mehr und mehr „verplante Zeit" regt sich Widerstand. Mahner und Kritiker sind vor allem Pädagogen. Die nämlich fürchten, Kinder und Jugendliche könnten die Opfer dieses Zeitmusters der Erwachsenen werden. Dessen Hauptmerkmal ist der Zeitdruck, der mit dem natürlichen, erlebnis- und ereignisbezogenen Zeitmuster des Kindes nicht zusammenpasst, zu dem selbstvergessenes Spielen, zeitungebundenes Herumstreunen oder zeitaufwändige Entdeckungen gehören. Es besteht die Gefahr, dass Kindheit nur noch als Durchgangsphase betrachtet wird, Kindern und Jugendlichen die Gegenwart um einer unsicheren Zukunft wegen genommen wird. Auf der „Suche nach der verlorenen Zeit" erinnern sich Pädagogen der zyklischen Zeitvorstellung anderer Kulturräume. Sie erlaubt einen anderen Zugang zur Zeitlichkeit, ist offen, lässt Unvorhersehbares und Variationen zu und hängt aufs engste mit dem Rhythmus der lebendigen Natur zusammen. Denn zyklisch sind alle grundlegenden Vorgänge der belebten und unbelebten Natur (vgl. Jahreszeiten, Ebbe/Flut, Tag/Nacht, Leistungskurve, Blutdruck, Körpertemperatur, Hormonstoß usw.). Insbesondere für die Planung und Durchführung des Schulunterrichts wird daraus auf die Notwendigkeit der Rhythmisierung gefolgert, einer Verlaufsstrukturierung, die sowohl sinnvolle Orientierungs- und Ordnungshilfen gibt (z. B. durch verlässliche Rituale und Ordnungen) als auch

Zeit-Inseln für die Schüler vorsieht, in denen sie selbstverantwortlich und ungestört mit „ihrer" Zeit umgehen können.

In der Halbtagsschule verbringen die Kinder/Jugendlichen täglich ca. 5 Zeitstunden in der Schule. Rechnet man den Schulweg und die Anfertigung der Hausaufgaben hinzu, sind es etwa 8 Stunden, die während der Schulzeit für die Schule in Anspruch genommen werden. Die Frage ist zu stellen, welche Erfahrungen mit der Dimension Zeit bietet die Schule Schülerinnen und Schülern an und was lernen diese daraus für ihr Zeitverständnis. Da diese Frage in jeder Schule und vom einzelnen Schüler anders beantwortet werden wird, sollen nur Aspekte dieser Zeiterfahrung in einer kurzen Übersicht zusammengestellt werden. Machen die Schülerinnen/Schüler die Erfahrung, dass

- Lernen langweilig ist und die Zeit „totgeschlagen" wird
- Hektik und Stress den Schultag bestimmen
- Pausen der einzig schöne Zeitabschnitt am Schulmorgen sind
- Pausen wichtige Lernzeiten für Schüler/Schülerinnen sind
- ein Schuljahr endlos (und ziellos) erscheint
- Zeit auszuhalten und abzuwarten ist
- Zeit produktiv genutzt und gestaltet werden kann
- Zeit sinnvoll eingeteilt werden kann
- es einen Wechsel von Zeiten der Anstrengung und Zeiten der Entspannung geben muss
- Zeit flexibel festgelegt werden kann (vgl. Dauer der Lerneinheiten, Schulbeginn)
- feste Zeiten Orientierung und Verhaltenssicherheit geben und entlasten können
- Zeit begrenzt vorliegt
- gemeinsam verbrachte Zeit positive und negative Effekte haben kann
- es feste Zeiten für bestimmte Anliegen und Aufgaben geben muss
- Zeitdruck sowohl Kräfte und Fähigkeiten herausfordern als auch hemmen kann
- Zeit ein Bewertungsfaktor für die Leistung von Schülern sein kann (z. B. Sport, Prüfungen)
- man Zeit genießen (z. B. mit anderen zusammen sein) und erleben kann (z. B. durch Atmen, beim Wachsen von Pflanzen usw.)
- alles seine Zeit braucht und man deshalb Zeit gelassen bekommen muss
- Menschen schneller und langsamer in ihrem Naturell sind und Langsamkeit auch Gründlichkeit sein kann
- Arbeitszeit und Freizeit aufeinander bezogen sind
- Aktivsein und Muße haben gleichermaßen wichtig sind
- Zeiten der Stille notwendig sind
- Zeit selbst geplant und von anderen verplant wird
- man günstige Zeiten nutzen und verpassen kann.

2.2 Erfahrungen mit dem Raum

Wie das menschliche Leben immer zu einer bestimmten Zeit abläuft, so auch in einem bestimmten Raum (Zimmer, Ort, Land, Kontinent). Die Schule ist ein solcher Raum und zwar in zweifacher Hinsicht: als Gebäude mit Zimmern, Fluren, Nebenräumen, Hallen, einem Schulhof und Schulgelände sowie als Ort, mit dem der Schüler/die Schülerin bestimmte Erfahrungen und Erlebnisse verbindet. Schüler, Lehrer und Eltern bauen emotionale Beziehungen zu diesem Aspekt von Schule auf, die von bestimmten Vorlieben oder Ängsten (Pausenhofecke, das eigene Klassenzimmer, die Bibliothek, der Physiksaal/die physikalische Sammlung, das Lehrerzimmer, die Cafeteria usw.) geprägt sind und die in letzter Konsequenz auch deren Identifikation mit „ihrer" Schule maßgeblich beeinflussen.

Die Räume der Schule als Anlass und Gelegenheit zu Lebenserfahrungen dürfen nicht nur funktionell und kostensparend sein, sie müssen vielmehr den pädagogischen und didaktischen Auftrag der Schule unterstützen. Sie sollen nicht nur die Persönlichkeit des lernenden und heranwachsenden Kindes/Jugendlichen achten, sondern ihnen zugleich entsprechende Formen der Weltaneignung (durch Neugier/Interesse, Ausprobieren, Bewegung, Selbsttätigkeit, Miteinandersein, Verantwortung tragen, Freisein von Dirigismus und Überwachung usw.) ermöglichen.

Besondere Bedeutung gewinnt der Raum in der Schule als Arbeitsstelle für das Lernen der Schülerinnen/Schüler und als Revier, an dem sie sich „zu Hause" und geborgen fühlen können, in dem sie sich einrichten und wohlfühlen können und an dem sie ihren Platz finden können.

Schüler/Schülerinnen brauchen Raum für ihre Lern- und Ausdrucksbedürfnisse und diese Räume müssen

- sinnlich ansprechend und kulturell gestaltet sein
- zu sozialen Erfahrungen, zu Kooperation und Kommunikation anregen
- zum Tätigwerden einladen
- den Bedürfnissen von Kindern und Jugendlichen z. B. im Sinne Maslows (physiologische Bedürfnisse: Ruhe, Erholung, Hunger, Durst; Bedürfnis nach Sicherheit, Beständigkeit, Vertrautheit, Schutz und Geborgenheit; Bedürfnis nach Zugehörigkeit, Zusammensein, Kontakt; Bedürfnis nach sozialer Anerkennung und Bestätigung; Bedürfnis nach Selbstverwirklichung, Lernen und Aneignung von Fertigkeiten und Wissen) entsprechen
- zur Bewegung Gelegenheit geben
- zum freien Auswählen, Entscheiden, Spielen und Erkunden anhalten
- zur Fantasie und Kreativität veranlassen.

Denn Lernen, Ausdruck, Erleben, Spiel usw. sind immer an Orte und Erfahrungsräume gebunden (vgl. „situiertes Lernen"), werden mit diesen zusammen „gelernt" und erinnert und bestimmen die emotionale Dimension des Lernens entscheidend.

An die Planung von Schulhäusern, Klassenzimmern und dem Schulgelände sind deshalb hohe Anforderungen zu stellen. Es braucht große Klassenräume mit Nebenräumen und Räume für spezifische Aufgaben (Musik, Sport, Werkstätten, Physik, Chemie, Biologie, Video, Computer, Bibliothek usw.) sowie für soziale Funktionen (Lehrerzimmer, Konferenzräume, Teamräume, Küche, Elternsprechzimmer). Doch müssen Schüler und Lehrer diese Räume durch eigenes Gestalten zu wirklichen Lebensräumen erst machen. Dasselbe gilt für jede Schulklasse, die einen eigenen Lebens- und Lernraum braucht und die sie auch selbst ausstatten und mitgestalten können. Ebenfalls gilt das für das Schulgelände, das Spiel- und Aktivzonen enthalten und Naturerfahrungen (Wiese, Teich, Schulgarten, Schulzoo usw.) ermöglicht und schließlich Umweltschutz und ökologisches Leben realisiert (Rittelmeyer 1994).

2.3 Erfahrungen mit der Gemeinschaft

Die Schule ist ein Lernort für humanes Miteinanderleben, für soziale Verantwortlichkeiten und für die Möglichkeiten, Schwierigkeiten und Grenzen von Gemeinschaftlichkeit. Die Wichtigkeit solcher Erfahrungen wächst in dem Maße wie Einzelkinder mit ausgeprägtem Ego-Verhalten in die Schule kommen, wie Wohlstandsverwahrlosung ebenso um sich greift wie die Verwahrlosung auf Grund problematischer Familienhäuser und wie die Schere der gesellschaftlichen Unterschiede zwischen Arm und Reich weiter auseinander geht. Der Mensch ist aber als „zoon politicon" (Aristoteles) auf die Gemeinschaft angelegt und benötigt zur gesunden Entwicklung seiner Persönlichkeit Bezugspersonen (Mitschüler/Mitschülerinnnen/Lehrer/Lehrerinnen) und Situationen sozialen Lernens. In diesen geht es um Erfahrungen wie:
Teamfähigkeit/Teamgeist, Solidarität, Gruppenverhalten, Empathie, Sensibilität, Selbstwertgefühl, Kooperationsbereitschaft, Kommunikationsverhalten, Wir-Gefühl, Sozialisation, Aufgaben übernehmen, Ein- und Unterordnung in Gruppen, Engagement, Rücksichtnahme, Toleranz, Akzeptieren anderer, so wie sie sind, Rollenübernahme und Rollendistanz, Verantwortungsbereitschaft, gemeinsame Erlebnisse haben wollen, mit anderen zusammen etwas unternehmen wollen, Zivilcourage haben und einen eigenen Standpunkt vertreten, die eigenen Interessen zurückstellen, sich nicht „unterbuttern" lassen, seinen Beitrag zu einem gemeinsamen Ziel leisten, um Ausgleich bemüht sein, Konflikte friedlich lösen können, sich nicht immer durchsetzen wollen, auch einmal verlieren können, nicht nur auf den eigenen Profit aus sein, sich von anderen kritisieren lassen, das Zusammensein mit anderen aushalten und auch bei Schwierigkeiten durchhalten, das Gemeinschaftsleben mit eigenen Ideen bereichern usw.

In der Schule bieten sich den Schülerinnen/Schülern zahlreiche Möglichkeiten, solche Gemeinschaftserfahrungen zu machen:

- im Unterricht durch Gruppenarbeit und Partnerarbeit, durch die Bildung von Lernpartnerschaften zwischen leistungsstarken und leistungsschwachen Schülern, durch Rollenspiele, durch Thematisierung der Schule als Ort des

Gemeinschaftslebens (s. Lehrplan der Grundschule), durch Unterrichtsprojekte, durch Gemeinschaftsarbeiten, durch Spiele im Unterricht
- im Klassen- und Schulleben durch Feste, Feiern, Morgenkreis und Gesprächsrunden, durch die Übernahme von Diensten und Ämtern, die anderen Schülern zugute kommen, durch die Erarbeitung von sozialen Verhaltensweisen (z. B. Kommunikationsregeln, Tutorensysteme, Konfliktlösungen), durch Hilfen von Schülern für Mitschüler in schwierigen Lebenssituationen (Krankheit, Unglücksfälle), durch die Eingliederung von neuen Schülern in die Klassengemeinschaft, durch Gruppen und Wettkämpfe usw.
- bei Wandertagen, Exkursionen, Aufenthalten im Schullandheim, durch deren gemeinsame Planung, Durchführung und Auswertung
- bei interkulturellem Lernen in der Klasse.

Allerdings ist kritisch anzumerken, dass solche Gemeinschaftserfahrungen durch strukturelle Faktoren der Schule erschwert werden können (z. B. Selektionsdruck, Stundenplan, Fachlehrersystem, Lehrplanvorgaben) und dass neben der schulischen Sozialerziehung das Elternhaus, die peer-groups und die Medien einen Einfluss auf diese Art der Schülererfahrungen nehmen.

2.4 Erfahrungen mit der eigenen Persönlichkeit

Jeder Mensch ist von Beginn seines Lebens an Person, hat Personalität. Diese wird bestimmt durch personale Würde, Wert- und Sinnorientierung, Geistigkeit (Verstand, Vernunft), (Wahl-)Freiheit, Weltoffenheit und Gemeinschafts- und Wertbezug (s. T. 2, Kap. 3.1). Durch seine genetische Ausstattung, seine Selbststeuerungskräfte und seine Umwelterfahrungen, die in seinem Personkern zusammenwirken, entfaltet er sein Denken, Fühlen, Können und Wollen auf individuelle Weise, einmalig und von allen anderen unterschieden. Im Zusammenhang mit ihrer Erziehungs- und Bildungsaufgabe ist es das Anliegen der Schule (oder sollte es zumindest sein), jedem Schüler/jeder Schülerin zu individuellem Wachstum im Kontext der Klassen- und Schulgemeinschaft zu verhelfen. Was eine reife Persönlichkeit ausmacht, hat die Ganzheitspädagogik mit einer Reihe von Merkmalen umschrieben: dass der Mensch außer Grundbedürfnissen auch autonome Interessen hat, dass er liebes- und freundschaftsfähig ist und die Menschlichkeit aller Menschen schätzt, dass er über Selbstbeherrschung, Frustrationstoleranz und die Steuerungsfähigkeit seiner Stimmungen verfügt, dass er eine realistische Auffassung seines Könnens erworben hat und sich an einer Aufgabe abarbeiten kann, dass er sich selbst auch objektiv betrachten kann und dabei zu Einsicht und Humor fähig ist sowie dass er sich eine Weltanschauung (Wertorientierung, religiöse Gesinnung, Gewissen) erarbeitet hat (Ernst 1993, S. 160 f. in Anlehnung an Allport).

Dazu muss die Schule ein förderlicher Raum sein, indem sie den Bedürfnissen der jungen Menschen besondere Aufmerksamkeit schenkt, die für deren Selbstentwicklung besonders bedeutsam sind:

- das Bedürfnis nach Kompetenz und Wirksamkeit beim Ausführen von Handlungen
- das Bedürfnis nach Autonomie, d. h. sich selbst als wirksam, frei entscheidend oder mit entscheidend, als die Umwelt verändernd und als selbstbestimmt zu erleben
- das Bedürfnis nach sozialer Beziehung, nach sinnvollem Kontakt zu anderen Personen und nach Zugehörigkeit zu einer sozialen Gemeinschaft.

Diese Bedürfnisse sucht der Mensch aus sich heraus – intrinsisch motiviert – zu befriedigen. Jedoch ermöglicht auch die extrinsische Motivation Selbstbestimmtheitserlebnisse, so wenn er bewusst einer Fremdmotivation folgt, um seine Selbstachtung nicht zu verlieren oder sich mit einer als wertvoll erfahrenen oder erachteten Modellperson identifiziert (Decy/Ryan 1991). Die neuere Motivationsforschung, speziell deren humanistische Richtung, unterstützt diesen Gedankengang. Sie nimmt im Menschen ein angeborenes Bedürfnis, zu wachsen, seine Talente und Fähigkeiten zu entfalten und das eigene Potential möglichst auszuschöpfen, an, kurz: ein Grundbedürfnis nach Selbstverwirklichung. Wird er durch Angst oder Schuldgefühle nicht daran gehindert, ist er offen für neue Ideen und neugierig auf neue Erfahrungen. Im Sinne des kognitivistischen Theorieansatzes (vgl. G. Kelly, N. Bandura, W. Mischel) sind dafür weniger die Instinkte oder Triebe verantwortlich als vielmehr geistige Prozesse. Das Individuum ist an der Veränderung seiner Persönlichkeit aktiv beteiligt, aktiviert innere Kräfte, um sich weiterzuentwickeln oder Probleme zu bewältigen. Von besonderer Bedeutung für die Selbstverwirklichung ist die Erfahrung der Selbstwirksamkeit, das Gefühl etwas zu können. Denn dieses Gefühl beeinflusst die Wahrnehmung, die Erwartungen und die Leistungsfähigkeit in herausfordernden Situationen. Dass es bei Handlungen zu einer Selbstbestätigung kommt, ist wiederum entscheidend für das Selbstkonzept und das Selbstwertgefühl eines Menschen.

Die eigene Persönlichkeit können Schülerinnen und Schüler nur kennen lernen, wenn die Schule für sie Herausforderungen und Verantwortlichkeiten bereithält, die sie ihre ureigensten Potenziale entdecken und erproben lassen. Das dürfen keineswegs nur kognitive sein, vielmehr sind Schülern solche Möglichkeiten in allen Dimensionen ihres Menschseins und für alle Formen von Begabungen bereitzustellen – im Unterricht, in der Klassengemeinschaft und im Schulleben. Des Weiteren ist darauf zu achten, dass auch solche Könnensbeweise von Schülern, die nicht in Zeugnissen und schulischen Benotungsverfahren Niederschlag finden, klassen- und schulöffentlich gewürdigt werden. Denn jeder Schüler soll in der Schule Könnenserfahrungen mit sich selbst und im Vergleich mit den Mitschülern machen können, sich als eine individuelle Persönlichkeit erleben und von anderen in seinen besonderen Befähigungen wahrgenommen, akzeptiert und geschätzt werden. Dazu braucht es Lehrerinnen und Lehrer, die einfühlsam sind und ermutigen, die die Talente des einzelnen Schülers diagnostizieren und ihm Anregungen zu deren Entfaltung geben sowie einer Klassen- und Schulatmosphäre, in der nicht Egoismus und rücksichtsloser Wettkampf herrschen, sondern Respekt und Empathie gegenüber der individuellen Leistungsfähigkeit der Mitschüler.

3. Die Schule als Arbeitsplatz

Die Schule ist Beschäftigungsort für verschiedene Personengruppen: Lehrer/Lehrerinnen, Schüler/Schülerinnen, mancherorts auch Sozialpädagogen, Sonderpädagogen und Förderlehrkräfte sowie das nichtpädagogische Personal wie Hausmeister und Reinigungsdienste. Das Besondere dabei ist:

- Der Arbeitsplatz Schule ist ein von der Gesellschaft eingerichteter, verpflichtender Lernort für Kinder/Jugendliche von ca. 6 Jahren an über ca. 12 Jahre hinweg.
- Beim Arbeitsplatz Schule muss Sacharbeit (Vermitteln und Aneignen von Lerninhalten) gleichzeitig mit Beziehungsarbeit (sozial-emotionale Interaktionen zwischen Lehrer und Schülerin/Schüler) verrichtet werden.
- Der Arbeitsplatz Schule steht in vielfältigen Systembeziehungen zu anderen schulnahen oder außerschulischen Institutionen und Personen (z. B. Eltern, Schulaufsicht, Schulträger, Hort, Vereine, kommunale Kinder- und Jugendeinrichtungen usw.).
- Der Arbeitsplatz Schule weist eine hierarchische Struktur auf, die Zuständigkeiten und Rechtswege sowie den beruflichen Aufstieg des unterrichtenden Personals festlegt.
- Der Arbeitsplatz Schule ist durch zahlreiche Gesetze und Vorschriften, durch Autoritäts- und Kommunikationsmuster sowie durch Verhaltensregeln und Rituale bestimmt.
- Der Arbeitsplatz Schule gehört zum „non-profit"-Unternehmen „Bildungseinrichtungen". Die Ergebnisse der hier erbrachten Arbeitsleistungen lassen sich weder als Produkte verstehen und quantifizieren, noch dem Einsatz der beteiligten Personen allein und direkt zuordnen. Trotzdem gibt es an diesem Arbeitsplatz ökonomisch relevante Fakten (z. B. Zahl der Lehrer/Schüler pro Klasse, Stundentafel, Lehrerpflichtstunden, Einsatz von Lehrmitteln, Kosten der Schülerbeförderung, Ausfall der Unterrichtsstunden, Zahl der Krankmeldungen, Kosten für Bau- und Instandsetzungsarbeiten usw.).
- Der Arbeitsplatz Schule ist nicht der alleinige berufliche Aufenthaltsort für Lehrer und Schüler, das häusliche Arbeitszimmer/der private Wohnbereich ist wegen der Halbtagsschule in Deutschland ebenfalls Ort beruflicher Tätigkeiten; Gleiches gilt für außerschulische Lernorte, die zeitweilig berufsbedingt aufgesucht werden.

3.1 Beruf und Rolle des Lehrers

Spricht man von der *Rolle* oder den Rollen des Lehrers, so betrachtet man ihn als Inhaber einer gesellschaftlichen Position, an die sich normative Verhaltenserwartungen (Muss-, Soll- und Kann-Erwartungen) richten. Hinsichtlich seiner sozialen Identität werden ihm bestimmte Attribute (Rollenattribute) zugeschrieben, die in seinem beruflichen Bereich „Schule" andere sind als in seinem privaten Bereich „Familie" oder „Verein". In schulischer Hinsicht sind für ihn die Schüler, die Eltern, die Kollegen, die Vorgesetzten und die Öffentlichkeit Erwartungsträger, die – weil sehr verschieden – die Lehrerrolle höchst unterschiedlich akzentuieren. Das führt notwendigerweise zu Rollenkonflikten (Intrarollenkonflikte, Interrollenkonflikte, Konflikte zwischen Rollen und Person).

Das vielfältige Geflecht von gesellschaftlichen Positionen und von Erwartungen, in denen der Lehrer/die Lehrerin steht, veranschaulicht die folgende Grafik:

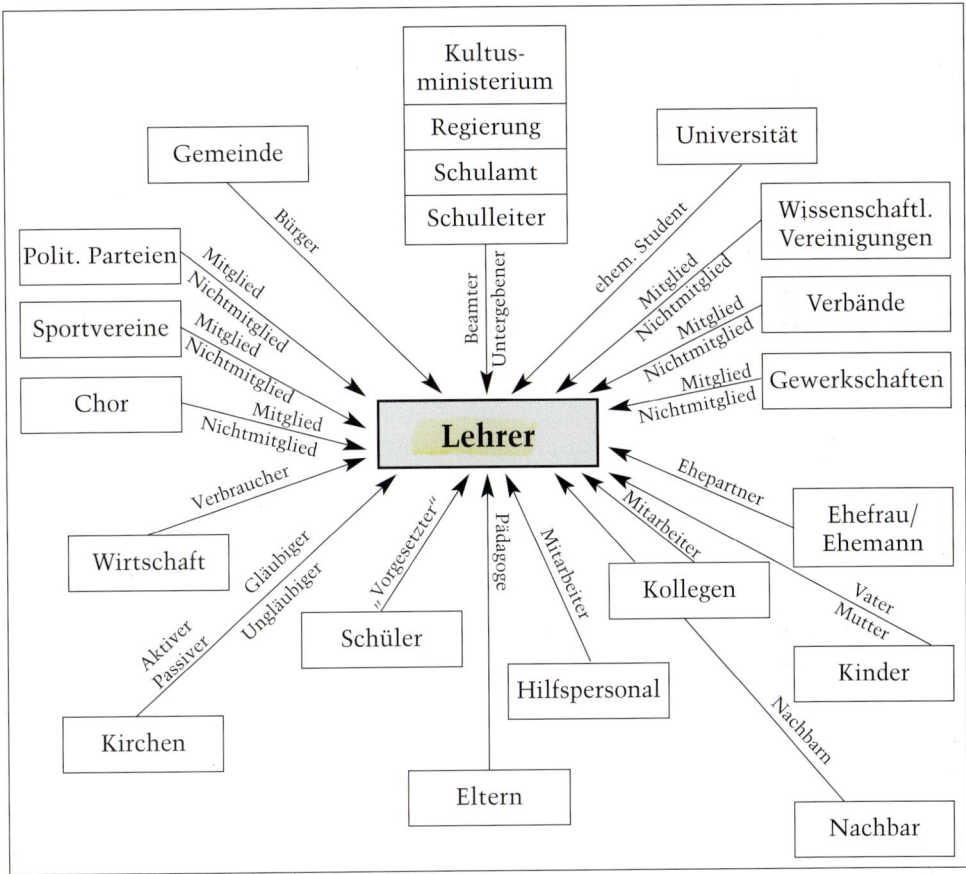

(aus: Klose 1971, S. 78–97)

Spricht man vom *Beruf* des Lehrers, so ergibt sich folgende Aufgliederung (nach Ulich 1996):

- der Lehrerberuf ist ein Kulturberuf, der die heranwachsende Generation an die bestehenden kulturellen Lebensformen heranführt
- der Lehrerberuf ist ein Gesellschaftsberuf, der politische, ökonomische und soziale Ziele realisieren hilft und der die Interessen verschiedener gesellschaftlicher Gruppen beachten muss

- der Lehrerberuf ist ein Sozialberuf, der ethisch ausgerichtet ist und pädagogischen und psychologischen Anliegen nachgeht
- der Lehrerberuf ist ein didaktischer Beruf, dessen Zweck das Lernen der Schüler ist und der für die Organisation und die Durchführung von Unterricht Verantwortung trägt
- der Lehrerberuf ist ein bürokratischer Beruf, der administrative und kustodiale Tätigkeiten umfasst
- der Lehrerberuf ist ein akademischer Beruf, für den eine Hochschulausbildung mit fachwissenschaftlichen und sozialwissenschaftlichen Kenntnissen nötig ist.

Als Besonderheiten werden ferner herausgestellt, dass Lehrer/Lehrerinnen den Beamtenstatus haben (also hoheitliche Rechte ausüben und in einem öffentlichen Dienst- und Treueverhältnis stehen, lt. Art. 33 Abs. 4 des Grundgesetzes) sowie, dass sie in der Regel Angehörige der Mittelschicht sind. Dennoch erfüllt der Lehrerberuf (noch) nicht alle Kriterien von *Professionalität*, die berufssoziologisch ermittelt wurden, wie (1) eine gesellschaftlich bedeutsame, monopolisierte Dienstleistung, (2) eine Berufsausübung auf wissenschaftlicher Grundlage und mit langer Spezialausbildung an einer Hochschule, (3) eine weitgehende Entscheidungs- und Selbstverwaltungskompetenz bei der Berufsausübung, (4) ein Berufsethos mit eigenem Normenkodex, sowie (5) gut organisierte Berufsorganisationen (Schwänke 1988). Der Lehrerberuf wird eher als semiprofessionell bezeichnet, da die genannten Kriterien nur zum Teil erfüllt sind.

Versucht man indes, dem spezifischen Profil der Tätigkeit des Lehrers Rechnung zu tragen, kommt man zu anderen Professionalisierungsmerkmalen (nach Meyer 1997, Bd. 1, S. 36–45):

- Selbstvertrauen in die eigene Tätigkeit
- Fähigkeit zur Selbstkritik bei der Arbeit mit den Schülern
- Pädagogischer Takt als flexible, sensible, phantasiereiche Vermittlung der didaktischen und pädagogischen Theorien in die konkrete Unterrichtspraxis
- taktvolle und korrekturbereite Zielorientierung
- Expertenwissen für die Gestaltung von Lehr- und Lernsituationen
- reflektierte Routine
- Kooperationsfähigkeit
- Berufs- und Fachsprache
- reiches Handlungsrepertoire
- soziale und emotionale Intelligenz
- Berufsethos
- Anspruchsökonomie gegenüber Selbstüberforderung und gegenüber dem Schülerverhalten
- psychische und physische Belastbarkeit

Diese Professionalisierungsmerkmale hängen eng mit den *Berufsaufgaben* des Lehrers und der Lehrerin zusammen. Als solche werden heute in der Regel genannt:

168

- *Forschen* im Zusammenhang der eigenen Bildungs- und Erziehungsarbeit
- *Unterrichten* in lehrergesteuerter, offener und kooperativer Form, fachunterrichtlich und fächerverbindend
- *Erziehen* der Schülerinnen/Schüler zur Mündigkeit durch Unterricht und Schulleben
- *Diagnostizieren* zum Feststellen der Lernweise der Schülerinnen/Schüler
- *Beraten* in Fragen der Erziehung, des Lernens, des Allgemeinverhaltens und der Schullaufbahn
- *Beurteilen* der Schülerleistungen im Fachwissen, bei Schlüsselqualifikationen und im Lern-, Sozial- und Arbeitsverhalten
- *Kooperieren* im Lehrerteam, mit den Schülereltern, mit kommunalen Institutionen des Bildungs- und Sozialbereichs, mit Sozialpädagogen und Therapeuten
- *Kompensieren* („Reparieren") von Belastungen und Entbehrungen, denen Schüler unterliegen
- *Arrangieren, Organisieren und Verwalten* von unterrichtlichen und außerunterrichtlichen Aktivitäten
- *Leiten bzw. Führen* von Schülern und Schulklassen
- *Evaluieren* der eigenen Tätigkeit (Selbstreflexion, Selbstevaluation) und der Schule
- *Innovieren* als permanentes Verbessern von Schule und Unterricht durch Weiterlernen.

In den letzten zwei Jahrzehnten haben sich die Klagen über die *Belastungen* und das Burn-out, über Stress, Angst und Überarbeitung im Lehrerberuf gehäuft. Die Zahl der Frühpensionierungen von Lehrerinnen und Lehrern hat sich in diesem Zeitraum geradezu verdoppelt. Nur noch etwa 15 % von ihnen erreicht das reguläre Pensionsalter, mehr als ein Drittel der Lehrer scheidet jünger als 60-jährig aus, wobei die vorzeitige Dienstunfähigkeit bei 52 % der Fälle auf psychische und psychosomatische Beschwerden zurückzuführen ist. Untersuchungen zufolge (Rudow 1994, Terhart u. a. 1994, Kramis-Aebischer 1995, Ipfling u. a. 1995, Reitmajer 2000) fühlen sich etwa 80 % der Lehrer/Lehrerinnen hoch bis sehr hoch belastet, wenngleich circa $^3/_4$ der befragten Lehrer ihren Beruf wieder wählen würden. Dabei sind Lehrerinnen zufriedener als Lehrer und haben Grundschullehrkräfte höhere Zufriedenheitswerte als Sekundarstufenlehrkräfte. Ferner ist die Berufszufriedenheit am Beginn der Lehrertätigkeit sehr hoch, nimmt dann stark ab und steigt wieder gegen Ende der Berufstätigkeit an. Und wer an kleineren Dienstorten unterrichtet, ist zufriedener als die Kollegen/Kolleginnen an größeren Schulsystemen. Was wie ein Widerspruch aussieht, klärt sich auf, wenn man den Studien die Gründe für die persönliche Berufszufriedenheit der befragten Lehrerinnen und Lehrer sowie die Ursachen ihrer Unzufriedenheit entnimmt. Nicht der Arbeitsplatz Schule bewirkt die Zufriedenheit, sondern die unmittelbare pädagogische und didaktische Arbeit mit den jungen Menschen, die eigene Gestaltungsfreiräume enthält. Unzufrieden macht dagegen physische und psychische Überbelastung, fehlende Kooperation mit Kollegen, mit der Schulleitung, mit den Eltern und mit der Schulaufsicht, mangelnde Aufstiegsmöglichkeiten, geringes Prestige und ein empfundenes Missverhältnis zwischen Einsatz und Erfolg. Auch ist Berufszufriedenheit nicht dasselbe wie Arbeitszufriedenheit. Denn wer mit seinem Beruf und seiner Berufsentscheidung nach wie vor zufrieden ist, kann gerechtfertigterweise unzufrieden mit der Situation an seinem Arbeitsplatz Schule sein. Die *objektive*, messbare Belastung des Lehrers, die aus seinen Arbeitsaufgaben und aus den konkreten Arbeitsbedingungen vor Ort entsteht, spiegelt sich nämlich in ihm unter den Bedingungen seiner Persönlichkeit und seiner Handlungsvoraussetzungen zur *subjektiven* psychischen Belastung. Höchst belastend sind für die meisten Lehrerinnen und Lehrer:

(1) Probleme mit Schülern oder Schülerinnen (Aggressionen, Lernunlust, Verweigerung, mangelnde Konzentration, Verständigungsprobleme mit Ausländerkindern, verhaltensauffällige Kinder/Jugendliche)
(2) die täglichen Organisationspflichten, das Hetzen von Stunde zu Stunde, die Aufgabenvielfalt, die schlechte räumliche Ausstattung, die vielen Konferenzen, keine ungestörte Pause haben, große Klassen, viel Vorbereitungs- und Korrekturarbeit
(3) Schwierigkeiten mit methodisch gutem Unterrichten (Probleme mit der Motivierung, der Differenzierung und der Benotung/Bewertung)
(4) Probleme mit der Schulleitung, mit einzelnen Kollegen, mit Eltern,
(5) Überforderung durch zu hohe eigene Ansprüche und das Gefühl, nie wirklich fertig zu sein.

Dabei ist es interessant zu sehen, dass nahezu die Hälfte aller Lehrerinnen und Lehrer unter den drei zuerst genannten Belastungen leidet. Das Problem der objektiven und subjektiven Belastung des Lehrers darf nicht als persönliches Problem des Lehrers angesehen werden, sondern ist systemisch zu sehen.

Eng verbunden mit den Aufgaben des Lehrers ist seit jeher die Frage nach dem *Persönlichkeits*bild des „guten Lehrers". E. Spranger (1958) stellte die These vom „geborenen Erzieher" auf, G. Kerschensteiner sah den idealen Erzieher als „eine im geistigen Dienste der Gemeinschaft stehende Lebensform des sozialen Grundtypus, die aus reiner Neigung zum werdenden unmündigen Menschen ... dessen seelische Gestaltung nach Maßgabe seiner besonderen Bildsamkeit in dauernder Bestimmtheit zu beeinflussen imstande ist und ... so (= W.W.) ihre höchste Befriedigung findet" (1921). Ch. Caselmann (1949) wiederum unterscheidet deskriptiv vorgehend zwei Lehrertypen, den logotropen Lehrertyp mit mehr philosophischem oder mehr fachwissenschaftlichem Interesse und den paidotropen Lehrertyp mit mehr individuell psychologischem oder mehr generell psychologischem Interesse, wobei beide Typen noch ruhig oder lebhaft und autoritativ oder mitmenschlich sein könnten. Hargreaves (1972) schlägt im Blick auf die seit den 60er Jahren des letzten Jahrhunderts veränderte Schulsituation drei Typen von Lehrern vor: Dompteure, Entertainer und Neoromantiker. Und R. Winkel zählt fünf dominierende Typen von Lehrerpersönlichkeiten auf: den etwas hilflos-hektischen Freiheitslehrer, den normorientierten Ordnungslehrer, den der Sache verpflichteten Anspruchslehrer, den distanzlosen Kumpellehrer und den Antinomielehrer, der Widersprüche und Spannungen integrieren kann (1983). Ansonsten kursieren lange Listen von Charaktereigenschaften und Verhaltensweisen, die ideal-typische Merkmale guter Lehrer sind bzw. sein sollen: Wohlwollen für die Kinder und Jugendlichen, Geduld, psychische und physische Gesundheit und Belastbar-keit, Fröhlichkeit und Humor, Ausgeglichenheit und Offenheit, Feinfühligkeit und Taktgefühl, Interesse an der Wissenschaft und am Unterrichtsfach, Experte für Unterricht, Erziehung und Bildung, geistige Wachheit und Flexibilität, Selbst-disziplin und Überzeugungskraft, Echtheit und eine förderliche Einstellung usw. Greift man auf empirische Untersuchungen zurück und ermittelt, welchen Anteil bestimmte Verhaltensweisen von Lehrern und Erziehern bei der Ent-stehung erwünschter Persönlichkeitseigenschaften oder Verhaltensweisen bei Schülern/Schülerinnen haben (Uhl 1996), so zeigen sich – unter der Bedingung för-derlicher Rahmenkonstellationen – vier *Hauptmerkmale des Handelns*:

- die Verbindung von Zuneigung und Festigkeit, einerseits dem Schüler authen-tisch zu vermitteln, dass man ihn um seiner selbst willen mag, und anderer-seits haltgebende Grenzen zu ziehen und Konsequenz zu zeigen
- das Eintreten für den Standpunkt, den man für richtig hält, sowie Eindeutig-keit in Fragen von Ethik und Verhalten
- das Bemühen, ein gutes Beispiel für prosoziales Verhalten zu geben, für Selbst-ständigkeit und Verantwortung, für Arbeitsverhalten und Verlässlichkeit
- das Übertragen von Aufgaben und die Ermutigung zum Handeln, indem man Schülern Aufgaben, Dienste, Pflichten und Verantwortlichkeiten zu überneh-men gibt, dabei den Schülern aber Mitwirkungs- und Gestaltungsfreiräume belässt und ihnen signalisiert, dass man ihnen vertraut und ihnen etwas zutraut.

Angesichts des neuen Lernbegriffs und der Aufgabe des Lehrers, Schüler zum Selbstlernen anzuregen und sie Selbstkompetenzen erwerben zu lassen, hat sich das Berufsverständnis des Lehrers in den letzten Jahren neu definiert. Der Lehrer versteht sich heute

- als Wissensvermittler mit Kompetenz in den Fachinhalten, in der Planung/Durchführung von Lernprozessen und bei der Erziehung von Kindern und Ju-gendlichen
- als Moderator im Selbstlernprozess der Schüler und bei Diskussionen und Streitfällen
- als Coach, der den einzelnen Heranwachsenden bei Fragen und Problemen der Erziehung, Schulbildung und Ausbildung berät, unterstützt und fordert
- als Personalführer, der das Kind/den Jugendlichen zur Entfaltung seiner Poten-ziale und seiner „Lebensziele" veranlasst und herausfordert.

3.2 Schülersein mit Rechten und Pflichten

Nach Brockhaus sind Schülerinnen und Schüler „Angehörige einer Schule, Ler-nende (bes. wer von einem Meister lernt)" und ist „schülerhaft" so viel wie „unreif, unselbstständig, noch unvollkommen". In der Sprache der Schulverwal-tung tauchen Schüler meist als „Material", „Potential", „Masse", „Ströme" und

„Population" auf. Das Schulrecht hat hingegen eine differenziertere Vorstellung von ihnen. In rechtlicher Hinsicht sind sie nämlich „nicht etwa bloß Objekte staatlicher Schulhoheit", sondern – unabhängig vom Alter – Träger von Rechten und Pflichten" (BVerfGE) und in ihrer Personenwürde und in ihren Grundrechten immer zu respektieren.

Nichtsdestotrotz „ist" man nicht Schüler oder Schülerin, sondern wird durch die Institution Schule mit dem Schuleintritt dazu gemacht. Hierbei erfolgt eine doppelte Reduktion des Kindes oder Jugendlichen: Erstens interessiert an den Jungen und Mädchen jetzt vorwiegend, wie sie in dieser Institution lernen, agieren und reagieren; zweitens ist, verstärkt durch den Fachunterricht, für den einzelnen Lehrer von besonderem Interesse, wie ein Schüler/eine Schülerin mit den Leistungsanforderungen im jeweiligen Einzelfach zurecht kommt. Dazu wechseln die Jungen und Mädchen in eine Rolle, die sie weder im Elternhaus noch in der Vorschulerziehung hatten, und müssen einen neuen *Habitus* (Schulhabitus) erwerben: Nun haben sie in Kooperation und Konkurrenz mit etwa Gleichaltrigen Arbeiten und Aufgaben zu erledigen, leben den Vormittag über in einer pädagogischen Institution und bewegen sich von nun an in einem „künstlichen Sondermilieu", dessen Hauptmerkmal es ist, Lernort zu sein.

Schülersein ist aber nur *ein* Rollen- und Statussegment der Jungen und Mädchen. Ihr Leben spielt sich zeitgleich in „fünf verschiedenen" *Welten* ab, die in den Verhaltensregeln und Erwartungen keineswegs übereinstimmen. Es sind dies

- die Familie mit Erfahrungen der Akzeptanz, der Geschwisterlichkeit, der Ichbezogenheit oder auch der psychosozialen Belastung, der Wohlstandverwahrlosung, der Deprivation
- die Schule mit ihrem vorgeschriebenen Bildungs- und Erziehungsauftrag
- die Gleichaltrigengruppe mit ihrer Selbstorientierung und spezifischen (Sub-) Kultur
- die Medien mit ihren fiktiven Sozialisationsangeboten und
- die gesamtgesellschaftliche Praxis, an der die Jungen und Mädchen täglich erfahren, wie das Leben in dieser Gesellschaft tatsächlich funktioniert (ausführlicher: Wiater 1999, S. 8–15).

Konflikte sind deshalb fast unvermeidlich. Denn als Ort des bildenden Lernens und der personal-sozialen Erziehung konfrontiert die Schule Kinder und Jugendliche mit bestimmten Verpflichtungen und Verhaltenserwartungen. Sie kann bei der Erfüllung ihres Auftrags nicht auf die folgenden Polaritäten verzichten:

Pflichten	–	Eigeninteressen
Anstrengungen	–	Spaß
Fordern	–	Fördern
Leistungserbringung	–	Muße/leistungsfreie Zeiten
Gegenwirken	–	Unterstützen
Zukunftsorientierung	–	Gegenwartsorientierung

Die Institution Schule und die in ihr arbeitenden Lehrerinnen und Lehrer treffen mit ihren schulbezogenen Verhaltenserwartungen bei den Schülerinnen und

Schülern auf immer mehr *Schwierigkeiten*. So beobachten seit Jahren viele Grundschullehrerinnen, dass die Erstklässler zwar ihrer geistigen und körperlichen Entwicklung nach schulreif sind, nicht jedoch hinsichtlich der für das Lernen in der Schule nötigen Einstellungen und Verhaltensweisen. Die Schule muss sie in vielerlei Hinsicht erst schulreif machen. Sie beklagen, dass die Lebensprobleme der Kinder den Zugang zum Lernen erschweren und dass die Zahl der Kinder, die den Unterricht stören und das Lernen der anderen be- oder verhindern, zugenommen hat. Aus allen Schulformen des Primar- und Sekundarbereichs kommt die Klage über Schülerverhaltensweisen, die dem schulischen Lernen abträglich sind, wie Unfugmachen, Clownerie, Prahlen vor der Klasse, Lernunlust und generelles Desinteresse an schulischen Dingen, Unkonzentriertheit, Trotzreaktionen, rüpelhaftes Benehmen, Streitsucht und Uneinsichtigkeit, absichtliches Missachten von Regeln, demonstrativ praktizierte Faulheit und zur Schau gestellte Leistungsverweigerung, Arglist, Schikanen und Gehässigkeiten gegenüber Mitschülerinnen/Mitschülern, innere Abwesenheit, Praktizieren von allerlei Nebenbeschäftigungen, offenkundige Gleichgültigkeit gegenüber allen schulischen Anforderungen und Erwartungen, Wutausbrüche, Freude an Gewalttätigkeiten, tätliche Angriffe, Lust am Zerstören und Destruktivität ohne erkennbaren Sinn.

Feste Stundenpläne, geforderte Lernleistungen, lehrerbezogene Interaktionen, Klassen- und Schulordnungen, Anwesenheitspflicht, soziale Positionierung in der Klasse und Selbstwertgefühle die mit der erbrachten Schulleistung zusammenhängen, all das ist nicht ohne Auswirkung auf die Kinder und Jugendlichen (s. T. 1, Kap. 2.1).

Da Schülerinnen und Schüler nicht Objekte der Belehrung sondern Subjekte des Lernens sein sollen, haben sie in der Schule besondere *Rechte*. Diese wurden ihnen 1973 von der Kultusministerkonferenz öffentlich zuerkannt und haben Eingang in die Schulgesetze der Länder gefunden. Diese Rechte gelten für den einzelnen Schüler/die einzelne Schülerin und werden auch von den Schülervertretungen im Rahmen ihrer Schülermitverantwortungsaufgaben wahrgenommen. Es sind im Einzelnen:

1. das Recht auf Bildung und Förderung von Begabungen – entsprechend den nachgewiesenen Befähigungen
2. das Recht auf Beteiligung und Mitwirkung in Unterricht und Schule – entsprechend dem Entwicklungsalter und den Interessen oder Neigungen
3. das Recht auf Information – über die Unterrichtsplanung, den eigenen Leistungsstand und die Bewertungsmaßstäbe, über die Schule mit ihrem Schulprofil und Schulprogramm, ihren Fördermaßnahmen und ihren Abschlüssen
4. das Recht auf Beschwerde – bei ungerecht empfundener Behandlung oder Beurteilung unter Einhaltung des vorgesehenen Beschwerdewegs (Klassenlehrer, Vertrauenslehrer, Schulleiter, Schulforum, Elternbeirat, Schulaufsicht, Verwaltungsgericht)

5. das Recht auf freie Meinungsäußerung (verbunden mit dem Recht auf Versammlung und Demonstration) in einer sachlich gebotenen Form und unter Wahrung der Persönlichkeitsrechte anderer, der Bestimmungen des Jugendschutzes sowie ggf. anderer Gesetze.

Grundsätzlich gilt, dass die Rechte des Schülers durch die Rechte anderer Mitglieder der Schulgemeinde sowie durch schulspezifische Bestimmungen eingegrenzt werden.

Die Rechte der Schüler werden allerdings immer zusammen mit *Pflichten* genannt, nämlich mit der

1. Schul- und Unterrichtsteilnahmepflicht
2. Pflicht zur Einhaltung der Schulordnung und
3. Pflicht zur Unterlassung von Störungen in Schule und Unterricht.

3.3 Die Funktionen von Schulleitung und Schulaufsicht

Das Grundgesetz und die Länderverfassungen stellen das gesamte Schulwesen unter die staatliche Aufsicht (s. T. 2, Kap. 1). Nach dem bayerischen Volksschulgesetz (Art. 15 VoSchG) – das hier als Länderbeispiel dienen soll – gehören zur staatlichen Schulaufsicht die folgenden Bereiche:

1. die Organisation, Ordnung, Förderung und Überwachung der öffentlichen Volksschulen,
2. die Dienstaufsicht über die Schulräte sowie die staatlichen Lehrer und Pädagogischen Assistenten, ferner das fachliche Weisungsrecht ihnen gegenüber,
3. die amtliche Fortbildung der Schulräte, Lehrer und Pädagogischen Assistenten,
4. die Zulassung der Schulbücher,
5. die Zulassug (Genehmigung), Förderung und Überwachung der privaten Volksschulen,
6. die schulaufsichtliche Genehmigung von Neu-, Um- und Erweiterungsbauten für öffentliche und private Volksschulen.

Die Schulaufsicht erstreckt sich konkret auf

a) die Fachaufsicht über die Unterrichts- und Erziehungsarbeit an den Schulen,
b) die Dienstaufsicht über die Lehrer, Fachlehrer und Pädagogischen Assistenten und
c) die Rechtsaufsicht als staatliche Aufsicht über die Schulträger.

Die *Schulleiterin* oder der *Schulleiter* nehmen teil an der Schulaufsicht. Traditionell umfassen ihre Führungsaufgaben die Bereiche Verwaltungsverantwortung, Hierarchieverantwortung und Gestaltungsverantwortung. Während Lehrer mehr mit der Planung, Durchführung, Auswertung, Korrektur und Bewertung von Unterricht in einzelnen Klassen zu tun haben, ist das Aufgabenfeld des Schulleiters die Gesamtheit der Schule mit all ihren Adressaten (Schüler, Lehrer,

Eltern, Institutionen). Für ein erfolgreiches Arbeiten benötigt er „Persönlichkeitsmerkmale, die man nur zum Teil von außen entwickeln kann wie Fingerspitzengefühl, Takt, Festigkeit, Überzeugungskraft, Integrationsfähigkeit, Glaubwürdigkeit und Charisma. Dazu kommen mentale Fähigkeiten wie soziale und kognitive Intelligenz, rasche Auffassungsgabe, rhetorisches Geschick, Selbstsicherheit und Selbstständigkeit sowie ein pädagogisches Grundverständnis gegenüber Kindern und Jugendlichen (Rosenbusch 1997, S. 155). Hinzu kommen müssen wichtige Kenntnisse wie die „Beherrschung (schul-)rechtlicher Vorschriften, Techniken der Verwaltung, organisationspsychologische, führungspsychologische und kommunikationstheoretische Kenntnisse, Formen der Außendarstellung von Schule, Konferenztechniken" sowie das aktuelle schulpädagogische und allgemeinpädagogische Wissen, ferner die Fähigkeit, die Schule „auch in ihrem politischen, gesellschaftlichen, wirtschaftlichen und kulturellen Kontext – als Institution in einer sich rasch wandelnden Gesellschaft und Kultur" zu sehen (a. a. O.).

In Anbetracht der heutigen Diskussion um Schulentwicklung, Schulqualität und Schulevaluation müssen alle Tätigkeitsbereiche des Schulleiters/der Schulleiterin im Sinne einer pädagogischen Führung und eines pädagogischen Qualitätsmanagements weiterentwickelt werden. Die pädagogische Führung zielt auf Kompetenzen im Personalbereich, das Schulmanagement auf solche der Organisation und Aufgabenverteilung in der Schule. Der Schulleiter bzw. die Mitglieder der Schulleitung müssen eine Balance zwischen einem hohen pädagogischen Engagement für die Schule und das Lehrerkollegium einerseits und den Verwaltungsaufgaben andererseits finden.

Zu den *pädagogischen Kompetenzen* zählen:

- Lehrer gezielt fördern und ihre Sonderleistungen honorieren
- Lehrerteams (3–8 Experten) für besondere Aufgaben bilden und mit ihnen kooperativ und bei delegierter Verantwortung zusammenarbeiten (Partizipation, Delegation, Kooperation)
- Kooperation und Kommunikation im Kollegium in Gang halten und als Moderator zwischen den Lehrergruppen fungieren
- das Kollegium auf eine Schulvision hin (Ziele, Werte, Haltungen, Profile) motivieren
- Konfliktmanagement betreiben
- die Innovationsbereitschaft im Kollegium fördern
- das Wir-Gefühl und die Selbstidentifikation (Kohäsion) an der Schule stärken
- Kontrolle als Diagnose mit anschließender Beratung und Hilfe (Lerngespräch) praktizieren
- kontinuierlich Reflexion und Selbstreflexion über Aktionen durchführen.

Aus dem zur pädagogischen Führung Gesagten geht bereits die Bedeutung von Teamarbeit hervor. Der Schulleiter muss sie immer wieder einfordern. Dafür gilt:

– Jede Lehrerin/jeder Lehrer kann und soll ihre/seine ‚impliziten Theorien‘, Annahmen, Meinungen, Befürchtungen usw. offen artikulieren.
– Jeder/jede ist gleichberechtigter Partner in diesem Dialog.
– Der Schulleiter/die Schulleiterin moderiert den Dialog, bringt sich selbst ebenso authentisch ein und organisiert die gemeinsame Zielfindung.
– Die getroffenen Vereinbarungen werden in Aktivitäten umgesetzt und anschließend deren tatsächliche Effektivität von den Beteiligten selbst evaluiert.

Beim *Schulmanagement* koordiniert der Schulleiter/die Schulleiterin alle Aktivitäten nach innen und außen, die der Profilierung der Schule dienen. Dazu zählen

– die Förderung der Fortbildungsaktivitäten der Lehrerinnen/Lehrer
– Initiative und Förderung der Schulentwicklung durch Bildung von Planungsteams und Steuergruppe
– Unterstützung bei der Erarbeitung eines Leitbilds, eines Schulprofils und eines Schulprogramms durch die Lehrerinnen und Lehrer
– Kontakt zu Marketingfirmen zwecks besserer Außendarstellung der Schule
– Einwerben von Sponsorengeldern bei ortsansässigen Unternehmen, Verbänden und Institutionen
– Aufbau der Einzelschule als eine „lernende Organisation“ (s. T. 1, Kap. 2.2).

Was über den Schulleiter als Teil der Schulaufsicht ausgeführt wurde, gilt gleichermaßen für die *anderen Ebenen der Schulaufsicht*. Auch sie sollten sich zu einem pädagogischen Verständnis von Führung weiterentwickeln und dabei Administration und Kontrolle zugunsten von pädagogischer Beratung und Begleitung reduzieren. Konstitutive Aspekte eines solcherart pädagogischen Führungspersonals sollten nach H. S. Rosenbusch sein:

1. pädagogische Perspektivenjustierung, d. h. Primat pädagogischer Zielvorstellungen vor Verwaltungsaspekten
2. die Beachtung der Zweistufigkeit bei der pädagogischen Arbeit des Führungspersonals, nämlich kindpädagogisch (im Umgang mit den Schülerinnen/Schülern) und erwachsenenpädagogisch (im Umgang mit Lehrern, Schulaufsichtsbeamten, anderen Schulleitern) agieren zu können
3. das Prinzip der Schatzsuche statt der Defizitfahndung, demzufolge statt Fehlervermeidung, Korrektheit, Kontrolle und Aufspüren von Defiziten die Entdeckung von Ressourcen, Talenten, neuen Kooperationsformen und Innovationsideen im Vordergrund stehen sollten, d. h. statt prüfen, kontrollieren, überwachen und befehlen, mehr helfen, beraten, anregen, anerkennen, fördern und Verantwortung übertragen
4. Vertrauen zu sich selbst und in die Fähigkeiten und die Selbstverantwortlichkeit des anderen
5. das Prinzip der Kollegialität trotz Hierarchie, das die unterschiedlichen Verantwortlichkeiten von Schulleiter (Schulaufsichtsbeamten) und Lehrer respektiert und deren jeweilige Tätigkeit wertschätzt, aber trotzdem die kollegiale Verpflichtung beider auf gemeinsame Ziele in den Vordergrund rückt.

Mit diesem neuen Selbstverständnis von Schulleitung und Schulaufsicht geht die Orientierung der Schule am Modell der lernenden Organisation (s. T. 1, Kap. 2.2) einher, demzufolge Lehrerinnen/Lehrer ihre Selbstregulierungs- und Selbsterneuerungskräfte entdecken und mobilisieren. Insbesondere im Entscheidungs- und Kompetenzbereich von Schulleitung und Schulaufsicht stellen sich da einige Fragen:

- Hat die Schule Möglichkeiten genug, einzelne Lehrerinnen/Lehrer gezielt für bestimmte Aufgaben zu fördern und für ihr Engagement durch ein Bonus-System zu honorieren?, etwa durch Stundenreduzierung, durch Sonderzuweisungen, durch Bildung kleinerer Klassen usw.
- Hat die Schule genug Möglichkeiten, das Budget problemgerecht, profilgerecht und situationsspezifisch zu nutzen?
- Hat die Schule genug Möglichkeiten, Verantwortlichkeiten tatsächlich zu delegieren?
- Hat die Schule genug Möglichkeiten, bei ihrer Personalrekrutierung mitzuwirken?

3.4 Die Aufgaben von Sozialpädagogen in der Schule

Die wachsenden Schwierigkeiten der Schule mit Kindern/Jugendlichen, die in ihr Probleme machen (z. B. Verhaltensauffälligkeiten, Schul- und Unterrichtsstörungen, Vandalismus und Zerstörungslust, Gewalt und Aggression, Drogenkonsum, Rechtsradikalismus und Fremdenfeindlichkeit und vieles mehr), weil sie Probleme haben, haben in den letzten Jahren vermehrt zur Einstellung von Sozialpädagoginnen/Sozialpädagogen an der Schule geführt. Denn die Schwierigkeiten, die zahlreiche Schüler und Schülerinnen in der Schule machen und mit dem Schullernen haben, sind so gravierend, dass ihnen mit mehr handlungsorientiertem Unterricht, mehr Erkundungen und Projekten, mehr Rollenspielen und Aussprachekreisen, mehr offenem Unterricht und mehr Wahlarbeitsgemeinschaften nicht (mehr) abzuhelfen ist. In vielen Fällen ist ihnen nur zu helfen, wenn ihr Lernen und Verhalten in der Schule sozialpädagogisch begleitet wird.

In der Schulpraxis sind die Erwartungen an Sozialpädagogen oft diffus und unzutreffend. So erwarten manche Lehrer die Unterstützung des Schulsozialarbeiters bei den Funktionen der Schule (adaptiver Ansatz) durch Erteilen von Nachhilfe für lernschwache Schüler, durch die Betreuung und Förderung von auffälligen Schülern, durch Unterrichtseinsatz bei fehlenden Lehrkräften usw. Andere sehen in der Mitwirkung von Schulsozialarbeitern eine Gelegenheit, die Schule und das Lehrerverhalten in Richtung auf mehr Sozialpädagogik zu verändern (innovativer Ansatz), d. h. Leistungsdruck, Zwänge und Selektionsdruck abzumildern oder abzubauen und das persönliche Wachstum der Schüler stärker zu beachten. Wieder andere sehen es als Aufgabe des Schulsozialpädagogen an, mit sozialpädagogischen Methoden (Einzelfallarbeit, Gruppenarbeit, Gemeinwesenarbeit) und in Kooperation mit Kinder- und Jugendhilfeeinrichtungen die Probleme von schwierigen Kindern/Jugendlichen präventiv oder aktuell aufzuarbeiten (schülerzentrierter Ansatz).

Solche Erwartungen der Schule an die Sozialarbeit/Sozialpädagogik verkennen allzu leicht die *Unterschiede* zwischen der Aufgabe eines Lehrers und der eines Sozialarbeiters. Schulunterricht ist ein Miteinanderhandeln von Lehrern und Schülern mit dem Leitziel der Enkulturation der nachwachsenden Generation in der Gesellschaft. Dabei begründet die „Sache", um die es im Unterricht geht, der Lehr- und Lernstoff, die Verbindlichkeit des Miteinanderhandelns von Lehrer und Schüler im Unterricht. Anders bei der sozialpädagogischen Arbeit. Ihr geht es primär um die Person und ihre Entwicklung im Kontext sozialer Institutionen, von der Familie über außerfamiliäre Erziehungseinrichtungen, über die Jugendarbeit, Erwachsenenarbeit bis hin zur Seniorenbetreuung. Ihre gesellschaftliche Rolle ist die Hilfestellung bei der Sozialisation spezifischer Mitgliedergruppen der Gesellschaft, ist es, eine Art „sozialer Feuerwehr" zu sein, eine Art „parteinehmender Intervention" (Klapproth 1987, Müller 1985, Belardi 1980, Roth 1991). Traditionell bemüht sich der Sozialpädagoge, gefährdete oder bereits gestrauchelte Mitglieder der Gesellschaft (Verwahrloste, Kriminelle) in die herrschenden Werte und Normen der Gesellschaft möglichst zurückzuführen, bei ihnen eine individuelle oder gruppenkollektive Verhaltensänderung durch Anwendung sozialpsychologischer und therapeutischer Verfahren zu erreichen. Daneben bestimmt seine Arbeit aber auch ein emanzipatorisch-offensives, für die betroffenen Personengruppen parteinehmendes Interesse. Aus der Erkenntnis des funktionalen Zusammenhangs zwischen der Gesellschaftsstruktur und bestimmten Formen auffälligen oder abweichenden Verhaltens klagt der Sozialpädagoge die Veränderung der gesellschaftlichen Rahmenbedingungen ein.

Trotz aller Unterschiede lassen sich allerdings auch *Gemeinsamkeiten* feststellen. Ähnlich dem Schulunterricht ist auch die sozialpädagogische Arbeit geplant. Am Anfang steht die Klärung der Voraussetzungen und der Ausgangslage des Betroffenen, sodann folgt die Festlegung der Ziele, die Planung des angemessenen Vorgehens und die Kontaktaufnahme mit anderen Institutionen. Die Evaluation erfolgt abschnittsweise und führt ggf. zur Planungskorrektur. Am Schluss steht in der Regel ein schriftlich abgefasster Entwicklungsbericht. Lehrer und Sozialarbeiter sind ferner in hohem Maße persönlich in ihre Tätigkeit involviert. Seit der Zeit der „Reformpädagogischen Bewegung" ist die Redeweise vom Lehrer als „Anwalt des Kindes" geläufig, und auch der Sozialpädagoge wird gemeinhin als „Anwalt seines Klienten" bezeichnet. Hier wie dort gibt es bei dieser Anwaltschaft kollidierende Interessen, die Grund für viele Rollenkonflikte und Missverständnisse zwischen beiden Berufsgruppen sind.

Aufgrund der unterschiedlichen Berufsorientierung hat die Mitwirkung von Sozialpädagogen in der Schule nur dann Aussicht auf Erfolg, wenn es unter Wahrung der spezifischen pädagogischen und therapeutischen Möglichkeiten von Schule einerseits und Sozialarbeit andererseits zu einer Kooperation zwischen den beteiligten Lehrern und Sozialpädagogen kommt. Denn Schule und Sozialarbeit sind „gesellschaftliche Leistungsapparaturen" mit Unterschieden in der Institutionalisierung, in den Organisationsformen und in den administrativen oder rechtlichen Rahmenbedingungen. Bei Schulkindergärten, Horten an der Schule, Tagesheimschulen, Ganztagsschulen und Schulen in Erziehungsheimen zeigt sich seit langem, dass eine Koordination der erzieherischen Initiativen und Aktivitäten zum Wohl des Kindes oder Jugendlichen möglich ist. Berufsständische und berufsspezifische Vorbehalte müssen überwunden werden zugunsten des gemeinsamen Ziels, Hilfe für gefährdete und deviante Schülerinnen und Schüler bei der Bewältigung ihrer Lernaufgaben in der Schule anzubieten. Denn es geht um die soziale und leistungsthematische Integration Diskriminierter oder Benachteiligter in die Schule und den Klassenverband und um den Versuch, diese Integration dadurch zu erreichen, dass die Kinder oder Jugendlichen stabilisiert, für das Schullernen motiviert, bei der Bewältigung persönlicher oder alltäglicher Probleme unterstützt und ggf. in Kontakt mit unterstützenden Institutionen oder Diensten gebracht werden. Durch sozialpädagogisch flankierende Maßnahmen dieser Art, die teilweise eine dauerhafte, jahrelange Begleitung umfassen, werden die Sozialisationseffekte der Schule ernst genommen und als Ziel die schulische Eingliederung verfolgt. Da Schulerfolg ein wesentlicher Bestandteil der Identitätsfindung von Kindern und Jugendlichen (geworden) ist, erstreckt sich die sozialpädagogische Hilfe zentral auch auf die Bemühung, die psycho-sozialen Belastungen des Misserfolgs in der Schule abzubauen bzw. zu verhindern.

In besonders belasteten Schulen kann diese Aufgabe nur „vor Ort" von Fachkräften der Jugendhilfe, also ausgebildeten Sozialarbeitern/Sozialpädagogen übernommen werden. Die Schulsozialarbeit, oft auch Jugendsozialarbeit genannt, eine sozialpädagogische Hilfeform im Schnittpunkt von Schule und Jugendhilfe, wirkt schulunterstützend und ist umfeldorientiert. Sie hilft infolgedessen sowohl der Schule bei ihrem Erziehungs- und Bildungsauftrag problematischen Schülern und Schülergruppen gegenüber als auch den jungen Menschen bei der Überwindung ihrer sozialen Benachteiligungen und persönlichen Beeinträchtigungen. In öffentlicher oder freier Trägerschaft und räumlich in der Schule angesiedelt, vermögen die in der Schulsozialarbeit tätigen Sozialpädagogen Beratung, kompensatorische Erziehungshilfe und Vermittlung zu sozialen Diensten und Einrichtungen zu leisten. Das beginnt mit beratungsorientierter Teilnahme am Unterricht und an Konferenzen, Mitarbeit bei Projekten und Arbeitsgemeinschaften, Schüler- und Elternberatung in Erziehungs- und Lebensfragen, Konfliktberatung und Gruppendynamik, geht weiter mit Hausaufgabenbetreuung, Mittagstisch, Organisation von Schülertreffs, Freizeiten und Hobbykursen bis hin zu Kontakten zu Betrieben, zum Arbeitsamt und zu sozialen Diensten, Ämtern und Verbänden/Vereinen im Stadtteil.

Wo Kinder und Jugendliche verwahrlost, durch Drogen geschädigt, straffällig geworden und durch ihre Randgruppenexistenz diskriminiert und gefährdet sind, kommt die Schule heute nicht mehr ohne professionelle Sozialarbeit aus. Lehrerinnen und Lehrer sind auf Grund ihrer Ausbildung und ihrer eigentlichen Aufgabenstellung nicht in der Lage, die hier erforderliche professionelle Hilfe zu leisten. Das entlässt den Lehrer allerdings nicht aus der Pflicht, seine sozialpädagogische Kompetenz zu vergrößern. Die veränderten Lebensbedingungen vieler Kinder und Jugendlichen, ihre Lebensprobleme und persönlichen Schwierigkeiten beeinträchtigen und behindern ihr Lernen, verursachen Lernschwierigkeiten und Verhaltensauffälligkeiten, die auch im „ganz normalen Schulunterricht" Berücksichtigung verlangen. Gerade die Sicht der Schule als eines Subsystems der Gesellschaft mit einem besonderen (nämlich pädagogischen) Auftrag für die nachwachsende Generation zwingt dazu, Schule und Unterricht ein „sozial-pädagogisches Gesicht" zu geben. Dazu müssen die *Lehrerinnen und Lehrer* vor allem in folgenden Kompetenzbereichen besser geschult werden:

1. Sie müssen über eine hohe Sensibilität und große Wahrnehmungsfähigkeit für die Individuallage eines einzelnen Kindes oder Jugendlichen verfügen und eine „klientenorientierte Beratung" leisten können.
2. Sie müssen das Repertoire der möglichen Interventionen übersehen (vgl. soziale Einzelhilfe, soziale Gruppenarbeit, soziale Aktionen und Gemeinwesenarbeit) und kombiniert einsetzen bzw. Kontakte zu unterstützenden Personen oder Institutionen herstellen können.
3. Sie müssen die methodischen Möglichkeiten der Gruppenarbeit und der themenzentrierten Interaktion zur kontrollierten sozialen Integration von problembelasteten Kindern und Jugendlichen nutzen können.
4. Sie müssen in der Lage und bereit sein, sich an außerschulischer pädagogischer Umfeldarbeit zu beteiligen und in Supervision und gruppendynamischem Training die eigene Arbeit und die eigenen Verhaltensweisen kritisch zu reflektieren.
5. Sie müssen sich der Argumentation der Sozialpädagogen öffnen und ihre eigene pädagogische Arbeit darzulegen bereit sein.

Weder die Sozialarbeit, noch die Schule können die Probleme der Schülerinnen und Schüler allein verringern, sondern nur die vorbehaltlose Kooperation, Koordination und gegenseitige Transparenz der pädagogischen oder disziplinarischen Maßnahmen beider, der Lehrer und der Sozialarbeiter.

Schluss

1. Schulqualität

Veranlasst durch internationale Schulvergleich-Untersuchungen (TIMS, PISA), bei denen die Leistungen deutscher Schüler/Schülerinnen sich als unterdurchschnittlich erwiesen, wird seit einigen Jahren das Thema „Was ist eine gute Schule?" und das andere „Wie kann man Schulen evaluieren?" diskutiert. Darüber wird leicht vergessen, dass die Schulqualitäts-Forschung schon vor mehreren Jahrzehnten begann; allerdings beinhaltet die Gegenwartsdiskussion durchaus neue Aspekte.

Frühe Ansätze der Schulqualitätsforschung

Ende der 70er Jahre des letzten Jahrhunderts wurden die amerikanischen Forschungen zur „school goodness" und „school effectiveness" aus den 60er Jahren, vor allem durch K. Aurin, H. Fend und M. Rutter, in die deutsche Schulpädagogik eingeführt. Mit „school effectiveness" war die Wirksamkeit einer Schule hinsichtlich der Förderung von Unterrichts- und Fachleistungen gemeint, mit „school goodness" der Grad der gemeinschaftlich positiv oder negativ empfundenen Bewältigung der Aufgaben von Unterrichten und Erziehen in der Schule. Die damals verwendeten Forschungsmethoden waren „Outlier"-Studien, Fallstudien, Programmauswertungen und Metaanalysen.

H. Fend (1986) hat auf Grund eigener sozialwissenschaftlicher Untersuchungen in dieser Zeit herausgefunden, dass folgende Punkte die Qualität von Schule ausmachen:

- Kontinuität und Stabilität in der Beziehung zwischen Lehrern und Schülern
- intensive didaktische Zusammenarbeit des Lehrerkollegiums
- gemeinsame Erörterung und Vereinbarung von Verhaltensregeln im Schulalltag
- eine besondere Gestaltung der Schule auf dem sozialen und räumlichen Sektor
- Abwehr von Chaos, Vandalismus, Struktur- und Verantwortungslosigkeit
- ein aktives, anspruchsvolles Schulleben
- eine positive Sichtweise des Schülers bei den Lehrern
- die Zeit der Lehrer für die Schule, auch nachmittags und ggf. abends
- keine Überregulierung und Überbürokratisierung, eine Bürokratie, die auf ein notwendiges Minimum beschränkt ist
- keine negative Stimmungsmache an der Schule
- eine Grundstimmung des Angenommenseins bei Lehrern und Schülern
- eine reibungslos funktionierende Organisation des Schultags ohne Leerläufe

– ein aggressionsfreies Miteinander von Lehrern und Schülern und eine freundliche, lockere Schulatmosphäre
– die Beteiligung der Schüler und der Eltern bei wichtigen Belangen von Unterricht und Schule.

Darüber hinaus ist in guten Schulen überdurchschnittlich oft eine systematische Zusammenarbeit von Lehrern festzustellen, die sich besonders in einem starken Konsens bezüglich didaktisch-methodischer Fragen, in der ständigen Abstimmung des Unterrichts, besonders hinsichtlich curricularer Fragen und in der gemeinsamen Erörterung und Festlegung von übergreifenden Verhaltensregeln ausdrückt.

K. Aurin (1991, S. 9) hat seine Vorstellungen in einem Schaubild zusammengefasst:

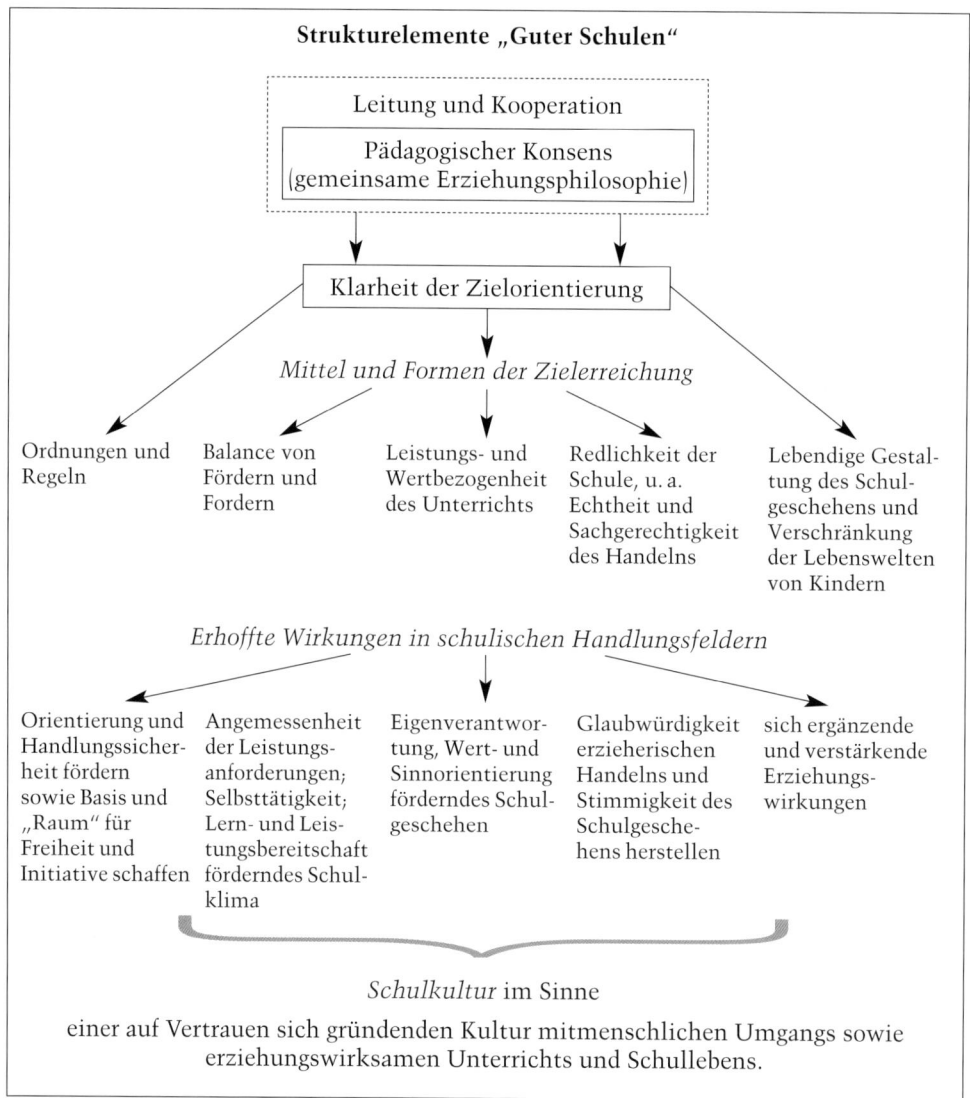

182

M. Rutter (1986) suchte bei seinen empirischen Forschungen nach Indikatoren für gute/schlechte Schulen und fand als solche:

– die Zufriedenheit/Unzufriedenheit der Lehrer und der Schüler mit ihrer Schule
– den Lernerfolg der Schüler verschiedener Schulen, gemessen an den Abschlussnoten und dem Berufserfolg
– das Sozialverhalten der Schüler
– Art und Umfang der Disziplinstörungen im Unterricht sowie
– Schulverweigerung und Schulschwänzen der Schüler.

Dabei fanden Rutter und die Mitforscher heraus, dass die Schülerzahl, das Schulhaus und seine Ausstattung, die Zahl der Schüler mit Lern- und Verhaltensproblemen sowie das soziale Umfeld der Schule weniger Bedeutung für den Erfolg einer Schule haben als die Höhe der Leistungserwartungen der Lehrer, das Verhalten und die Umgangsformen der Lehrer, deren Bemühen um gerechte Belohnungen/Bestrafungen sowie das Maß der zugeteilten Eigenverantwortlichkeit auf Seiten des Schülers. Offenbar ist die Qualität einer Schule hinsichtlich der Interaktionsprozesse und der Leistungsprodukte in hohem Maße von dem pädagogischen Ethos (Wertorientierung, Einstellungen, Verhaltensmuster) abhängig.

Zum Gelingen einer „guten Schule" tragen demnach bei: erstens eine auf pädagogischem Konsens beruhende Klarheit und Transparenz der Zielausrichtung und Stimmigkeit des Schulgeschehens, zweitens pädagogisch sinnvolle Ordnungen, drittens eine humane, sich auf Vertrauen gründende Kultur mitmenschlichen Umgangs, viertens eine angemessene Abstimmung von „Fördern" und „Fordern", fünftens Persönlichkeitsförderung durch Leistung, Wert- und Sinnvermittlung, sechstens die Redlichkeit von Schulen im Umgang mit Schülern und Eltern sowie siebtens ein reiches, der Umwelt gegenüber offenes, die Lebenswelten der Schülerinnen/Schüler verbindendes, gemeinschaftsförderndes Schulleben.

Schulqualität und Schulevaluation heute

Die Internationalisierung der Wirtschaft und die gestiegene Bedeutung des Standortfaktors „Bildung" im rohstoffarmen Deutschland führte in den letzten Jahren zu einer Intensivierung der Diskussion um die Schulqualität. Dabei wurde zunächst der Begriff „Schulqualität" präzisiert. Heute unterscheidet man zwei Konnotationen:

– *Schulqualität als dynamischer Prozess der Schulentwicklung, in dessen Verlauf sich die Mitglieder eines Lehrerkollegiums immer neue Qualitätsziele zur Verbesserung ihrer Schule setzen*
– *Schulqualität als messbares Produkt oder überprüfbarer Effekt im Rahmen einer schulischen Bestandsaufnahme (Evaluation) zu den Kompetenzen von Schülerinnen und Schülern und zu den professionellen Tätigkeiten des Lehrers/der Lehrerin.*

Die erste Bedeutung verknüpft Schulqualität mit Schulentwicklung als Verbesserung der jeweiligen Einzelschule durch Eigenaktivität der Beteiligten (s. T. 3,

Kap. 2), die zweite Bedeutung verbindet Schulqualität mit der Evaluation von drei Qualitätsbereichen: Lern- und Leistungsergebnisse, Prozesse auf der Unterrichtsebene und Prozesse auf der Schulebene.

Begrifflich wird dabei zwischen vier Formen von Qualität unterschieden, nämlich der

- Orientierungsqualität, die durch das Erziehungs- und Bildungskonzept der Schule und das pädagogische Ethos in der Schulpraxis bestimmt wird und die auf Seiten der Beteiligten den Grad ihrer Zufriedenheit beeinflusst
- Strukturqualität, für die die Rahmenbedingungen (Ausstattung, Raumgröße, Klassengröße, Personal usw.), die Grobstruktur (das Schulsystem) und die Organisation der Einzelschule maßgeblich sind
- Prozessqualität, bei der die Interaktionen betrachtet werden, die zwischen Lehrern/Schülern und Schülern/Schülern de facto bestehen sowie die Aktivitäten, Ermutigungen und Fördermaßnahmen, die zur Selbsttätigkeit, Eigenverantwortlichkeit und Sozialkompetenz der Schüler/Schülerinnen beitragen sollen.
- Produktqualität, die sich an den quantitativen Lernergebnissen der Schüler/Schülerinnen festmachen lässt und die auch den Beitrag der Schule (Einzelschule) für das kommunale (gesellschaftliche) Umfeld einbezieht (Schratz/Steiner-Löffler 1999, Mächler 2000, u. a.).

Die neuere Diskussion um die Schulqualität betont den Unterschied zwischen dem pädagogischen Qualitätsverständnis und dem Verständnis von Qualität, wie es bei Produktionsfirmen und in den Wirtschaftswissenschaften besteht. Aus schulpädagogischer Sicht ist festzuhalten:

1. In der Schule gibt es neben externen messbaren Faktoren (Sitzenbleiben, Zahl der erreichten Schulabschlüsse, Durchschnittsnoten, Fehlerquoten, Relation zwischen dem finanziellen und personellen Einsatz und den Ergebnissen von Leistungsüberprüfungen usw.) interne soziale Faktoren, die die Qualität der Schule ausmachen (wie z.B. humanes Miteinander, Haltgebung, Selbstbestimmung, Selbstverantwortung, Kooperativität usw.) und die nicht mit DIN ISO 9000 oder TQM (= Total Quality Management) erfassbar sind (vgl. Speck 1999).
2. In der Schule ist es bei Qualitätsevaluationen nicht möglich, streng und deutlich zwischen Empfängern und Gebern pädagogischer Aktivitäten zu unterscheiden (vgl. Burkard/Eikenbusch 2000).
3. In der Schule wird Qualität von den von ihr Betroffenen und an ihr Beteiligten (Lehrer, Schüler, Eltern, Schulaufsicht, Schulleitung, Schulpsychologische Dienste, Ärzte und Therapeuten) durchaus unterschiedlich definiert und beurteilt (vgl. Sigel, 2001, Aurin 1989 u. a.). So erwarten beispielsweise Eltern von einer „guten Schule" für ihre Kinder: solides Wissen, Förderung bei der Entfaltung von Fähigkeiten für den späteren Beruf bzw. das spätere Leben, Verständnis der Lehrer für Lernschwierigkeiten, Erreichen des angestrebten Abschlusses. Anders die Erwartungen der Lehrer. Ihrer Meinung nach soll ihr berufliches Tätigkeitsfeld ihren fachlichen Fähigkeiten und pädagogischen Vorstellungen entsprechen; es soll ein gutes Arbeitsklima herrschen, ein

angenehmes Kollegium vorhanden sein, und es soll Unterstützung durch die Schulleitung erfolgen. Aus der Perspektive der Schüler ist in diesem Zusammenhang wichtig: ein gutes Verhältnis zu den Lehrern; diese sollten offen für Fragen sein und auch zunächst erfolglose Bemühungen des Schülers anerkennen; sie erwarten eine positive Einschätzung durch den Lehrer zur Stärkung ihres Selbstvertrauens und ihres Selbstwertgefühls; Forderungen sollten nicht zur Überforderung führen und die Fähigkeiten, die sie außerhalb des Unterrichts entwickelt hätten, sollten in den Unterricht eingebracht werden können; aktuelle Probleme aus Umwelt und Politik sollten lebensnah in den Unterricht einbezogen werden; ansonsten wünschen sie einen kameradschaftlichen Umgang mit den Mitschülern und ein faires und gerechtes Lehrerverhalten. Die Erwartungen der Schulverwaltung und der Bildungspolitiker lauten indes auf Erfüllung des öffentlichen Bildungs- und Erziehungsauftrags, auf eine ganzheitliche Förderung der Persönlichkeit junger Menschen, auf eine Vorbereitung zur Bewältigung künftiger Lebensaufgaben im Beruf, als Bürger oder im privaten Bereich.

4. Schließlich ist darauf hinzuweisen, dass alle Ergebnisse („Produkte") der Schule immer nur in der Form einer Ko-Produktion zwischen allen Beteiligten (Lehrern, Schülern, Eltern, ggf. Sozialpädagogen, Psychologen, Therapeuten) zustande kommen und nicht dem Bemühen oder Nicht-Bemühen der Pädagogen allein zuzuschreiben sind.

Die Qualität der Schule hängt heute ohne Zweifel damit zusammen, auf welche Weise die Schule ein stimulierender, erlebnisoffener und sozial bestimmter Lebens- und Lernraum ist, in dem Lehrer/Lehrerinnen mit kommunikationsförderlichen, ermutigenden und bejahenden Grundeinstellungen und Verhaltensstilen arbeiten, der durch Regeln und Rituale Schülern Halt gibt, sie durch ein reich gestaltetes Schulleben und eine positive Atmosphäre für das Lernen und die Schule einnimmt und gleichzeitig noch über eine reibungslos funktionierende Organisation verfügt.

Als Kriterien guter Schulen gelten heute zusammengefasst (vgl. auch Fend 2000, S. 60)

- eine klare Konzeption bei den pädagogischen Leitideen
- ein effizientes Schul- und Unterrichtsmanagement
- hohe Leistungserwartungen an Schüler, zusammen mit schulischer Unterstützung/Förderung bei vorübergehendem Leistungsabfall
- eine pädagogisch und didaktisch überlegt gestaltete Schulumwelt
- eine bestmögliche Zeitnutzung
- eine systematisch durchgeführte Analyse des Fortschritts im Lernen und Verhalten des Schülers
- förderliche Beziehungen zwischen Schule, Elternhaus, kommunalem Umfeld und Sachaufwandsträger

Die Qualität von Schule zu ermitteln ist Aufgabe der **Schulevaluation**. Darunter (Evaluation von lat: valere = wert, stark sein/engl.: value = Wert, Bewertung, Beurteilung) versteht man die Überprüfung der Schule auf ihre Effektivität im inneren und äußeren Bereich durch systematische Sammlung, Analyse und Auswertung von Daten. Mit Hilfe dieser Dateninterpretation sollen Entscheidungen sachkundiger getroffen und notwendige Innovationen initiiert werden. Bei der Evaluation gibt es die formative Evaluation (Prozess-Evaluation) und die summative Evaluation (Ergebnis-Evaluation).

Bei der Evaluation von Schulen unterscheidet man:

1. die Evaluation der Resultate der Lern- und Erziehungsarbeit in der einzelnen Schule (Produktqualität) z. B. mit Hilfe von Lernzielkontrollen, Schüler-, Lehrer- und Elternbefragungen, Abnehmerbefragungen, Entwicklungsberichten über die individual-soziale Persönlichkeitsentwicklung einzelner Schüler
2. die Evaluation der Prozesse auf der Unterrichtsebene, die z. B. durch systematische Unterrichtsbeobachtungen, Projektbegleitung, Untersuchung von Unterstützungsmaßnahmen bei Lernschwierigkeiten, Erfassen des Unterrichtsklimas und der Lehr-Lern-Kultur in einzelnen Schulklassen usw. ermittelt werden können.
3. die Evaluation der Zusammenhänge zwischen Schulstruktur und Effektivität (Strukturqualität) z. B. durch sozialpsychologische Studien zur Entwicklung der Einstellung von Schülern zu sich selbst und zu den Mitschülern, durch Analyse des Zusammenhangs von Schule (Schulform) und Erfolg oder Scheitern von Schülern, durch Erfassen von Schülerpopulationen in den einzelnen Schulformen und von erreichten oder nicht erreichten Schulabschlüssen usw.
4. die Evaluation der Erziehungsphilosophie und des Ethos', die das Handeln und Verhalten der Lehrer und Schüler und Schülereltern in der Schule bestimmen (Qualität der pädagogischen Orientierung) und die sich im Leitbild der Schule, in ihrem Schulprogramm und in dessen praktischer Umsetzung mit Hilfe von Textanalysen und Praxisbeobachtungen herausfinden lässt.

Eine solche Überprüfung der Leistung der Schule muss nach vorher festgelegten Kriterien durchgeführt werden. Dabei gibt es zwei Vorgehensweisen, die beide praktiziert werden sollten:

- die *interne Evaluation*, bei der eine Schule (Lehrer, Schüler, Eltern und das weitere in der Schule tätige Personal) ihre Arbeitsergebnisse und ihre Leistungsfähigkeit selbst überprüft, als eine interne Rechenschaftslegung mit Hilfe von Selbstevaluation der Beteiligten und dazu erhobenen statistischen Daten (Process-Owner ist die einzelne Schule),
- die *externe Evaluation*, bei der Personen, die nicht der Schule angehören (Schulaufsicht, Kollegen anderer Schulen, Wissenschaftler, Eltern, Experten) Daten erheben und Informationen sammeln, um daraus ein Fazit über die Qualität des Lernens, des Unterrichts, des Schullebens, der Atmosphäre und der Leistungsergebnisse zu erarbeiten (Process-Owner sind Personen/Institutionen von außen),

- die *Prozess-Evaluation* und die *Produkt-Evaluation*, d. h. es können die Ergebnisse und Effekte der Schule (output, outcomes) evaluiert werden oder die Prozesse, die dazu geführt haben; häufig werden unter „Prozessen" auch erfassbare Handlungen/Aktivitäten verstanden (wie z. B. Schulkultur, Schulmanagement, Teamarbeit),
- die *formative Evaluation* und die *summative Evaluation*; bei der formativen werden Prozesse, die in der Schule ablaufen, von Evaluatoren begleitet, in ihren Einzelphasen überprüft und ggf. im Verlauf durch gezielte Verbesserungshinweise verändert, während es bei der summativen Evaluation ausschließlich um die Bewertung/Auswertung der Ergebnisse, Effekte und messbaren Wirkungen in der Schule ankommt.

Alle Evaluationsformen haben das Ziel, den Schulen Rückmeldung über ihre „Qualität" zu geben, die Einzelschulen untereinander vergleichbar zu machen

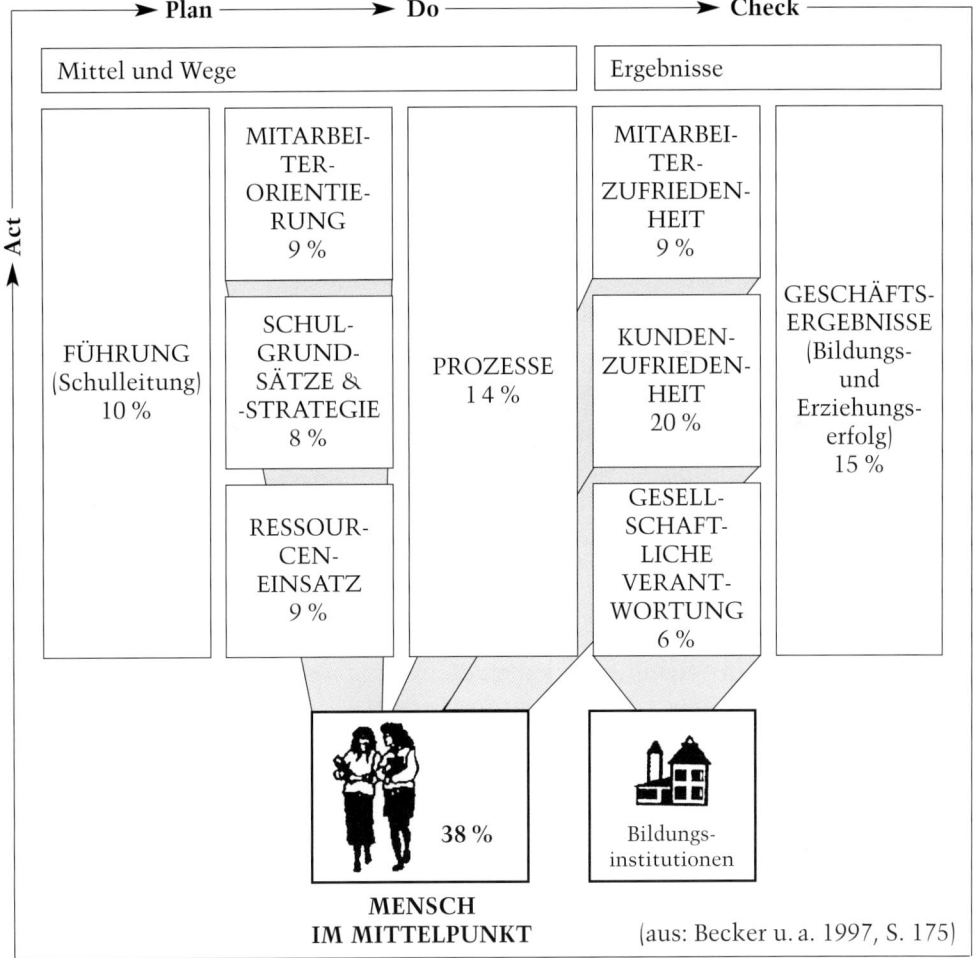

Der Mensch im Mittelpunkt: Das Konzept des Ludwig-Erhard-Preises

und der Schulentwicklung an der Einzelschule Reform- oder Entwicklungs-impulse zu geben (Eikenbusch 1998, S. 155).

Versuche, die Qualitätsevaluation der Schule ähnlich zu formalisieren und zu quantifizieren wie in der Wirtschaft und in Unternehmen üblich, haben zu Nor-mierungsversuchen (vgl. DIN EN ISO 9000 ff EFQM [European Foundation for Quality Management] oder EQA [European Quality Award]) wie den folgenden geführt:

Für jeden Unterpunkt des Schemas sind genaue Anforderungen und Kriterien aufzulisten, damit deren prozentuale Verwirklichung in der jeweiligen Schule zahlenmäßig genau erfasst werden kann. Zur „Mitarbeiterorientierung" wäre beispielsweise zu überprüfen, „wie Ressourcen an Beteiligten berücksichtigt werden, wie Ressourcen an Führungskräften und Mitarbeitern geplant und ver-bessert werden, wie die Fähigkeiten der Mitarbeiter berücksichtigt, aufrecht-erhalten und weiterentwickelt werden, wie Ziele vereinbart und die Leistungen kontinuierlich überprüft werden, wie die Beteiligung von Mitarbeitern und ggf. auch der Schüler am Prozess der ständigen Verbesserung gefördert wird, wie eine wirksame Kommunikation zwischen den Beteiligten auf allen Ebenen erreicht wird, wie für die Beteiligten, insbesondere für die Mitarbeiter gesorgt wird" (Staatsinstitut für Schulpädagogik und Bildungsforschung 1998, S. 13–15).

Bei einem solchen Verfahren zur Feststellung der Qualität einer Einzelschule und zum Qualitätsvergleich gleicher Schulformen in einem Land oder international stellen sich grundsätzliche Fragen. Sie betreffen das Verständnis dessen, was in der Schule – im Unterschied zum Betrieb – ein „Mitarbeiter" ist (Sind Schüler nicht auch Mitarbeiter im schulischen Lern-, Erziehungs- und Bildungsprozess? Ist der einzelne Lehrer etwa Mitarbeiter des Schulleiters?), was oder wer in der Schule der Kunde ist (etwa die Schüler oder die Eltern oder der Lehrherr im Betrieb oder die Universität als „Abnehmer" der Gymnasiasten?) sowie was denn die „Geschäftsergebnisse" der Schule sind (vielleicht die Zahl der erfolgreichen Absolventen oder die Menge der guten Zensuren oder die Länge/Kürze der Schul-zeit oder die gesunde Persönlichkeit des Schülers oder die des Lehrers?). Die Orientierung der schulischen Qualitätsevaluation an Modellen, die aus Wirt-schaft und Industrie abgeleitet sind, ist bisher nicht weiterverfolgt worden.

Die Praxis der externen Schulevaluation

Veranlasst durch TIMSS und PISA haben die Kultus- und Schulministerien aller Bundesländer Programme zur Überprüfung der aktuellen Qualität ihrer Schulen durch externe Evaluationsteams aufgelegt, um zu einer permanenten Verbesse-rung der Einzelschule und ihres Unterrichts zu kommen. Am Beispiel des Frei-staats Bayern kann die Vorgehensweise bei einer solchen externen, summativen Prozess- und Produkt-Evaluation exemplifiziert werden (vgl. Bayerisches Staats-ministerium für Unterricht und Kultus 2005):

1. *Die Auswahl von Qualitätsbereichen*
In Übereinstimmung mit der internationalen Schulforschung gelten als relevante Indikatoren für die Überprüfung der Schulqualität:

- die Rahmenbedingungen der Schule (Input-Faktoren)
  - Standort der Schule
  - Zusammensetzung, Ausbildung und personelle Ressourcen des Lehrerkollegiums
  - Alter und Herkunft der Schülerschaft, Zusammensetzung und Größe der Klassen
  - verfügbare materielle und finanzielle Ressourcen
  - regionale Besonderheiten und organisatorische Spezifika wie Stundentafel, Schulzweige, Angebot an Wahlfächern, Arbeitsgemeinschaften, Projekten usw.
- die schulischen und unterrichtlichen Prozess-Faktoren
  Prozess-Qualitäten der Schule:
  - Schulleitung und Schulmanagement: Personalführung, Leitung, Organisation der Arbeitsabläufe
  - Arbeit des Kollegiums und der Fachschaften/Fachgruppen: kollegiale Zusammenarbeit, berufliche Weiterbildung, Fortbildung, Zusammenarbeit mit den Eltern und mit außerschulischen Abnehmerinstitutionen
  - Schulkultur: das Schulklima und die Vielfalt des Schullebens, die Mitbeteiligung von Schülern, die Kooperation mit den Eltern, die Öffnung der Schule nach außen sowie Art und Umfang außerunterrichtlicher Veranstaltungen
  - Schulentwicklung und Schulprofil
  Prozess-Qualitäten bei Unterricht und Erziehung:
  - Unterrichtsqualität: Klassenführung, Unterrichtsklima, Strukturiertheit, Zielorientierung, individuelle Unterstützung/Fördermaßnahmen, selbstständiges Lernen, Variabilität der Unterrichtsformen, Lernerfolgssicherung, Leistungserhebungen
  - Qualitätssichernde Maßnahmen des Kollegiums: unterrichtsbezogene Zusammenarbeit im Kollegium, unterrichtsbezogene Initiativen der Lehrkräfte auf Schulebene
- kurzfristige und langfristige Lernergebnisse und pädagogische Wirkungen der schulischen Arbeit und der Umgang mit diesen in der Einzelschule
  - Niveau der Lernergebnisse: Schulaufgaben/Leistungsfeststellungen, Vergleichsarbeiten, Schullaufbahnentscheidungen, Abbrecherquote, Wiederholerquote, Abschlussprüfungen
  - Monitoring: Umgang mit den Ergebnissen zum Zwecke einer Qualitätsverbesserung an der Schule vor Ort
  - Schulzufriedenheit aller Beteiligten und Schulimage im Umfeld der Schule.

2. *Der Ablauf der externen Evaluation*

Die externe Schulevaluation gehört organisatorisch zum Verantwortungsbereich der Schulaufsicht (vgl. T. 4, Kap. 3.3), konzeptionell aber zu dem der jeweiligen ministeriellen Qualitätsagenturen, die dafür Evaluatoren (das sind fachlich, pädagogisch und sozial kompetente Lehrer/Lehrerinnen der jeweiligen Schulformen und Vertreter der Eltern und der Wirtschaft) eigens schulen. Nach dem bayerischen Modell läuft die Evaluation in folgenden Phasen ab: (1) Das jeweilige

Evaluationsteam macht sich und das Verfahren (Instrumente, Bewertungskriterien, Auswertung) etwa zwei Monate vor der Evaluation der Schulgemeinde (Lehrer, Eltern, Schülervertreter, Sachaufwandsträger) bekannt. (2) Etwa einen Monat vor dem Evaluationsdatum werden die Lehrkräfte und die Schüler mittels schulartspezifischer Fragebögen online, die Eltern und außerschulischen Abnehmerinstitutionen per Papierform zur Schulqualität befragt; gleichzeitig werden allgemeine Schuldaten, Schülerleistungsdaten und Leistungserhebungsdaten erfasst. Diese Daten werden zusammen mit den Fragebögen vom Evaluationsteam ausgewertet; sie bilden die Grundlage für ein Schulportfolio – und für die in der folgenden Phase durchzuführenden Interviews. (3) Etwa zwei Wochen vor der Evaluation bespricht der Sprecher des Evaluationsteams mit der Schulleitung, der Schulentwicklungs-Steuergruppe und den Sprechern des Lehrerteams den Ablauf der Evaluation vor Ort, die Organisation der durchzuführenden Interviews und die Auswahl der zu analysierenden Unterrichtsstunden (darunter immer: Deutsch, Mathematik, 1. Fremdsprache). (4) Darauf folgt der dreitägige Schulbesuch des Evaluationsteams mit einem Schulhausrundgang, mit Unterrichtsbeobachtungen (nach detailliertem Unterrichtsbeobachtungsbogen) und mit Nachgespräch sowie mit den Interviews von Schulleitung, Lehrkräften, Personalrat, Fachbetreuern, Steuergruppe, Schülern, Eltern, nichtpädagogischem Personal, Sachaufwandsträger und Ausbildungsbetrieben (an Hand eines vorgefertigten Gesprächsleitfadens). (5) Etwa eine Woche nach dem Schulbesuch legt das Evaluationsteam den verschiedenen Gremien der Schule mit Hilfe von Berichtsformularen für die Schule und für den Schulleiter den Berichtsentwurf seiner Schulüberprüfung vor, zu dem die Gremien kommentierend und auch abweichend Stellung nehmen können. (6) Unter Würdigung dieser Stellungnahme verfasst das Evaluationsteam im Zeitrahmen von drei weiteren Wochen den endgültigen Evaluationsbericht (Abschlussbericht), der an die Schule, die Schulaufsicht und die Qualitätsagentur geschickt wird. (7) Die Schulen mit ihren Gremien werten diesen Bericht dann aus und setzen sich entsprechende Ziele für eine Verbesserung ihrer Schulqualität, die als Ziel- und Handlungsvereinbarungen von Schulleitung und Schulaufsicht verschriftlicht werden. (8) Die Schulen planen die Umsetzung der Zielvereinbarungen und gehen an deren schrittweise Realisierung (Change management); dadurch schaffen sie eine veränderte Ausgangslage für die im Abstand von etwa fünf Jahren erneut durchzuführende Evaluation.

3. *Die Instrumente und Methoden der externen Schulevaluation*
Um der Komplexität von Schule und Unterricht besser gerecht zu werden, kommen Fragebögen, Datenblätter, Beobachtungsbögen und Gesprächsleitfäden zum Einsatz. Die Fragebögen für Lehrer, Schüler, Eltern, Ausbilder usw. arbeiten mit parallelisierten Items und mit Einschätzungsskalen, so dass kriteriumsspezifische Profile ermittelt werden können. Mit Datenblättern werden schulspezifische Rahmenbedingungen erfasst, die mit Durchschnittswerten auf Bezirks- und Landesebene in Beziehung gesetzt werden können. Bei den Unterrichtshospitationen kommen detaillierte Schätzskalen für wichtige Qualitätsmerkmale zum

Einsatz, bei denen für jedes Merkmal mehrere Items zum Ankreuzen sind. Die Gesprächsleitfäden greifen Aspekte auf, die nicht von den Fragebögen erfasst werden und dienen den zwei Evaluatoren, die sie durchführen (von denen einer Protokoll führt), als inhaltliche Anhaltspunkte. Ein Zusammenführen aller erhobenen Daten und Informationen im Evaluationsbericht ist möglich, da die einzelnen Instrumente der Schulevaluation konzeptionell aufeinander abgestimmt sind und sich gegenseitig ergänzen.

2. Schule im internationalen Vergleich

In den letzten Jahren ist aus dem vergleichenden Forschen (s. T. 1, Kap. 1.6) zur Schule mehr und mehr ein Wettbewerb um das leistungsfähigste Schul- und Unterrichtssystem geworden. Solche Tendenzen bestehen allerdings bereits seit Mitte des 20. Jahrhunderts (vgl. OECD) im Rahmen empirisch-sozialwissenschaftlicher Schulforschung, deren Anliegen vor allem die Bildungspolitik, die Bildungsökonomie und die Bildungsplanung war. Reflexionen zur Schultheorie und Vorstellungen von der Schulqualität in den untersuchten Ländern und auf dem Niveau international akzeptierter Standards bilden dabei das Fundament der Forschungen. Im Einzelnen spielen eine Rolle:

- die Wertschätzung von Schule, Unterricht und Lehrerberuf in einem Land
- die Funktionen und Aufgaben, die die Gesellschaft und speziell die Eltern der Schule zuweisen
- die Rolle der Lehrer und ihr Ausbildungsstand
- die Erziehungs- und Bildungsziele der Schule
- die geschichtlich-gesellschaftliche Entwicklung der Schule
- die Organisationsstruktur der Schule
- die praktizierten Interaktionen zwischen Lehrern/Schülern/Eltern und untereinander
- die Ausstattung der Schule mit Personal, Räumen und Unterrichtszeiten
- die Curricula/Lehrpläne
- die Unterrichtsgestaltung
- die Kooperation und Kommunikation der Beteiligten unter- und miteinander
- die Leistungsergebnisse der Schüler – gemessen an internationalen Standards.

Wie unterschiedlich Schule organisiert und strukturiert ist, sollen die folgenden Beispiele europäischer Grundschulen demonstrieren (vgl. Schmitt 2001, S. 20 ff.):

**Die Grundschule
in Deutschland**

Alter   Schuljahr

Alter		
12	6. Klasse	Berlin und Brandenburg
11	5. Klasse	
10	4. Klasse	Grund-schule
9	3. Klasse	
8	2. Klasse	
7	1. Klasse	
6		

**Die Folkeskole
in Dänemark**

Alter   Schuljahr

Alter		
17	10. Klasse	
16	9. Klasse	Folkeskole
15	8. Klasse	
14	7. Klasse	
13	6. Klasse	
12	5. Klasse	
11	4. Klasse	
10	3. Klasse	
9	2. Klasse	
8	1. Klasse	
7	Vorklasse	
6	Vorschulerziehung	
5		
4		
3		

Die école maternelle und die école primaire

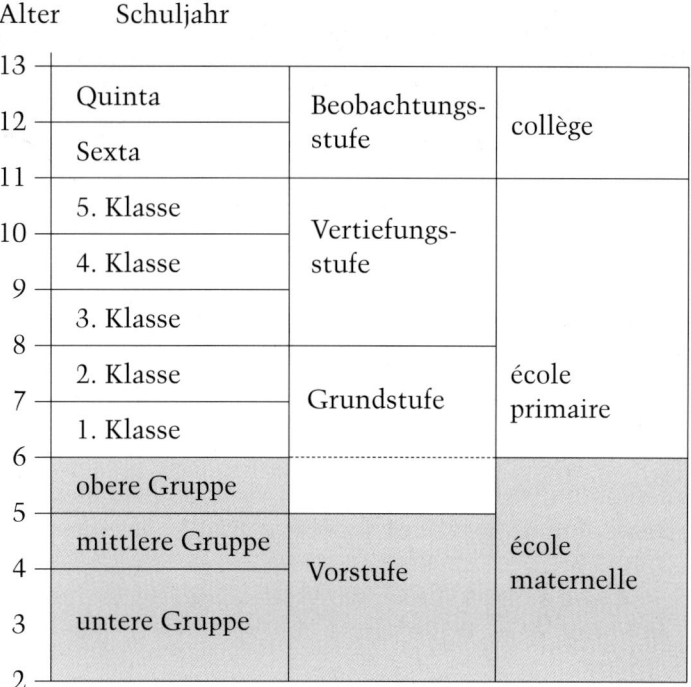

Alter	Schuljahr		
13	Quinta	Beobachtungsstufe	collège
12	Sexta		
11	5. Klasse	Vertiefungsstufe	école primaire
10	4. Klasse		
9	3. Klasse		
8	2. Klasse	Grundstufe	
7	1. Klasse		
6	obere Gruppe		école maternelle
5	mittlere Gruppe	Vorstufe	
4	untere Gruppe		
3			
2			

Die Grundschule in der Tschechischen Republik

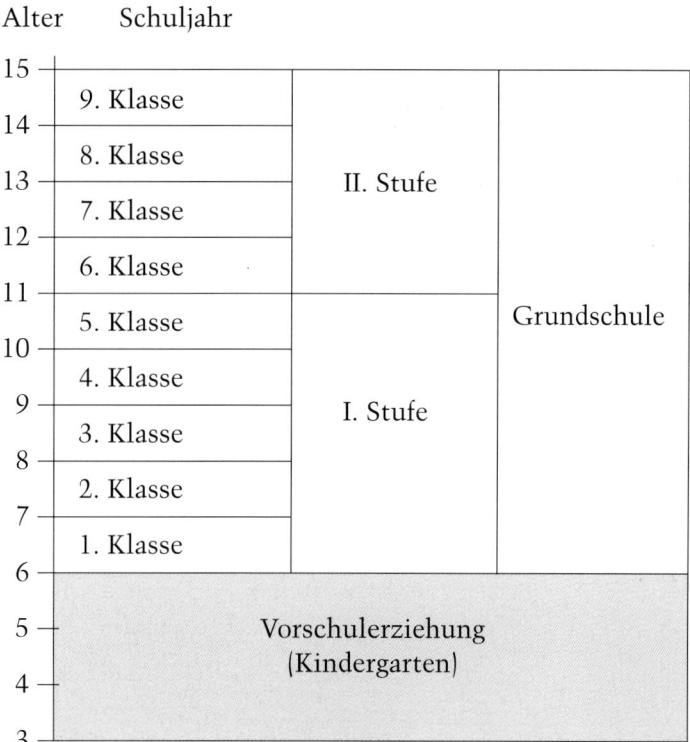

Alter	Schuljahr		
15	9. Klasse	II. Stufe	Grundschule
14	8. Klasse		
13	7. Klasse		
12	6. Klasse		
11	5. Klasse	I. Stufe	
10	4. Klasse		
9	3. Klasse		
8	2. Klasse		
7	1. Klasse		
6	Vorschulerziehung (Kindergarten)		
5			
4			
3			

Um die Qualität dieser Schulen zu erfassen und zu vergleichen, bedarf es klarer Vergleichskriterien. Schulforscher haben diese in einer Liste zusammengestellt, nach der sich auch die Vergleichsstudien der OECD richten (Loos 1998, S. 338).

Sie umfasst die folgenden Positionen:

„1. Klar und gemeinschaftlich identifizierte Normen und Ziele
2. Kooperative Planung, gemeinsame Entscheidungsfindung und kollegiale Arbeit; Pflege des fachwissenschaftlichen, auch didaktischen Gedankenaustausches, professionelles Experimentieren
3. Führungsqualitäten des Schulleiters, insbesondere bei der Verwirklichung von Verbesserungen
4. Stabilität in der Zusammensetzung des Kollegiums
5. Wege zur Entwicklung des Lehrerkollegiums auf der Basis des Schulethos' ... – schulinterne Fortbildung
6. Gestaltung der Bildungs- und Erziehungsarbeit auf der Grundlage eines Lehrplans: fundierte Fachkenntnisse, richtige Einschätzung des Komplexitätsgrades von Lerninhalten
7. Lehrplan, in dem die Gesamtheit der Bildungs- und Erziehungsarbeit deutlich wird, d. h. Abstimmung und Vernetzung über Fächer und Jahrgangsstufen hinweg
8. Hohes Niveau elterlicher Beteiligung und Unterstützung der Bildungs- und Erziehungsarbeit der Schule
9. Maximale Ausnutzung der verfügbaren Lernzeit (aktives, selbstständiges Lernen)
10. Unterstützung durch eine pädagogisch handelnde Schulverwaltung."

Unschwer lassen sich an diesem Kriterienkatalog nicht nur die Merkmale der (oben dargelegten) Schulqualität wiederfinden, sondern auch die der Schulentwicklung (s. T. 3, Kap. 2).
Die seit 1994 durchgeführten internationalen Vergleichsuntersuchungen (TIMS, PISA, IGLU), die in der deutschen Bildungspolitik stark rezipiert wurden und große Reformanstrengungen auslösten, verzichten allerdings auf umfassende Schulvergleiche, wie sie der obige Kriterienkatalog fordern würde, zugunsten von quantitativ erfassbaren Lernerträgen von bestimmten Schülern in ausgewählten Wissensdomänen. Die Schulforschung wird hier zur Schuleffizienzforschung, zur Untersuchung der Schulleistung, d. h. des Lern-Output, abgebildet in den Resultaten, die Schülergruppen bei der Bearbeitung spezifischer Aufgabenstellungen erzielen. Bei TIMS I (1995/1996) waren das die Schüler der 3./4. Klassen, TIMS II der 7./8. Klassen und TIMS III der beruflichen oder gymnasialen Abschlussklassen in den Leistungsbereichen Mathematik und Naturwissenschaft/Physik; PISA (ab 2000) erfasste das Leseverständnis, Mathematik, Naturwissenschaft und fächerübergreifende Kompetenzen bei 15-jährigen Schülern, und IGLU (ab 2001) konzentrierte sich auf die Leistungen beim Leseverständnis, bei Orthografie, Mathematik und Naturwissenschaft der Grundschüler in der 4. Jahrgangsstufe.

Die international vergleichenden Schulleistungsstudien berücksichtigen nicht die Inputs (wie Rahmenbedingungen, Lehrpläne, Stundenpläne, Lehrerbildung) und kümmern sich auch nicht um Bildungs- und Erziehungsvorstellungen; sie orientieren sich vielmehr an dem anglo-amerikanischen Literacy-Konzept. Bei diesem Konzept erweist sich die Lerneffizienz des Schulunterrichts am quantitativ messbaren Niveau der Kompetenzen, über die die Schüler bei der Lösung von bestimmten Aufgabenarten verfügen. Diese Aufgaben, vorwiegend aus den Bereichen Leseverständnis/Textverstehen, Mathematik, Naturwissenschaften, sind so formuliert, dass die Schüler zeigen müssen, ob sie das Gelernte tatsächlich verstanden haben und auf unbekannte Alltags- und Berufssituationen transferieren können. Aus den erhobenen Zusatzdaten über die Schüler lassen sich differenzierte Aussagen im Sinne eines Bildungsmonitoring (z. B. über den Zusammenhang von Bildungsbeteiligung und elterlichem Sozialstatus) in Deutschland ermitteln.

Anhang

Literaturnachweis

Der folgende Literaturnachweis ist in Bücher zum vertiefenden Studium (**I.**) und weitere zitierte Publikationen (**II.**) unterteilt.

I.

Adl-Amini, B.: Schultheorie – Geschichte, Gegenstand und Grenzen. Weinheim 1976

Adl-Amini, B.: Grundriss einer pädagogischen Schultheorie. In: Twellmann, W. (Hrsg.): Handbuch Schule und Unterricht. Bd. 7.1. Düsseldorf 1985, S. 63–94

Apel, H. J.: Theorie der Schule. Historische und systematische Grundlinien. Donauwörth 1995

Apel, H. J./Sacher, W. (Hrsg.): Studienbuch Schulpädagogik. Bad Heilbrunn 2007 (3. Aufl.)

Ballauff, Th.: Funktionen der Schule. Frankfurt/M. 1984

Baumgart, F./Lange, U. (Hrsg.): Theorien der Schule. Erläuterungen – Texte – Arbeitsaufgaben. Bad Heilbrunn 1999

Brinkmann, G. u. a. (Hrsg.): Theorie der Schule. Bd. 1 u. 2. Wiesbaden 1980

Bundesministerium für Bildung und Forschung (Hrsg.): Grund- und Strukturdaten 2005. Berlin 2005

Cortina, K. S./Baumert, J./Leschinsky, A./Mayer, K. U./Trommer, L. (Hrsg.): Das Bildungswesen in der Bundesrepublik Deutschland. Reinbek 2005 (2. Aufl.)

Diederich, J./Tenorth, H.-E.: Theorie der Schule. Ein Studienbuch zu Geschichte, Funktionen und Gestaltung. Berlin 1997

Fend, H.: Theorie der Schule. München 1980

Fend, H.: Neue Theorie der Schule. Wiesbaden 2006

Fend, H.: Schule gestalten. Wiesbaden 2008

Geißler, E. E.: Die Schule. Stuttgart 1984

Giesecke, H.: Wozu ist die Schule da? Stuttgart 1996

Grunder, H.-U./Schweitzer, F. (Hrsg.): Texte zur Theorie der Schule. Weinheim 1999

Grunder, H.-U.: Schule und Lebenswelt. Münster 2001

Heldmann, W.: Kultureller und gesellschaftlicher Auftrag von Schule. Krefeld 1990

Hentig, H. v.: Die Schule neu denken. München 1993

Jurinek-Skinner, A.: Schultheorie in der Krise. Weinheim 1982

Kramp, W.: Studien zur Theorie der Schule. München 1973

Kühn, R. M.: Schultheorien nach dem Zweiten Weltkrieg. Frankfurt/M. 1995

Leschinsky, A. (Hrsg.): Die Institutionalisierung von Lehren und Lernen. Beiträge zu einer Theorie der Schule (Zeitschrift für Pädagogik, 34. Beiheft). Weinheim 1996

Meyer, H.: Schulpädagogik. Bd. 1 u. 2. Berlin 1997

Muth, J.: Schule als Leben. Baltmannsweiler 1992

Oblinger, H.: Theorie der Schule. Donauwörth 1979 (2. Aufl.)

Oblinger, Th: Die Schule in der Gesellschaft. Donauwörth 1981

Oelkers, J.: Schulreform und Schulkritik. Würzburg 2000

Sauer, K.: Einführung in die Theorie der Schule. Darmstadt 1981

Schulze, Th.: Schule im Widerspruch. München 1980

Struck, P.: Die Schule der Zukunft. Darmstadt 1996

Struck, P.: Netzwerk Schule. München 2001 (2. Aufl.)

Tillmann, K.-J. (Hrsg.): Schultheorien. Hamburg 1993 (2. Aufl.)

Wilhelm, Th.: Theorie der Schule. Hauptschule und Gymnasium im Zeitalter der Wissenschaften. Stuttgart 1969 (2. Aufl.)

Winkel, R.: Theorie und Praxis der Schule. Hohengehren 1997

II.

Adorno, Th.: Erziehung zur Mündigkeit. Frankfurt/M. 1969

Adorno, Th.: Theorie der Halbbildung. In: Pleines, J.-E. (Hrsg.): Bildungstheorie. Freiburg 1978, S. 89 ff.

Altrichter, H./Posch, P.: Wege zur Schulqualität. Innsbruck 1999

Altrichter, H./Schley, W./Schratz, M. (Hrsg.): Handbuch zur Schulentwicklung. Innsbruck 1998

Anweiler, O. u. a. (Hrsg.): Bildungssysteme in Europa. Weinheim 1996 (4. Aufl.)

Apel, H.-J. (Hrsg.): Die Schulklasse – ein pädagogisches Handlungsfeld? Kastellaun 1978

Apel, H.-J./Sacher, W. (Hrsg.): Studienbuch Schulpädagogik. Bad Heilbrunn 2005 (2. Aufl.)

Appel, St.: Formen und Bildungsmöglichkeiten ganztägig geführter Schulen in Deutschland. In: Christ und Bildung 1990, S. 311–313

Arbeitsgemeinschaft Freier Schulen (Hrsg.): Handbuch Freie Schulen. Hamburg 1993

Assmann, A./Harth, D.: Mnemosyne. Formen und Funktionen kultureller Erinnerung. Frankfurt/M. 1991

Auernheimer, G./v. Bluementhal, V./Stübig, H./Willmann, B.: Interkulturelle Erziehung im Schulalltag. Münster 1996

Auernheimer, G.: Einführung in die interkulturelle Erziehung. Darmstadt 1990

Aurin, K.(Hrsg.): Schulvergleich in der Diskussion. Stuttgart 1987

Aurin, K. (Hrsg.): Gute Schulen – worauf beruht ihre Wirksamkeit? Bad Heilbrunn 1990 (2. Aufl.)

Aurin, K.: Eine gute Schule – was ist das? In: Die Realschule 1989, S. 357–359

Aurin, K.: Erziehung in der Schule. In: Pädagogische Welt. Beilage 2/1991, S. 2–10

Aurin, K.: Sekundarschulwesen – Strukturen, Entwicklungen, Probleme. Stuttgart 1978

Autorenkollektiv: „Schulversuch ‚Glocksee' in Hannover". In: Informationsdienst des Sozialistischen Lehrerbundes. H. 1975, S. 45–52

Bach, H./Knöbel, R./Arenz-Morch, R./Rosner, A.: Verhaltensauffälligkeiten in der Schule. Mainz 1992 (3. Aufl.)

Ballauff, Th./Schaller, K.: Pädagogik. Bd. 2. Freiburg 1970

Bambach, Heide: Tagesablauf statt Stundenplan. Fünfzehn Jahre Erfahrungen mit individualisierendem Unterricht in der Primarstufe der Bielefelder Laborschule; Bielefeld 1989

Bamberger, R./Boyer, L./Sretenovicz, K./Strietzel, H.: Zur Gestaltung und Verwendung von Schulbüchern. Wien 1998

Bargel, T./Kuthe, M.: Ganztagsschule. Angebot, Nachfrage, Erfahrungen (Hrsg. v. BMBW). Bonn 1990

Bast, R.: Kulturkritik und Erziehung. Anspruch und Grenzen der Reformpädagogik. Dortmund 1996

Bastian, J. (Hrsg.): Pädagogische Schulentwicklung, Schulprogramm und Evaluation. Hamburg 1998

Becker, H./Haller, H. D./Stubenrauch, H./Wilkending, G.: Das Curriculum. Praxis, Wissenschaft und Politik. München 1974

Becker, J./Korsmeier, S./Pfeifer, T./Schmidt, N.: Der Ludwig-Erhard-Preis. Ein deutscher Qualitätspreis als Anregung für Schulentwicklungsprozesse. In: Pädagogische Führung 1997, S. 173–175

Behr, M.: Freie Schulen und Internate. Düsseldorf 1988

Bekanntmachung des Bayerischen Staatsministeriums für Unterricht und Kultus v. 30. 07. 1975, Nr. A/8–7/89 802. In: Amtsblatt des Bayerischen Staatsministeriums für Unterricht und Kultus, B 1234 A, Nr. 16, 1975

Belardi, N. (Hrsg.): Soziale Arbeit. Bd. 1–4. Frankfurt/M. 1980

Berg, Ch. u. a. (Hrsg.): Handbuch der deutschen Bildungsgeschichte. Bd. 1–5. München 1987–1996

Bildungskommission NRW: Zukunft der Bildung – Schule der Zukunft. Neuwied. 1995

Biller, K.: Bildung als integrierender Faktor in Theorie und Praxis. Weinheim 1994

Bloch, D. u. a.: Wissen – die strategische Ressource. Wie sich die lernende Organisation verwirklichen lässt. Weinheim 1997

Böhm, W. (Hrsg.): Maria Montessori. Texte und Diskussion. Bad Heilbrunn 2/1978

Borelli, M.: Zur Didaktik interkultureller Erziehung. Teil 1 u. 2. Baltmannsweiler 1991

Brezinka, W.: Grundbegriffe der Erziehungswissenschaft. München 1974

Burkhard, Ch./Eikenbusch, G.: Praxishandbuch Evaluation in der Schule 2000

Burow, O.-A./Neumann-Schönwetter, M. (Hrsg.): Zukunftswerkstatt in Schule und Unterricht. Hamburg: Bergmann und Helbig 1995

Caselmann, Ch.: Wesensformen des Lehrers. Versuch einer Typenlehre. Stuttgart 1964 (3. Aufl.)

Combe, A./Helsper, W. (Hrsg.): Pädagogische Professionalität. Frankfurt/M. 1996

Czerwenka, K. u. a.: Schülerurteile über die Schule. Frankfurt/M. 1990

Dann, H.-D.: Subjektive Theorien: Irrwege oder Forschungsprogramm? In: Montada, K. u. a. (Hrsg.): Kognition und Handeln. Stuttgart 1983, S. 77–92

Decy, E. L./Ryan, R. M.: A motivational approach to self: integration in personality. In: Dienstbier, R. (Hrsg.): Symposon on motivation. Nebraska 1991

Derbolav, J.: Praxeologische Grundlegung der Erziehungswissenschaft. In: Schaller, K. (Hrsg.): Erziehungswissenschaft der Gegenwart. Bochum 1979, S. 46–69

Deutscher Bildungsrat (Hrsg.): Einrichtung von Schulversuchen mit Ganztagsschulen. Stuttgart 1968

Dietrich, Th. (Hrsg.): Die pädagogische Bewegung vom Kinde aus. Bad Heilbrunn 1973 (3. Aufl.)

Dolch, J.: Lehrplan des Abendlandes. Zweieinhalb Jahrtausende seiner Geschichte. Ratingen 1959

Dörpfeld, F. W.: Grundlinien einer Theorie des Lehrplans. Gütersloh 1873

Dumke, D. (Hrsg.): Integrativer Unterricht. Weinheim 1991

Duncker, L.: Lernen als Kulturaneignung. Weinheim 1994

Eikenbusch, G.: Praxishandbuch Schulentwicklung. Berlin 1998

Ermert, H. (Hrsg.): Schulkultur als „Organisationskultur". Loccum 1991

Ernst, H.: Humanistische Schulpädagogik. Bad Heilbrunn 1993

Fees, K.: Konstituenten einer Theorie der Schule. In: Pädagogische Rundschau 6/2001, S. 665–677

Fend, H.: „Gute Schulen – Schlechte Schulen". In: Die Deutsche Schule 1986, S. 275–295

Fend, H.: Qualität im Bildungswesen. Weinheim 1998/2000 (2. Aufl.)

Fend, H.: Was ist eine gute Schule? In: Westermanns Pädagogische Beiträge H. 7/8 1986, S. 8–12

Festinger, L.: Theorie der kognitiven Dissonanz. Bern 1978

Fichten, W.: Unterricht aus Schülersicht. Frankfurt/M. 1993

Filser, K.: Der Beitrag des Geschichtsunterrichts. In: Wiater, W. (Hrsg.): Kompetenzerwerb in der Schule von morgen. Donauwörth 2001, S. 165–175

Flechsig, K. H./Haller, H. D.: Entscheidungsprozesse in der Curriculumentwicklung. Stuttgart 1973

Frey, H. u. a.: Ausländische Kinder im Unterricht. Heinsberg 1982

Fullan, M.: Die Schule als lernendes Unternehmen. Stuttgart 1999

Gaebe, B.: Lehrplan im Wandel. Bern 1985

Gairing, F.: Organisationsentwicklung als Lernprozess von Menschen und Systemen. Weinheim 1996

Giesecke, H.: Pädagogik als Beruf. München 1987/2000 (2. Aufl.)

Geißler, E. E.: Johann Friedrich Herbart (1776–1841). In: Scheuerl, H. (Hrsg.): Klassiker der Pädagogik. Bd. 1. München 1979, S. 234–248

GEW (Hrsg.): Die Bildungsarbeiter. Weinheim 1996

Goldschmidt, D./Roeder, P. M. (Hrsg.): Alternative Schulen? Stuttgart 1979

Golz, R./Korthaase, W./Schäfer, E. (Hrsg.): Comenius und unsere Zeit. Hohengehren 1996

Gudjons, H.: Das Leben in die Schule holen – Unterricht und Schulleben. In: Pädagogik 2/1996, S. 6–9

Gudjons, H.: Pädagogisches Grundwissen. Bad Heilbrunn 2001 (7. Aufl.)

Gudjons, H./Köpke, A. (Hrsg.): 25 Jahre Gesamtschule in der Bundesrepublik Deutschland. Bad Heilbrunn 1996

Gugel, G.: Methoden-Manual I und II: Praxisvorschläge für Schule und Lehrerbildung. Weinheim 1997/1998

Günther, W.: Rahmenplan für die Bildung und Erziehung im Schulhort. Berlin 1973

Haarmann, D. (Hrsg.): Handbuch Elementare Schulpädagogik. Weinheim 1997

Habermas, J.: Pädagogischer Optimismus vor Gericht einer pessimistischen Anthropologie. In: Neue Sammlung 1961, S. 251 ff.

Hacker, H./Rosenbusch, H. S. (Hrsg.): Erzieht Unterricht? Baltmannsweiler 1990

Haft, H./Hopmann, St.: Lehrplanarbeit in der Bundesrepublik Deutschland. Veränderungen zwischen 1970 und heute. In: Die Deutsche Schule 1987, S. 508 ff.

Hallwachs, U./Seits, M.: Montessori oder Waldorf?, München 1996

Hamann, B.: Geschichte des Schulwesens. Bad Heilbrunn 1993 (2. Aufl.)

Hansmann, O./Marotzki, W. (Hrsg.): Diskurs Bildungstheorie. Bd. 1 u. 2. Weinheim 1988/1989

Hargreaves, D. H.: Interaktion und Erziehung. Wien 1976

Heitkämper, P. (Hrsg.): Mehr Lust auf Schule. Paderborn 1995

Heiland, H.: Maria Montessori. Reinbeck 1991 (4. Aufl.)

Helming, Helene: Montessori-Pädagogik. Herder, Freiburg 1992 (15. Aufl.)

Hensel, H.: Die Autonome Öffentliche Schule. München 1995

Hentig, H. v.: Die Bielefelder Laborschule. Aufgaben, Prinzipien, Einrichtungen. Bielefeld 1990 (2. Aufl.)

Herbart, J. F.: Allgemeine Pädagogik, aus dem Zweck der Erziehung abgeleitet (1806). In: Herbart, J. F.: Pädagogische Texte. (Hrsg. v. W. Asmus) Bd. 2. Düsseldorf 1965, S. 17 ff.

Herbart, J. F.: Umriss pädagogischer Vorlesungen. Hrsg. v. J. Esterhues. Bd. 1. Paderborn 1984

Herrlitz, H.-G./Titze, H./Hopf, W.: Deutsche Schulgeschichte von 1800 bis zur Gegenwart. München 1993

Hierdeis, H./Hug, Th.: Pädagogische Alltagstheorie und erziehungwissenschaftliche Theorien. Bad Heilbrunn 1992

Hierdeis, H.: Erziehungsinstitutionen. Donauwörth 1983 (5. Aufl.)

Hölscher, P. (Hrsg.): Interkulturelles Lernen – Projekte und Materialien für die Sekundarstufe I. Frankfurt am Main 1994

Holstiege, Hildegard: Modell Montessori. Herder. Freiburg 1994 (9. Aufl.)

Holtappels, H. G. (Hrsg.): Entwicklung von Schulkultur. Ansätze und Wege schulischer Erneuerung. Neuwied 1995

Hüchtermann, M./Nowak, S./Ramthun, G.: Schulmanagement – Auf der Suche nach neuen Konzepten. Köln 1995

Hurrelmann, K.: Plädoyer für mehr Ganztagsschulen. In: Die Ganztagsschule Heft 1/1990, S. 12–16

Hurrelmann, K./Ulich, D. (Hrsg.): Neues Handbuch der Sozialisationsforschung. Weinheim 1995 (4. Aufl.)

Ingenkamp, K. (Hrsg.): Zur Problematik der Jahrgangsklasse. Weinheim 1969

Ingenkamp, K.: Klassengröße: Je kleiner desto besser? Weinheim 1985

Ipfling, H. J.: Modellversuch mit Ganztagsschulen und anderen Formen ganztägiger Förderung. (Bund-Länder-Kommission für Bildungsplanung und Forschungsförderung). Bonn 1981

Ipfling, H. J.: Zur Entwicklung der Ganztagsschule in der BRD. In: Die Ganztagsschule H. 1/1989, S. 3–21

Ipfling, H. J./Peez, H./Gamsjäger, E.: Wie zufrieden sind die Lehrer? Bad Heilbrunn 1995

Jung-Strauß, E. M.: Widersprüchlichkeit im Lehrerberuf. Frankfurt/M. 2000

Kanders, M./Rösner, E./Rolff, H.-G.: Das Bild der Schule aus der Sicht von Schülern und Lehrern. In: Rolff, H.-G. u. a. (Hrsg.): Jahrbuch der Schulentwicklung. Bd. 9. Weinheim 1996, S. 57–113

Kanders, H./Rolff, H. G.: Schülerinnen und Schüler als Koproduzenten im „Haus des Lernens". In: Erziehung und Wissenschaft 1996, S. 48–76

Karsten, M. E. u. a. (Hrsg.): Schule in der multikulturellen Gesellschaft. Ziele, Aufgaben, Wege interkultureller Erziehung. Frankfurt/M. 1991

Keck, R. W./Ritzi, Ch. (Hrsg.): Geschichte und Gegenwart des Lehrplans. Hohengehren 2000

Keim, W.: Probleme bei der Überwindung des Jahrgangsklassensystems in der Gesamtschule. In: Apel, H.-J. (Hrsg.): Die Schulklasse – ein pädagogisches Handlungsfeld? Kastellaun 1978, S. 101–118

Kerschensteiner, G.: Die Seele des Erziehers und das Problem der Lehrerbildung. Leipzig 1921

Kerschensteiner, G.: Betrachtungen zur Theorie des Lehrplans. München 1899

Klafki, W.: Das pädagogische Problem des Elementaren und die Theorie der kategorialen Bildung. Weinheim 1963.

Klafki, W.: Gesellschaftliche Funktionen und pädagogischer Auftrag der Schule in einer demokratischen Gesellschaft. In: Braun, K.-H./Müller, K./Odey, R. (Hrsg.): Subjektivität, Vernunft, Demokratie. Weinheim 1989, S. 4–33

Klafki, W.: Neue Studien zur Bildungstheorie und Didaktik – Zeitgemäße Allgemeinbildung und kritisch-konstruktive Didaktik. Weinheim 1993

Klapproth, J.: Berufliche Erwartungen und Ansprüche an Sozialarbeiter/Sozialpädagogen. Weinheim 1987

Klaßen, Th. F./Skiera, E./Wächter, B. (Hrsg.): Handbuch der reformpädagogischen und alternativen Schulen in Europa. Baltmannsweiler 1990

Klemm, Z./Treml, A. K. (Hrsg.): A propos Lernen. Alternative Entwürfe und Perspektiven zur Staatsschulpädagogik. München 1989

Klippert, H.: Pädagogische Schulentwicklung. Weinheim 2000

Klose, P.: Das Rollenkonzept als Untersuchungsansatz für die Berufssituation des Lehrers. In: Kölner Zeitschrift für Soziologie und Sozialpsychologie 23/1971, S. 78–97

Knoll, Th.: Praxis der Schulleitung. Donauwörth 1995

Köck, P.: Praxis der Unterrichtsgestaltung und des Schullebens. Donauwörth 1991

Köck, P.: Handbuch der Schulpädagogik. Donauwörth 2005 (2. Aufl.)

Korinek, W.: Schulprofil im Wandel. Bad Heilbrunn 2000

Kozdon, B.: Hauptaufgaben der Schule. In: Seibert, N./Serve, H. J./Terlinden, R. (Hrsg.): Problemfelder der Schulpädagogik. Bad Heilbrunn 2000, S. 105–113

Krainz-Dürr, M./Krall, H./Schratz, M./Steiner-Löffler, U. (Hrsg.): Was Schulen bewegt. Sieben Blicke ins Innere der Schulentwicklung. Weinheim 1997

Kramis-Aebischer, K.: Stress, Belastungen und Belastungsverarbeitung im Lehrberuf. Bern 1995

Krapf, B.: Aufbruch zu einer neuen Lernkultur. Bern 1992

Kunert, K.: Wie Lehrer mit dem Lehrplan umgehen. Weinheim 1983

Laubig, M./Peters, H./Weinbrenner, P.: Methodenprobleme der Schulbuchanalyse. Bielefeld 1986

Leber, St.: Die Pädagogik der Waldorfschule und ihre Grundlagen. Darmstadt 1992 (3. Aufl.)

Lemnitzer, K./Wiater, W. (Hrsg.): Kompendium Schulrecht und Schulkunde in Bayern. Seelze 1999 (2. Aufl.)

Lemnitzer, K./Wiater, W. (Hrsg.): Die Entwicklung einer Lehr- und Lernkultur. Seelze 2001

Lenzen, K.-D.: Schulalltag in der Eingangsstufe der Laborschule. Bielefeld 1992

Lenzen, K.-D.: Schulalltag in der Stufe II der Laborschule (3. und 4. Schuljahr). Bielefeld 1986

Liebau, E./Mack, W./Scheilke, Ch. (Hrsg.): Das Gymnasium. Weinheim 1997

Liebau, E.: Erfahrung und Verantwortung. Werteerziehung als Pädagogik der Teilhabe. Weinheim 1999

Lindenberg, Ch.: Waldorfschulen: Angstfrei lernen, selbstbewusst handeln. Hamburg 1975

Litt, Th.: Führen oder Wachsenlassen. Stuttgart 1967 (13. Aufl.)

Lohmann, J. (Hrsg.): Die Ganztagsschule. Bad Heilbrunn 1967

Loos, B.: Pädagogische Schulentwicklung und Qualitätssicherung. In: Bayer. Staatsministerium für Unterricht, Kultus, Wissenschaft und Kunst (Hrsg.): Wissen und Werte für die Welt von morgen. Bildungskongress 29./30. 4. 1998. München 1998, S. 335–352

Lübke, S.-I./Michael, M.: Absolventen ‚85'. Eine empirische Längsschnittstudie über die Bielefelder Laborschule. Bielefeld 1989

Luchtenberg, S./Nieke, W. (Hrsg.): Interkulturelle Pädagogik und europäische Dimension. Herausforderung für Bildungssystem und Erziehungswissenschaft. Münster 1994

Lüttge, D.: Beraten und Helfen. Bad Heilbrunn 1981

Mächler, S. (Hrsg.): Qualität in multikulturellen Schulen. Zürich (Lehrmittelverlag des Kantons Zürich) 2000

Mächler, S. (Hrsg.): Schulerfolg: kein Zufall. Zürich 2000

Marburger, H. (Hrsg.): Schule in der multikulturellen Gesellschaft. Frankfurt/M. 1991

Marotzki, W.: Strukturen moderner Bildungsprozesse. In: Hansmann, O./Marotzki, W. (Hrsg.): Diskurs Bildungstheorie. Bd. 1. Weinheim 1988, S. 147 ff.

Meuser, M./Nagel, U.: Das ExpertInneninterview – Wissenssoziologische Voraussetzungen und methodische Durchführung. In: Friebertshäuser, B./Prengel, A. (Hrsg.): Handbuch Qualitative Forschungsmethoden in der Erziehungswissenschaft. Weinheim 1997, S. 481–491

Meyer, H.: Schulpädagogik. Bd. 1 u. 2. Berlin 1997

Miller, R. (Hrsg.): Schule selbst gestalten. Bd. 1. Weinheim 1996

Miller, R.: Dreizehn Schritte auf dem Weg zu einem Schulprogramm. In: Lernende Schule 6/1999, S. 30–33

Montessori, M.: Grundlagen meiner Pädagogik. Heidelberg 1968

Montessori, M.: Grundgedanken der Montessori-Pädagogik. (Hrsg. v. P. Oswald u. G. Schulz-Benesch). Freiburg 1967 (13. Aufl.)

Montessori, M.: Schule des Kindes. (Hrsg. v. P. Oswald u. G. Schulz-Benesch), Freiburg 1976 (5. Aufl.)

Müller, C. W. (Hrsg.): Einführung in die Sozialarbeit. Weinheim 1985

Mutzeck, W. (Hrsg.): Förderdiagnostik bei Lern- und Verhaltensstörungen. Weinheim 1998

Nauck, J.: Fördern statt Auslesen? Bad Heilbrunn 1983

Negt, O.: Alternative Schule in der Diskussion (Vierfachkurseinheit der Fernuniversität. Gesamtschule Hagen). Hagen 1983

Negt, O.: Kindheit und Schule in einer Welt der Umbrüche. Göttingen 1997

Neumann, U./Ramseger, J.: Ganztägige Erziehung in der Schule. Eine Problemskizze (Friedrich-Forum 5). Seelze 1992 (2. Aufl.)

Niederberger, J. M.: Organisationssoziologie der Schulen. Stuttgart 1984

Nölle, V.: Schüler sehen Schule anders. Frankfurt/M. 1995

Novotny, E.: Lernen und Realitätsverlust in der Schule. Frankfurt/M. 1996

Oelkers, J.: Einführung in die Theorie der Erziehung. Weinheim 2001

Oomen-Welke, I. (Hrsg.): Brückenschlag. Von anderen lernen – miteinander handeln. Stuttgart 1994

Oswald, F. u. a.: Schulklima. Die Wirkungen der persönlichen Beziehungen in der Schule. Wien 1989

Oswald, P.: Maria Montessori. In: Speck, J. (Hrsg.): Geschichte der Pädagogik des 20. Jahrhunderts. Stuttgart 1978, S. 21–34

Pädagogisches Institut für die deutsche Sprachgruppe (Hrsg.): Orientierung suchen, Ziele setzen, Schule gestalten. Bozen 2000

Pallasch, W./Mutzeck, W. (Hrsg.): Integration von Schülern mit Verhaltensstörungen. Weinheim 1991 (3. Aufl.)

Peterßen, P.: Führungslehre des Unterrichts. Braunschweig 1955

Peterßen, W. H.: Handbuch Unterrichtsplanung. München 1999 (6. Aufl.)

Petrat, G.: Schulerziehung. Ihre Sozialgeschichte in Deutschland bis 1945. München 1987

Petrat, G.: Schulunterricht. Seine Sozialgeschichte in Deutschland 1750–1850. München 1979

Philipp, E./Rolff, H. G.: Schulprogramme und Leitbilder entwickeln. Ein Arbeitsbuch. Weinheim 1998

Posch, P./Altrichter, H.: Möglichkeiten und Grenzen der Qualitätsevaluation und Qualitätsentwicklung im Schulwesen. Innsbruck 1997

Prange, K.: Erziehung zur Anthroposophie. Darstellung und Kritik der Waldorfpädagogik. Bad Heilbrunn 1987 (2. Aufl.)

Ramseger, J.: Gegenschulen. Bad Heilbrunn 1975

Regenthal, G./Boehlke, U.: Schulkultur, Organisationsentwicklung und das Corporate-Identity-Konzept. In: Ermert, H. (Hrsg.): Schulkultur als ‚Organisationskultur‘. Loccum 1991, S. 186–191

Reich, K.: Systemisch-konstruktivistische Pädagogik. Neuwied 2002 (4. Aufl.)

Reitmajer, V.: Berufsbild und -prestige der Lehrerinnen und Lehrer in Bayern (Projektbericht). Oberding 2000

Rekus, J. (Hrsg.): Die Realschule. Weinheim 1999

Rekus, J./Hintz, D./Ladenthin, V. (Hrsg.): Die Hauptschule. Weinheim 1998

Richter, I.: Bildungsverfassungsrecht. Stuttgart 1973

Risse, E. (Hrsg.): Schulprogramm. Entwicklung und Evaluation. Neuwied 1998

Rittelmeyer, C.: Schulbauten positiv gestalten. Wiesbaden 1994

Robinsohn, S. B.: Bildungsreform als Revision des Curriculums. Neuwied 1967

Rolff, H. G./Bauer, K. O./Klemm. K./Pfeiffer H. (Hrsg.): Jahrbuch der Schulentwicklung. Bd. 10. Weinheim 1998

Rolff, H. G./Buhren, C. G./Lindau-Bank, D./Müller, S.: Manual zur Schulentwicklung. Weinheim 1998

Rolff, H. G.: Wandel durch Selbstorganisation. Theoretische Grundlagen und praktische Hinweise für eine bessere Schule. Weinheim 1999

Rosenbusch, H. S.: Die Qualifikation des pädagogischen Führungspersonals. In: Glumpler, E./Rosenbusch, H. S. (Hrsg.): Perspektive der universitären Lehrerbildung. Bad Heilbrunn 1997, S. 147–165

Rosenbusch, H. S.: Organisationspädagogische Perspektiven einer Reform der Schulorganisation. In: SchulVerwaltung 1997, S. 329–334

Roth, L. (Hrsg.): Pädagogik. München 1991

Rudow, B.: Die Arbeit des Lehrers. Bern 1994

Rülcker, T.: Bildung, Gesellschaft, Wissenschaft. Heidelberg 1976

Rutter, M. u. a.: Fünzehntausend Stunden. Schule und ihre Wirkung auf Kinder. Weinheim 1980

Saldern, M. v.: Klassengröße als Forschungsgegenstand. Landau 1993

Salzmann, C.: Artikel „Lernorte – Lernorttheorie". In: Heckt, D. H./Sandfuchs, U. (Hrsg.): Grundschule von A. bis Z. Braunschweig 1993, S. 161–163

Sandfuchs, U.: Unterrichtsinhalte auswählen und anordnen. Vom Lehrplan zur Unterrichtsplanung. Bad Heilbrunn 1987

Schmitt, R. (Hrsg.): Grundlegende Bildung in und für Europa (Grundschulverband – Arbeitskreis Grundschule e. V.). Frankfurt/M. 2001

Schratz, M.: Gemeinsam Schule lebendig gestalten. Weinheim 1996

Schratz, M.: Schulentwicklung und didaktische Erneuerung. In: Schulmagazin 5–10, H. 3/2001, S. 18–25

Schratz, M./Steiner-Löffler, U.: Die Lernende Schule. Arbeitsbuch pädagogische Schulentwicklung. Weinheim 1998

Schratz, M./Steiner-Löffler, U. (Hrsg.): Gut sein, besser werden: evaluieren. In: Lernende Schule H. 5. Seelze 1999

Schröder, H.: Theorie und Praxis der Erziehung. München 1999 (2. Aufl.)

Schröder, H.: Lernen – Lehren – Unterricht. München 2000

Schwänke, U.: Der Beruf des Lehrers. Weinheim 1988

Seibert, N./Serve, H. J. (Hrsg.): Bildung und Erziehung an der Schwelle zum dritten Jahrtausend. München 1994

Senge, P.: Die fünfte Disziplin. Stuttgart 1995

Sigel, R.: Qualität in Grundschulen. Bad Heilbrunn 2001

Speck, O.: Chaos und Autonomie in der Erziehung. München 1997 (2. Aufl.)

Speck, O.: Die Ökonomisierung sozialer Qualität. München 1999

Spranger, E.: Der geborene Erzieher. Heidelberg 1958

Staatsinstitut für Schulqualität und Bildungsforschung: Oberste Bildungsziele in Bayern. München 1995 (4. Aufl.)

Staatsinstitut für Schulpädagogik und Bildungsforschung: Qualität und Erfolg in Bayerns Schulen. Ein Konzept zur Schulentwicklung. München 1998

Stein, G.: Schulbuchwissen, Politik und Pädagogik. Kastellaun 1977

Steiner, R.: Die geistig-seelischen Grundkräfte der Erziehungskunst. Dornach 1981

Stern, C./Döbrich, P. (Hrsg.): Wie gut ist unsere Schule? Selbstevaluation mit Hilfe von Qualitätsindikatoren. International Network of Innovative Schools (Verlag Bertelsmann Stiftung). Gütersloh 2000 (3. Aufl.)

Terhart, E./Czerwenka, K./Ehrich, K./Jordan, F./Schmidt, H. J.: Berufsbiographien von Lehrern und Lehrerinnen. Frankfurt/M. 1994

Tillmann, K. J.: Schulsozialarbeit. München 1982

Tillmann, K.-J.: Brauchen Lehrer Lehrpläne? In: Hessisches Landesinstitut für Pädagogik (Hrsg.): Qualitätsentwicklung und Qualitätssicherung von Schulen. Wiesbaden 1999, S. 122–133

Treml, A. K.: Allgemeine Pädagogik: Grundlagen, Handlungsfelder und Perspektiven der Erziehung. Stuttgart 2000

Türk, K.: Neuere Entwicklungen in der Organisationsforschung. Stuttgart 1989

Twellmann, W. (Hrsg.): Handbuch Schule und Unterricht. Bd. 1–12. Düsseldorf 1981

Uhl, S.: Die Mittel der Moralerziehung und ihre Wirksamkeit. Bad Heilbrunn 1996

Ulich, K.: Beruf Lehrer/in. Weinheim 1996

Ulich, K.: Einführung in die Sozialpsychologie der Schule. Weinheim 2001

Voigt, St.: Biologisch-pädagogisches Denken in der Praxis. Frankfurt/M. 1994

Vollstädt, W. u. a.: Lehrpläne im Schulalltag. Opladen 1999

Von der Groeben, A.: Die Laborschule – ein Grundkurs. In: Thurn, S./Tillmann, K.-J. (Hrsg.): Laborschule – Modell für die Schule der Zukunft. Bad Heilbrunn 2005, S. 252–268

Voß, R. (Hrsg.): Schul-Visionen. Heidelberg 1998

Wagner, B.: Lernen aus der Sicht der Lernenden. Frankfurt/M. 1992

Weber, E.: Pädagogik. Bd. 1. T. 1 (Pädagogische Anthropologie). Donauwörth 1995

Weber, E.: Pädagogik. Bd. 1. T. 2 (OntogenetischeVoraussetzungen der Erziehung – Notwendigkeit und Möglichkeit der Erziehung). Donauwörth 1996

Weber, E.: Pädagogik. Bd. 1. T. 3 (Pädagogische Grundvorgänge und Zielvorstellungen – Erziehung und Gesellschaft/Politik). Donauwörth 1999

Weinert, F. E.: Neue Unterrichtskonzepte zwischen gesellschaftlichen Notwendigkeiten, pädagogischen Visionen und psychologischen Möglichkeiten. In: Bayerisches Staatsministerium für Unterricht, Kultus und Kunst (Hrsg.): Wissen und Werte für die Welt von morgen. München 1998, S. 101–125

Weissleder, M.: Aspekte der Klassengröße. Würzburg 1997

Wenger, O.: Durchführung der Schulaufsicht. In: Pädagogische Welt 1986, S. 92–103

Weniger, E.: Didaktik als Bildungslehre. Bd. 1 (1929). Weinheim 1960 (3. Aufl.)

Westphalen, K.: Das gegliederte Schulwesen: altbewährt – neu gefordert. In: Die Realschule 1993, S. 239–242

Wiater, W.: Die Curriculumreform und die Aufgaben schulischer Erziehung und Bildung. Bonn 1977

Wiater, W.: Lehrpläne – Werkzeug staatlicher Autorität oder Musterfall pädagogischer Theorie? In: Pädagogische Welt 1990, S. 417–422.424

Wiater, W.: Vom Schüler her unterrichten. Donauwörth 1999

Wiater, W.: Bildung und Erziehung als Aufgabe der Schule. In: Apel, H. J./Sacher, W. (Hrsg.): Lehrbuch Schulpädagogik. Bad Heilbrunn 2007 (3. Aufl.), S. 311–336

Wiater, W./Pötke, R. (Hrsg.): Gymnasien auf dem Weg zur Exzellenz. Stuttgart 2008

Winkel, R.: Lehrertypen. In: DIE ZEIT 51/1983

Winkel, R.: Alternative Schulen – Ausweg aus der Schulmisere? In: Auernheimer, G./Heinemann, K. H. (Hrsg.): Alternativen für die Schule. Köln 1980, S. 29–44

Winkel, R.: Das Ende der Schule. München 1974

Wissinger J./Ackermann H. (Hrsg.): Schulqualität managen. Von der Verwaltung der Schule zur Entwicklung von Schulqualität. Neuwied 1998

Wollenweber, H.: Das gegliederte Schulwesen in der Bundesrepublik Deutschland. Paderborn 1980

Wollnik, M.: Das Verhältnis von Organisationsstruktur und Organisationskultur. In: Dülfer, E. (Hrsg.): Organisationskultur-Phänomene, Philosophie, Technologie. Stuttgart 1988, S. 35–62

Ziegenspeck, J. W.: Handbuch Zensur und Zeugnis in der Schule. Bad Heilbrunn 1999

Ziller, T.: Allgemeine Pädagogik. Leipzig 2/1884

Ziller, T.: Grundlegung zur Lehre vom erziehenden Unterricht. Leipzig 1864

Zimmermann, W. u. a.: Von der Curriculumtheorie zur Unterrichtsplanung. Paderborn 1977

Zudeick, P.: Alternative Schulen. Frankfurt/M. 1982